"项目主导 专创融合"的教育实践与探索

陈勇 苗英荟 王海利 著

沈阳出版发行集团
沈阳出版社

图书在版编目（CIP）数据

"项目主导 专创融合"的教育实践与探索 / 陈勇,苗英荟,王海利著. -- 沈阳：沈阳出版社,2021.5
　ISBN 978-7-5716-1689-2

Ⅰ.①项… Ⅱ.①陈… ②苗… ③王… Ⅲ.①大学生－创业－研究 Ⅳ.①G647.38

中国版本图书馆CIP数据核字(2021)第067525号

出版发行：沈阳出版发行集团 ｜ 沈阳出版社
　　　　　（地址：沈阳市沈河区南翰林路 10 号　邮编：110011）
网　　址：http://www.sycbs.com
印　　刷：定州启航印刷有限公司
幅面尺寸：170mm × 240mm
印　　张：17.25
字　　数：330 千字
出版时间：2021 年 5 月第 1 版
印刷时间：2021 年 10 月第 1 次印刷
责任编辑：周　阳
封面设计：优盛文化
版式设计：优盛文化
责任校对：李　赫
责任监印：杨　旭

书　　号：ISBN 978-7-5716-1689-2
定　　价：79.00 元

联系电话：024-24112447
E－mail：sy24112447@163.com

本书若有印装质量问题，影响阅读，请与出版社联系调换。

前　言

随着时代的发展和社会的需要，国家高度重视创新创业人才的培养。作为我国高等教育的主阵地，高校在推动创新创业发展战略实施、助力建设创新型国家、为国家培养高素质人才方面承担着艰巨的使命。高校作为创新型、复合型人才的培养基地，需要立足教育目标，协调好创新创业教育与专业教育之间的关系。如何将创新创业教育与专业教育有机融合，是高校在当前发展过程中面临的亟须解决的问题。

本书聚焦于专业教育与创新创业教育的深度融合，探讨了国内专创融合教育在理论体系、实施过程以及实践经验等方面的现状，剖析了专创融合发展面临的困境及其原因，提出亟需在推进创新创业教育的过程中加强创新创业教育与专业教育的融合，以专业教育为基础，激发学生在所学专业领域内培养创新性思维和创业意识，实现社会对创新型、复合型人才的需要。

创新创业教育作为一种教育理念和人才培养模式，应逐渐融入教育教学的全方位、全过程，实现"专创融合"。在专创融合的过程中，可以采用项目主导的方式。项目主导是指在学科专业领域，提取有价值的和能够解决社会现实需求的选题，通过项目开发，将其转变为具有专业基础的创新创业教育项目，再通过项目管理的流程推动，达成专创融合教育的目标。促使项目的开发成为专创融合的有效结合点，是我们近年来一直在探索的一个方向。

本书提供的项目实例是山东师范大学公共管理学院学生团队参与的创新训练和创业实践的项目。每一个项目背后都饱含着团队成员和指导教师的辛勤与汗水，正因如此，才能让这些专创融合的项目披荆斩棘，在"互联网+""挑战杯""创青春"等各大创新创业赛事中脱颖而出，得到专家和评委的青睐。其中，"雨点公益社会服务中心"荣获第二届中国"互联网+"大学生创新创业大赛国家金奖，成为当届赛事中唯一获得国家金奖的公益类创业项目；"济南聚力优学教育科技有限公司"在第十届"创青春"全国大学生创业大赛中荣获国家银奖、在"建行杯"第三届山东省"互联网+"大学生创新创业大赛中荣获金奖；"山东校聘信息技术有限公司"荣获"创青春"·海尔山东省大学生创业大赛铜奖；"大数据+

精准扶贫"项目荣获山东省大学生学术科技作品竞赛山东省三等奖;学涯项目的子项目"智师教育"荣获2020年山东省"互联网+"大学生创新创业大赛银奖、挑战杯大学生创业计划大赛山东省最具人气奖和铜奖。

近年来,笔者所在的山东师范大学公共管理学院在"专创融合教育"中所开发的众多创新创业项目里,最值得称道的是大学生公益创业实践项目——"雨点公益"。雨点公益社会服务中心是济南市第一家由在校大学生创办的,依托高校专业平台和大学生志愿者资源建立的社工机构,一支由专业社工、社会调研员、项目管理人员、大学生志愿者组成的专业服务队伍。"雨点公益"在组织成立之初,已能够通过政府购买、产品生产和销售、公益创投等方式,实现"自我造血",达到了平稳运行并稳步发展的状态,还能在实现公益目标、为社会做奉献的基础上,让团队成员的生活有了基本保障,让做公益不仅仅满足于自我感动,而是让公益人更加"体面",更为从容不迫地投入到公益活动中去。"雨点公益"项目在第二届中国"互联网+"大学生创新创业大赛中从众多"双一流"高校中脱颖而出,荣获国家金奖。雨点公益的创始人——公共管理学院2013级公共事业管理专业的郑懿,先后被评为共青团中央"2017年全国大学生创业英雄百强"、山东省精神文明建设委员会办公室评选的2018年度全省"最美志愿者"、2019年济南市民政局评选的"泉城最美社工"等荣誉称号。"雨点公益"项目团队获得的各种成绩,不仅彰显了学生团队和指导教师的创业智慧和公益情怀,也印证了公共管理学院在"项目主导 专创融合"教育实践的丰硕成果。每一个成功的专创融合项目案例,都将成为高校教育工作者在创新创业方面构建自身专业特色实践中可借鉴的经验。

从积极探索专创融合、利用专业本领积极探索解决社会问题的项目团队成员的身上,我们看到了当代大学生开阔的视野与胸怀,看到了当代大学生作为创新创业主体的公民意识与责任担当,看到了当代大学生脚踏实地的朴素态度与敢于创新、勇于尝试的"冒险"精神。我们看到了一群心怀社会、浪漫又现实、理想又实干的当代大学生,正迎着新时代发展的曙光,昂首前进。

目录 CONTENT

上篇："项目主导 专创融合"教育在公共管理学科的实践探索 ……… 1

下篇：专创融合项目实例 ……………………………………………… 48
 项目一 公益创业：雨点公益社会服务中心创业实例 …………… 48
 项目二 调研实践："互联网＋社区居家养老"调研项目实例 …… 97
 项目三 治理创新：助力社区体育发展的"高校模式"创新项目实例…… 124
 项目四 教育创新：学涯网络在线教育平台创业计划项目实例 … 147
 项目五 教育创新："校招生"创业实践项目实例 ………………… 160
 项目六 治理创新："精准扶贫中分级分类统计系统"创新项目实例…… 202
 项目七 政策调研："延迟退休政策下大学生就业风险及应对"调研项目实例 ………………………………………………… 223
 项目八 创业实践：济南聚力优学教育科技有限公司创业实例 … 243

参考文献 ……………………………………………………………… 259

上篇："项目主导 专创融合"教育在公共管理学科的实践探索

一、高校"专创融合"教育发展的背景及现状

1. 专创融合教育发展的背景

创新是社会发展的第一推动力，高校作为人才培养的基地和摇篮，培养着创新创业的主力军。专业教育是高校人才培养的重要场所，是提升学生综合素质的主要方式；创新与创业教育是新时代背景下的一种教育需求，旨在培养大学生具备创新思维和技巧并树立良好就业观和创业观的教育，是为学生就业创业提供服务的教育。从本质上说，创新创业教育与专业教育是紧密联系、有效统一的。

但是，作为高校人才培养的基本单元，院系和专业往往将创新创业教育视为对少数具有创业意愿、创业理想的学生开展的教育，没有将创新创业教育有机地融入整个专业人才培养体系，出现了创新创业教育与专业教育"两张皮"的状况。2015年5月国务院在《关于深化高等学校创新创业教育改革实施意见》中指出目前创新创业教育存在的问题：创新创业教育理念滞后、与专业教育结合不紧、与实践脱节、教师开展创新创业教育的意识和能力欠缺、教学方式方法单一、针对性实效性不强等。明确提出，"各高校要根据创新创业教育的目标要求促进专业教育与创新创业教育的有机融合"。

专创融合是创新创业教育的一种革新。加速推进高校创新创业教育改革，是国家实施创新驱动发展战略、推动经济提质增效升级的迫切需要，也是推进教育综合改革、提升人才培养质量的重要举措。

如何持续跟进创新创业教育理念的改革发展？如何将创新创业教育融入专业教育、实践活动中？这是摆在高校推动内涵式发展、实现高质量人才培养面前的首要问题。

为此，党中央、国务院为深化高校创新创业教育改革推动高校内涵式发展作

出了重要安排，教育部采取了一系列措施来推动大学生创新创业工作，提升高校人才培养的能力。2018年9月国务院在《国务院关于推动创新创业高质量发展打造"双创"升级版的意见》中指出，推进"大众创业、万众创新"是深入实施创新驱动发展战略的重要支撑、深入推进供给侧结构性改革的重要途径。《意见》指出，高校要强化大学生创新创业教育培训，并且在全国高校推广创业导师制，把创新创业教育和实践课程纳入高校必修课体系，允许大学生用创业成果申请学位论文答辩。支持高校、职业院校（含技工院校）深化产教融合，引入企业开展生产性实习实训。2018年10月，教育部在《关于加快建设高水平本科教育，全面提高人才培养能力的意见》中提出，作为推进高等教育综合改革的突破口，面向全体、分类施教、结合专业、强化实践，促进学生全面发展。推动创新创业教育与专业教育紧密结合，深化创新创业课程体系、教学方法、实践训练、队伍建设等关键领域改革。强化创新创业实践，搭建大学生创新创业与社会需求对接平台。加强创新创业示范高校建设，强化创新创业导师培训，发挥"互联网+"大赛引领推动作用，提升创新创业教育水平。鼓励符合条件的学生参加职业资格考试，支持学生在完成学业的同时，获取多种资格和能力证书，增强创业就业能力。

为响应国家创新驱动发展战略和"大众创业、万众创新"战略部署，也为促进中国经济发展中高速和产业结构中高端发展目标提供优秀专业技术人才。高校需要对专业教育和创新创业教育融合方式和路径进行深入探索，不断提高人才的综合素养，全面深化高校的教育教学改革。

2. 高校专创融合教育发展的现状

我国的专创融合教育在理论体系、实施过程以及实践经验等方面尚不成熟，创新创业教育与专业教育的关系不够紧密，大学生创新创业能力较低，难以满足社会对创新型人才的需要。自创新创业教育发展之初，就有学者提出，亟需在普及创业教育的过程中加强创业教育与专业教育的融合，借助专业教育，激发学生在所学专业领域内拥有创业意识，实现社会对创新型人才的需要。

自2000年以来，从知网中的文献检索可以看出，学者们研究创业教育与专业教育融合的文献数量逐步增加。研究主要涉及以下几个方面：

第一，专创融合模式研究。模式是指事物的标准样式，是理论和实践之间的中介环节，在实际运用中必须结合具体情况，并根据实际情况的变化随时调整要素与结构才有可操作性。学者李爱民等提出"一个核心，两个支点"新模式，坚持理论课程与实践课程的互促关系，着重课堂教学中创业教育与专业教育的渗透，强化实践体系中两者融合的现实性与可行性。易玄等人运用计算机学科的相关知识，认为应当将创业教育嵌入到专业教育的过程中，从而提出了"嵌入式"融合模式，促进两者的有机融合。王任军根据创业教育的"磁石"与"辐射"模式，建议独立学院应当采用混合模式促进创业教育与专业教育，与此同时还要注意"磁石"与"辐射"在混合模式中的占比，应当平衡好两者之间的占比情况。陈奎庆等人认为创业教育与专业教育的融合需要以专业为学习单位，在专业教学的过程当中融入创业教育的相关课程，最终形成以特色专业为导向的创业教育课程。综上所述，学者们在专创融合模式探索上做出了努力，有的学者从教育本质出发构建出两者融合的模式，有的学者则是通过借鉴其他学科的知识构建两者融合的模式，可以看出建构合适的教育模式是专创融合教育的发展趋势，同时也能够促进创业教育与专业教育的共同发展。

第二，专创融合实践研究。实践是检验真理的唯一标准，仅停留在创业教育与专业教育融合的理念还远远不够，需要落地到实践当中，才能发现问题并不断完善和发展。诸多高校在专创融合实践方面进行了有益的探索，如北京大学深圳研究生院的《聚焦初创的科创型双创体系设计与实践探索》、广西民族大学的《城市管理专业"专创融合"型人才培养模式探析》、北京联合大学的《"专创、产教"双融合视角下的实践创新人才培养模式研究与实践》和《地方应用型大学跨界融合的创新创业人才培养模式探索》、山东科技大学的《地质专业产业－教育一体化研究》、浙江经贸职业技术学院的《"专创融合"将创新创业教育融入人才培养全过程》、辽宁现代服务职业技术学院的《"专创融合"人才培养模式构建及推进策略——以新商科专业群为视角》等等。目前，高校创业教育与专业教育融合的实证研究仍较匮乏，多数研究仍然停留在创业教育或者专业教育单方面的问题上，在专创融合实践过程中出现的问题难以被发现，无法建立有效的应对措施。

第三，专创融合路径研究。路径是通向某个目标的道路，在目标的指引下探索出合理、可行的道路极为重要，为了实现创业教育与专业教育的有机融合，亟须找到一条切实可行的路径。创业教育与专业教育的融合涉及许多方面，首要的是教育理念的转变，两者在教育目标和价值取向上是一致的，两者都是坚持知识、能力与素质三位一体，强调理论与实践相结合，为社会培养高素质人才。在理念革新的指引下，有的学者鼓励多样化的发展模式，重视创业课程的建设，加大专业教师的参与程度，最终建立起一整套促进专创融合发展的有效机制。我们认为，针对创业教育与专业教育两者在教育本质的一致性，探求适合两者长期共同发展的道路是当下亟须解决的问题，多样、可行的融合路径才能推动专创融合的进程。

总的来看，近二十年来，我国高校专创融合教育伴随着双创教育的深入发展，最初以创新创业大赛作为开端，发展到目前拥有课程体系、实践平台和师资队伍，普及的范围逐渐扩大。学界已经基本达成共识，将创业教育与专业教育融合是创新创业教育改革的必然趋势。创新创业教育作为一种教育理念和人才培养模式，应逐渐融入教育教学的全方位、全过程，实现深度的"专创融合"。

3. 专创融合教育发展的困境

虽然，将创业教育与专业教育融合是创新创业教育改革的必然趋势。但是，仍有高校墨守成规，只针对校内有创业意愿的学生群体开展一些个性化创新创业教育，在创新创业教育理念上明显滞后，并没有将创新创业教育与专业教育的结合融入人才培养体系之中。构建"专创融合"型人才培养模式仍面临诸多困境。

其中的原因是多方面的，如专业优势不突出、职业定位不明确、师资能力不足等。譬如，学科和专业的特点极大地影响了"专创融合"的可操作性。由于专业培养目标和创新创业课程体系有较高的重合度，商科类专业、职教类专业、应用型学科在推进"专创融合"的实施过程中有着"得来全不费功夫"的优势。与此相反，诸如政治类专业、基础学科、边缘专业等在推进"专创融合"时似有"巧妇难为无米之炊"的痛处。当然，需要澄清的是，高校的创新创业教育虽要求面向全体学生，但并不意味着所有接受创新创业教育的大学生都去创业，而是通过开展创新创业教育，以帮助大学生形成创新的个性特质和素养。

从系统性角度来看，专创融合教育发展仍然存在以下困难：

第一，创业教育与专业教育呈现割裂状态，社会认同度较低。

在"重学轻商""学而优则仕"等传统观念的影响下，学生的就业目标往往是"铁饭碗"型的工作，社会上还缺少对于创业教育的文化认同。社会普遍认为，只有进入象牙塔的学生才是好学生，全日制的专业教育才是正规教育。有的家长消极地认为大学生创业是"不务正业"；创业是"差生"找不到好工作、"穷途末路"下的选择；创业者"低人一等"。有的人认为创业教育是舍本逐末，做生意是不需要经过高校专门教育的，高中毕业就能创业。还有的人认为，创业能力是一种天赋，是教不出来的。许多人认为只需要足够的资金就能创业，忽略了专业知识和技能在创业中的作用，从观念上将两者割裂开来，不利于两者的融合发展。

第二，专创融合教育体系不够完善，缺乏成熟的探索。

专创融合教育体系还不够成熟与完善，创业教育模式相对单一，对于如何有机地将创业教育和专业教育相互融合缺少思考和实践。虽然我国的教育投入比例和经费总数不断上升，但是与欧美、日本比起来，差距依然非常大，人均教育资源紧缺。开办创业教育的学校，在如何进行创业实践，如何结合当前较成熟的专业教育进行创业教育方面尚有不足，而且当前创业教育的办学模式、师资力量以及教育资源相对落后，无法满足社会经济发展的需要。

第三，创业教育的实践性和专业发展的特殊性增加了"专创融合"的难度。

从创业的本质来看，创业教育具有很强的实践性，而高等学校学科、专业发展的分化性与特殊性，使得不同学科和专业在推进专创融合时往往"无定章可循"，非得"另辟蹊径"地展开一番探索和实践。这使得"专创融合"的可复制性低，投入成本高，操作难度大。

以公共管理学科的城市管理专业为例。城市管理涉及城市经济社会发展诸多方面的一系列综合管理行动。由于公共管理学科培养方向的通用性和城市管理实践的复杂性，加之城市管理专业为新兴专业，缺少学科积淀、专业优势不突出，在人才培养过程中易发生目标定位与实践操作游离、培养效果与社会需求脱节的情况。城市管理专业办学多以地方大学为主且涉及学科广泛，包括人文社科、财经、理工、工商贸易、师范、农林和城建等，办学基础各不相同，通常基于自身优势见长的学科或专业搭建课程体系和师资团队，在课程设置上较难凸显专业特色。另外，由于人才培养目标不够明确、专业优势不显著，城市管理专业在就业市场上的专业品牌辨识度和竞争力较弱，城市管理就业导向通常定位为政府机构或相关事业单位，但对口单位实际需求量非常少，高校所设置的人才培养目标与学生实际就业结果存在较大差异，专业实践与创新创业融合难度非常大。即便某一高校的城市管理专业在专创融合实践中取得一定成效，也难以成为各高校通用的范例。

第四，具有专业基础的双师型教师队伍匮乏，师资融合不足。

高校多数双创教师是由商科学院教师或校外企业家、高管兼职担任，在专业教育中培养和成长起来的双师型教师严重不足。目前从事专业教育的教师由于科研压力、自身精力不足，较少从事创新创业教育的相关指导工作。其次目前创业教育的资源平台有限，特别是校外实训实习等实践类项目，以及企业人员、专家到校指导课程都较少，创业教育的相关师资力量自身资源有限，没有受到足够的创业训练，很多都是利用二手知识与信息进行授课。甚至有的高校双创师资不足，靠"网课"来补。双创教师数量匮乏，教师储备的知识体系老化、分割严重，难以适应专创融合的要求。专业水平高且创新创业素养高的双师型教师奇缺，不能满足当前专创融合教育的需求，不符合新时代创新创业教育发展的要求。

如此种种困境之下，如何深入推进专创融合的发展呢？在人才培养的目标统整下，各学科和专业，是否都可以采取调整专业课程设置、增加创新创业课程学分，挖掘和充实各类专业课程的创新创业资源，或在传授专业知识过程中加强创新理念的培养这些举措呢？其实，在实际过程中，不同专业肯定有不尽相同的操作模式和路径。这需要不同学科、专业的教育研究者和创新创业教育的研究者们集思广益、合力解决。

总之，目前我国的专创融合教育还处于起步和探索阶段，理论研究和实践总结需要进一步深入。尤其在创新创业教育与专业教育融合方面，虽然有模式的建构、融合路径的探索，但关于二者融合的理论模型依旧存在落地性不强的问题，因而创新创业教育与专业教育深入融合的实践探索与现实发展需要还有很大的空间，要走的路依然漫长而曲折。

二、专创融合教育的内涵

把握专创融合教育的内涵，必须厘清专业教育与创新创业教育的关系，以及专创融合教育与传统专业教育的区别。

1. 专业教育与创新创业教育的关系

专业教育的着力点是专业知识与专业技能的教育。知识是教育的重要内容，也是能力培养的基础和源泉，抛开知识基础来大搞创新创业能力的培养是对教育内容的本末倒置。没有夯实的理论基础，能力的培养也是无稽之谈。大学教育应该是一种整体与均衡的完整教育，除了要培养学生掌握专业知识与技能之外，还要给学生广博的知识基础，使学生具有宽广的视野和独立成熟的人格。广博而精深的知识结构是从事创新研究的基础条件，也是创新型人才的必备素质。因此，创新创业教育必须依赖于专业教育，必须在专业教育的基础上进行。但创新创业教育也不应仅局限于某种专业教育，它需要在创新创业的层面对各类专业知识和专业技能进行整合与优化，提升学生在专业领域的就业创业能力。

2. 创新与创业的关系

创新是创业的源泉和动力。没有创新的创业是伪创业，创业的本质是创新。创业应该是具有创业精神的个体与有价值的商业机会的结合，是开创新的事业，其本质在于把握机会、创造性的整合资源、创新和超前行动。创业通过创新拓展商业视野、把握商业机会、整合商业资源、推进企业成长。对于创业者来说，光有创新是不够的，但没有创新的创业活动难有持续的生命力。要进行创业必须具备一定的条件，创新能力、技术、资金、创业团队、人脉资源等都是重要的创业资本，创业者在创业过程中需要具有持续旺盛的创新精神、创新意识，需要独特、活跃、科学的思维方式，这样才可能产生富有创意的想法和方案，才可能不断寻求新的思路、新的方法、新的模式、新的出路，最终获得创业成功。

企业家精神的本质是创新，创新就是将新的理念和设想通过新的产品、新的流程，新的市场需求，以及新的服务方式有效地融入市场之中，进而创造新的价值和财富。创业企业的不断发展壮大必须依靠持续创新。创业者不改变自己长期形成的思维模式就难以识别创业机会，也无法做到创新，企业就无法获得长久的生命力。

总之，创新与创业并非相互独立存在，它们之间有不可分割的内在联系。创业的关键在于创新，创新是创业的源泉，持续创新必然推动和成就创业；创新成果的商品化、市场化依靠创业，因而创业使得创新的经济价值、社会价值得以实现。创新与创业相辅相成、相互促进、相互渗透。在"互联网+"时代，创新和创业正呈现越来越显著的融合、集成趋势。创新和创业的融合是一个动态整合、集成与优化的过程，并非只发生在新企业的创始阶段，而是伴随企业创始、成长的全生命过程，在这过程中创新精神和创业能力是企业成长的内生动力。

3. 专创融合教育与传统专业教育的差别

传统的专业教育课堂教学，教师以提升学生的专业知识、专业技能和专业素质为教学目标，学科界线划分明确，强调对学生"双基"——专业知识和专业技能的考察与评价。教学方法单一，教师依照专业教材按部就班地讲，学生按照标准答案学习、记忆以应对专业考试。这种情况下，学生对教师的依赖性较高，喜欢被动接受、懒得探究。在教学组织形式上，一两百人的大班课，教师对学生"一刀切"式培养，学生如同流水线上的商品，具有统一的思维方式和学习输出。在教学内容上，极度关注教材和课件，实践、研讨的机会不多。教学评价上，以学生专业课考试成绩为主要考核标准，忽视学生综合表现。总体上讲，传统的专业教育课堂教学模式强调教师的"教",忽视了学生学习的主动性和创新性,双基之外的教学目标和教学任务,未被真正地重视。

近几年高校推广的"翻转课堂"和"混合式教学",因受限于教师滞后的教学理念和学生的学习习惯,往往也只是换汤不换药,基本上延续着传统专业教育的教学模式。

专创融合教育,与传统专业教育的不同之处,在于其不仅关注专业知识和技能,更关注学生创新性思维的形成、创造性兴趣的提升和创新创业素质的培养。在教学目标上,强调以学生"学"为教学的核心,注重学生主动获取知识能力的提高,在思维素养和探究能力上对学生提出了更高的要求。在教学方法上,摒弃传统的灌输式课堂,提倡项目式、启发式、多样化、混合式的教学方式,同时教学也不仅局限于第一课堂,在社会实践、实习、竞赛等第二课堂,教师对于学生的指导也非常重要。在教学组织形式上,提倡采用以小组讨论、团队探究为主的方式,让学生参与课堂的全过程,甚至是"主导"教学的全过程。在教学内容上,除了系统化专业知识之外,还可以将前沿的学科知识、交叉学科知识、学科案例、学术创新等纳入到教学体系中。在教学评价上,关注素养而非知识、技能的掌握,对学生的综合专业素养、创新创业素养多采用形成性评价、过程性评价、档案袋评价等方式。

4. 专创融合教育的实质

专创融合教育的实质在于将创新创业教育系统地、有机地融入高校人才培养体系中,实现创新创业教育与专业教育的深度融合,在提升学生专业知识、实践能力和专业素质的基础上,融合创新创业教育的培养目标。这就要求教师在教学理念上与时俱进,综合运用多样的教学组织形式去激发学生的创新兴趣、培养学生的创新思维、重视学生高阶的思维训练。

从创新的本质上来看,"专创融合教育"并没有一种固定的、最优的教学模式。因为,专业性质和特点不同、任课教师的风格不同,用一种格式化的教学模式去束缚教师和学生,本身就与创新的理念背道而驰。当然,"专创融合教育"也不是完全没有标准的自由发挥,应有需遵循的基本原则,如系统性、开放性、动态性、循序渐进和需求导向等,在此不做赘述。

三、把握学科的特点,促进专创融合

促进专创融合,首先要把握学科专业的特点,从而"因地制宜"地开展专创融合教育。在专创融合的过程中，立足于学科专业的基础，充分利用创新创业教育的优势，补足传统专业教育在人才培养中的短板。

以公共管理学科为例，促进创新创业教育与公共管理类专业的融合，应把握好公共管理学科的特点。"公共管理"的概念最初起源于西方。20 世纪 70 年代至 90 年代，公共管理逐步成为一个相对独立的研究领域，经过不同学术背景、不同研究取向的学者们的不懈努力，相关的研究成果已经相当丰硕。尽管对公共管理的概念上，国内外学者的观点不尽相同。但我们总结归纳，对公共管理下了一个基本的定义，即公共管理是以政府为核心的公共部门依法处理公共事务，提供公共产品和服务，旨在保障和增进公共利益的活动，其具有以下特点：

1. 公共管理以公共福利和公共利益为目标

公共组织的非营利性决定了其目标的多元性与多重性。管理的多元目标，是指管理时需要兼顾政治、经济、社会等多个方面的目标。而管理的多重目标，则指管理时需要兼顾中央、地方、部门等不同层级的目标。公共组织作为提供公共物品的组织，它的管理根本目标是最大限度实现公众利益。一方面，现代社会的高度分化使得公众对公共物品的需求也呈现多样性和多层次性，所以公共管理的目标是多元、多重的；另一方面，由于生活质量不是一个容易量化的指标，而是包含着主观因素和时代特点的概念，所以，同一时期不同地区的公众需求，以及不同地区同一时期的公众需求都会是不同的，这也决定了公共管理目标的多元性和多重性。与企业追求社会效益和经济效益的手段不同，公共管理也会追求效率，但它任何时候都必须将社会公平放在首位。

2. 公共管理的管理主体是政府及其他公共组织

公共管理强调政府对社会治理的主要责任。不言而喻，政府是公共管理活动的核心主体，但他们不是唯一的主体。相反，西方新公共管理运动的实践已经证明，政府承担的不少公共管理职能及具体内容，由非政府的公共组织来完成，这不仅是可能的而且是可行的，后者不一定比前者差。一般地说，宏观方面的管理职能或全局性的关键事项，更多地应由政府来承担，特别是如国防、外交、重大法律法规与政策的指定，只能由政府来完成。从微观方面的管理来看，政府可以承担一部分，更多地应该交给社会的其他公共事务管理部门来做，越是接近基层方面的公共事务，越有可能让相关的非政府部门来完成。因此，公共管理也强调政府、企业、公民、社会的互动以及在处理社会及经济问题中的责任共担，在公共物品和公共服务的供给中，更多地引入非政府公共组织，通过授权、委托代理、公私合作等方式，吸引更多的公共组织参与到公共管理，并在公共管理中发挥愈来愈重要的作用。

3. 公共管理过程中多运用法律的、规制的、政策的手段

于企业而言，管理内容多数是可以量化的，即便是顾客满意度这样的定性指标也可以用量化方式处理。所以在市场经济条件下，只要遵循平等竞争的基本规则，奖优罚劣都可以收到显著的效果。但是，公共管理内容多数却具有非竞争性，或者具有不完全的竞争性，甚至可以说公共组织就是凭借对公共权力一定程度上的垄断，提供公共物品和公共服务的。所以，企业管理上的竞争原则、奖优罚劣运用到公共管理领域不总是奏效的。故而，在公共管理过程中更多地需要运用法律的、规制的、政策的手段。

4. 公共管理的管理结果的衡量标准难确定

与企业管理相比，企业生存的市场竞争环境和自身的营利性质，决定了企业管理目标总是围绕经济效益设定，即便是垄断性企业，其垄断程度也远低于政府的垄断行为。所以，企业总是可以根据竞争的需要，从内部或者外部找到提高管理绩效的参考系，确定绩效管理的标准数值。公共组织却不同，公共管理的目标往往不容易确定。一方面，公共组织的垄断性使管理标准难以确定。公共组织的生存环境是由法律规定的，所以是绝对安全的、稳定的，而且是缺乏竞争的。尤其是政府从来是以社会管理者的身份出现在社会生活中，政府自身没有自我约束的动力，所以也不容易制定出严格、科学的管理政策。另一方面，公共组织的工作弹性使管理标准难以确定。由于公共物品和公共服务的提供多数是唯一的，而且弹性非常大，比如文化、体育、科技等工作，都不能预先设定刚性指标。即使设定了，一般也是硬件设施方面的，往往还因此流于形式，成为管理的败笔。

5. 公共管理过程中应用私人部门管理的成功经验，引入竞争机制，实际选择使用讲求实用原则

公共管理注重结果，在公共管理中通过借鉴私人管理的方式，建立明确的绩效标准，实行绩效评估，以此来检验管理能力和管理水平，作为人事管理工作的基础。此外，公共物品和公共服务一直都主要由公共部门来提供。由于公共供给的非竞争性和非排他性特征，给收费带来困难，排除使用者的成本很高，可盈利性不强。因此，在没有政策优势的情况下，私人企业一般是不愿意涉及公共供给领域的，公共部门对公共供给形成了垄断。竞争的缺乏导致了公共供给的低质量和低效率。因此，公共管理主张在公共部门中引入竞争机制。在创建良好的政策

环境下，发挥市场的积极性，在公共部门与私人部门、公共部门之间进行竞争，建立优胜劣汰的机制。在政府公共管理改革中，公共企业的民营化趋势以及分散公共服务机构等举措，都是这种思路的体现。

6. 公共管理是多学科共同参与的研究领域

区别于传统行政管理注重内部管理程序化、规范化，公共管理则更注重外部政治环境的影响，它主张"回应性""互动性"，即强调以最高管理者战略设计、政府设计为核心，重视政府、企业、公民社会的互动，以及在处理社会及经济问题中的责任分担。因此，公共管理研究需要多学科的共同参与。

事实上，作为一个年轻的学科，公共管理学科自建立以来，已经渗透于社会的诸多领域。从学科意义上来讲，公共管理的内容包括政府管理、行政管理、城市管理、教育经济管理以及劳动社会保障等专业。由于公共管理的目标是促使公共组织，包括政府以及其他公共组织，能够更有效地提供公共服务，这就使得公共管理的下属学科都会带有共同的本质属性。也就是说，公共管理的下属学科，作为研究公共事务管理活动或公共管理实践的学科，可以被界定为综合地运用各种科学知识和方法来研究公共事务管理，即公共组织和公共管理过程及其规律性的学科。或者说，也可以将其概括为研究公共组织如何有效地提供公共服务的学问。

综上所述，时代在飞速发展，社会在飞速进步，对于公共管理专业的高校学生而言，他们承担着社会治理以及公共领域进行的社会变革之重任，应改变以往脱离了公共需求的专业教育与创新创业教育的培养模式，构建一种新的创新创业教育与公共管理专业教育相结合的理论实践模式。不仅有利于公共管理专业脱离弱势，更关键的是为社会培养出有助于改良公共领域治理范式以及实践的复合型人才。

四、专创融合项目的开发

依托政策的良好契机，近年来，我们通过对教育部大学生创新创业训练项目这一创新创业项目平台的把握和利用，采取"PBL—基于项目的学习"形式，有效地将创新创业教育融入公共管理类学科的专业教育中，实现"项目主导的专创融合教育"。在项目主导的形式下，依托"互联网+"大学生创新创业大赛、"创青春"大学生创业大赛、"挑战杯"大学生课外学术科技作品竞赛等创新创业比赛，实现"以赛促教""以赛促学"和"赛课联动"。项目主导下的学生团队取得了丰硕的成绩，收到了良好的育人效果。在推进"创新创业教育与专业教育深度融合"研究探索上，迈出了坚实的一步。

项目主导是基于项目的学习（PBL-program based learning）在专创融合教育中的应用，是指在学科专业领域择取有价值的和能够解决社会现实需求的选题，通过项目开发，将其转变为具有专业基础的创新创业教育项目，再通过项目管理的流程推动，达成专创融合教育的目标。促使项目的开发成为专创融合的有效节点，这是我们近年来一直在探索的一个方向。

（一）专创融合项目开发的流程

项目的开发是"项目主导、专创融合"教育非常重要的一项工作，为了解决公共管理学科领域如何开展项目开发、建设、管理的问题，我们通过实践形成了一套行之有效的项目管理体系的建设思路，包括项目准备、项目启动、项目计划、项目实施控制、项目评估、项目拓展应用六个阶段环节。

1. 项目准备阶段

项目准备是指在项目启动前进行必要的专业知识和技能、创新知识和技能的培养铺垫。一方面，学校、院系应构建教学与实践相结合的通识性专创融合教育基础课程。准备阶段一般为大学一年级至大学二年级上学期，院系应将培养具有创新能力的复合型人才作为基本办学理念，在学生的培养方案中，突出双基和创新能力的培养。首先，适量设置创新类通识课程和研究方法类的课程或实践环节。创新类课程旨在拓宽学生的视野、培养学生的创新意识和创新能力。研究方法类课程，包括社会调查研究方法、多元统计分析软件，如SPSS的应用等，帮助学生了解科学研究的过程和方法，让学生学会对日常现象进行创新性的分析和总结，为日后项目的启动、选题、研究设计做好充分的知识和技能的储备。其次，优化课程设置和评价，打破固有的专业壁垒，倡导不同学科、专业学生之间相互沟通合作，开拓学生知识领域，鼓励学生跨界合作，进行项目深耕，开阔学生视野，增强团队合作，培养学生的领导力。在评价上，采用学生汇报讲解、互动教学等较为开放式的教学和评价形式增强学生学习掌握知识的自主性。最后，学校也可以结合各种在线MOOC教学平台，如超星、雨课堂、网易公开课等开展教学工作，为学生提供多元化的学习渠道和资源。

另一方面，院系应利用第二课堂（校园文化和社会实践活动）、第三课堂（校外实习实践）做好项目宣传、准备。首先是做好宣传和发动。在新生的入学手册和开学宣讲中，学校应加强宣传创新能力培养的重要性以及与此相关的一系列实践环节设计，包括"大创"项目在内的各种实践活动、竞赛，形成良好的创新氛围。鼓励学生在平时学习过程中，进行创新性的思考，认真学习相关课程，积极准备创新性课题的选择。设立宣传展区对"大创"项目中的优秀团队和成果进行宣传，从而培养学生对创新的兴趣，调动其创新的主动性和积极性。组织举办以创新创造为主题、旨在培养大学生创新意识与团队协作精神的校园文化活动。创建创新实践专用实验室，鼓励大学生充分利用实验室资源开展实践活动。此外，学校应加强与政府、企业的联系，通过校、政、企合作，构建大学生创新创业实践平台，为其提供促使创新项目得以落地的实践机会。

2.项目启动阶段

项目启动需要做好前期的社会需求分析工作，专业教师作为指导老师，指导学生团队在社会需求"项目池"中选取本学科、专业有关研究领域中创建合适的项目，接下来指导学生团队和社会需求方进行适当的沟通，为接下来的项目计划打好基础。一般采取的方法是"走出学校"到政务部门、到社区、到乡村进行实地问卷和考察交流，应使项目的开发设计致力于解决当下的社会问题、人民疑惑，使项目"接地气"。当教师、学生团队、社会需求方达成共识后，再进入项目的计划和设计。如果无法达成共识，则重复继续进行这一个阶段，可以借助专家论证的方式促成项目的选题和启动。

在对项目进行立项评审时，应结合学生的选题分类，聘请相关领域的专业教师来参与评审。鼓励学生综合运用所学知识来分析和解决实践问题。另外，项目指导教师应鼓励学生开展创新性研究，鼓励创新性的选题和有实践意义的研究。良好的开端是成功的一半，选题是否合适对开展研究至关重要。指导教师应该明确自身在项目开发和管理中的"指导"而非"主导"责任，要对学生进行适当的指导，但同时让学生保持充分的自主权。

项目的启动阶段除了包括项目的选题、导师的选择，还有团队的组建和项目申请书或立项书的撰写。其中，团队的组建尤为关键。学生在组建团队时，要综合考虑年级、专业、知识水平、综合技能等方面的因素。有些学生团队是由同专业或同宿舍的同学组成的。同一专业的同学聚集在一起就本专业的相关问题进行探讨研究，这种知识的同质性和操作上的便利性虽然能带来一些共同语言，但也会导致大家的思路类似，缺乏创新空间。我们鼓励跨专业、跨研究领域、跨学科甚至是跨校、跨地区的团队组建，学科间的知识、不同学缘背景的理念上的碰撞和摩擦能促进更多新想法的产生。团队成员多元化的知识背景、技能水平可能会导致对同一问题或信息的不同理解，形成"头脑风暴"，带来处理问题的多元化视角。除了专业外，组建团队时，还应考虑成员之间技能的互补性。如，有的成员擅长文档撰写，有的成员擅长数据分析，有的成员擅长答辩，这样就可以很好地分工协作。

3. 项目计划阶段

项目计划阶段，应该完成项目计划书的编写，包括项目进度表、团队的分工安排、项目资源和环境的配置、项目的风险分析及应对。

项目计划书的编写是一个非常关键而且重要的任务，决定了项目立项的成功率。项目计划涉及项目的目标、计划进度表、任务的分解、资源的分配、成员的分工、经费预算、成本管理、危机管理等。计划是项目进行控制的依据，从而减少项目的不确定性、提高项目成功的可能性，按照计划组织安排项目的实施才能保证项目目标的实现。尽管后期可能会对计划进行调整，但我们也尽可能遵照计划来逐步地推进项目。项目计划可以使项目团队成员在明确的项目研究范围内使项目各项活动协调一致，同时还能确定出关键的活动，努力实现并完成目标。

一般的，项目计划书包括以下几个部分：目标计划、进度计划、经费计划、人员计划、资源配置计划、风险应对计划。

目标计划：申请什么样的项目，如创新训练项目、创业计划、创业实践、科研创新等，完成哪些的任务目标，并将目标进行细分，具体到什么阶段应达到什么目标，在项目实施过程中，团队负责人可以根据实际情况逐步调整现在的或下一阶段的目标计划。

进度计划：项目实施的具体时间安排，以计划进度表的方式呈现该时间段的具体任务，前期、中期、后期的任务分别是什么，可以更加细化前中后三个阶段中具体的小条目的进度和任务。

经费计划：明确项目的经费来源、资金数额，做好详细的经费预算，有效地控制项目实施运行的成本，合理分配项目资金在整个项目中的使用，防止分配不合理和浪费的情况发生。

人员计划：团队的组建，做好不同专业、特长学生组成的团队成员的分工协作，根据学生各自的专长分配不同的任务，如搜集资料、设计调研问卷、撰写文章、陈述答辩、沟通协调等。

资源配置计划：合理分配有限的资源、设备，充分利用资源保证项目的成功实施，如大创项目实验室、科创实验室、孵化中心等辅助设施，计算机、仪器等设备和物料。

风险应对计划：对项目实施中可能遇到的风险和困难做出预测并设想好应对措施，如人员的调整、项目计划的变更、资金的短缺等，在项目实施过程中不同时期碰到的困难，应该及时寻求指导教师、项目管理部门的指导和帮助，以保证项目的继续进行。

4.项目实施控制阶段

项目计划书编写完成后，项目正式进入实施控制阶段。此阶段包括时间控制、成本控制、质量控制、人员沟通控制、进度控制、风险控制、项目中期检查等。项目的实施是核心，项目的监督是关键。对项目的发展过程进行动态的管理与控制，在项目实施控制过程中，监督观察遇到的困难、问题并及时地进行控制，找出应对措施，检查工作进度，预测未来的发展情况，及时纠正错误和可能发生的偏差，对目标、进度、预算进行修正。定期检查导师与学生、项目团队成员的交流沟通情况，定期汇报项目进展情况，遇到的困难、问题等。项目中期报告是检查项目的重要材料，是项目立项时制定的阶段目标的考察，要设立阶段性报告和检查制度。

有效的监督控制有利于项目的顺利开展和项目质量的提升。但在项目开发过程中，指导教师和团队往往重立项、轻结项，重计划、轻控制，项目实施的监督控制往往是专创融合教育项目开发中比较薄弱的环节，控制的难度也比较大，有的项目就在实施的中途夭折。因此，监督与控制在整个项目的实施乃至开发过程中发挥着重要的作用。

5.项目评估阶段

专创融合教育项目的开展，并不是以项目的完成为目的，而是将项目开展作为专创融合教育的一个载体，因此项目的评估也绝非项目的结项和交付，而是贯穿在项目实施过程中的过程性评估、阶段性评估和总结性评估的全部评估方式。

广义上来讲，项目的评估即是对质量的监督与监控，它保证了一个项目的最终成果的社会价值和经济效益。现在大学生科创项目普遍存在的成果转化率不高的问题，项目成果大多是文本，参赛作品少，缺乏竞争力，很少被运用到实际的社会生活中去。所以，我们提倡专创融合式的项目，应该加强项目的评估，对项目的质量进行适时、适当的把控。

在项目的中期，中期报告的形式是阶段性评估的一种体现，然而我们可以增加和加强质量监督控制的手段，以保证项目连续性实施下去，来实现最终成果的高质量和有效性。我们可以适当地增加中期交流等其他各种方式来加强专创融合项目实施过程中的监控环节。

在项目的后期,要对项目进行结题验收和评估项目的价值产出。项目的评估是项目开发的质量保障。我们在实践中,注重对项目团队成员进行评估、绩效考核和量化考核。因为公共管理学科的专创成果往往多是知识创新型的,很少有创业实践成果,所以难以用具体的、明确的指标来评价和度量,只能将整个计划的目标与实际完成情况进行比较,检验项目是否达到预期目标,是否产生良好的经济社会效益,是否令需求方满意,对团队成员的工作进行评估。评估时还要制定具体而有效的激励制度,对成果产出进行不同的奖励激励。

总结性评估阶段的主要形式是结题报告,整理项目实施过程中搜集的材料、调研的数据和数据分析的结果以及调研情况撰写项目工作总结,申请知识产权、专利的支撑材料等,提交给专家组进行验收评审,评估项目是否达成既定的目标。

专创融合式的项目有不同类型,评估的方法也有所不同。例如,调研型项目验收时的依据为调研的过程性文件、照片、资料以及调研数据分析结果,通过对调研项目技术性指标收集对项目的结果进行评价,同时专家对该调研项目的质性评价也是验收的重要依据。创业项目的评估,主要由专家委员会对项目的可行性、实用性进行评判,考量用户群体对创业项目价值的认可。两方面的结果作为创业项目的验收结果,并成为判断是否可继续进入创业实践的依据。公共事业管理还有一种特别的项目类型,即决策支持型项目,即研究团队根据公共管理有关理论对社会问题的解决提出建议并提供决策支持——建言献策,这类决策支持型项目一般由政府承担相应工作职能的公务人员对项目成果中的"建言献策"进行审阅、批复和评价,同时由专家委员会对支撑决策的过程文档进行审核,判断其是否真正完成了规定的工作量和任务,是否真正收集到了客观可靠的信息和数据。

6.项目拓展应用阶段

成果的应用和转化,是一个专创项目最具有研究意义和成果发挥最大作用的体现。专家验收结题报告后,对项目进行进一步的评估,项目成果是否具有推广应用的可能性,进行生产生活实践的考察,是否可以运用到实际的社会生活中,是否具有推而广知的必要等,通过多种形式让专创项目的成果去参加创新创业竞赛、发表论文著作、进行项目成果展示等途径产生社会效益、经济效益。能够产生社会经济效益,与社会紧密结合的成果才是一个真正有价值的专创融合项目成果。然而，现在的大学生科创成果转化率不高、创业项目可行性不强，恰恰说明了专创融合项目在拓展应用方面的亟待加强。

（二）专创融合项目开发管理中需要避免的问题

1. 指导教师"喧宾夺主"过多的主导项目开发

专创融合项目指导教师应该同时具备专业研究能力和创新创业指导能力，在项目开发过程中扮演着指导、监督和管理的角色，全过程、全方位引导学生进行探究性学习，指导学生了解项目所涉及的专业研究方向的研究现状及发展趋势，明确项目实施的目的和意义，设计项目开展的思路及方法，培养学生的创新意识和自主能力。在实践中，我们发现在专创融合项目的开展过程中，指导教师的主体性高于学生，譬如，只有少数项目是学生根据自己的兴趣所进行的选择，大部分是指导老师直接给学生确定了研究课题和研究计划。一方面多数学生在确定指导教师之前并没有细致地了解指导教师的研究方向和指导经历，选择指导教师时较随意，甚至连自己选择指导教师的机会都没有。另一方面，指导教师通常只是简单地把"专创融合"项目的开展看作自己科研项目的人力补充，更多关注项目如何结题完成任务，关注学生为自己完成了多少任务，忽略了学生的兴趣爱好，忽视了在项目实施中对学生自主能力的培养。这样的项目开发，会导致学生在项目进展过程中缺乏积极性、主动性和创造性，会降低专创融合教育的成效。

2. 项目选题"反客为主"替代学生的自主生成

专创融合项目设立的初衷是鼓励大学生在专业学习中，通过思考和探究，找到自己感兴趣的点，通过申报立项，使疑惑得以消除、问题得到解决。正所谓"不愤不启、不悱不发"。只有学生在自主研究探讨中生成疑惑，我们才可以利用这一"生长点"展开专创融合项目的开发，这是专创融合项目开发的最佳契机。也只有以学生的自主学习和探究为出发点的专创融合教育才能够实现激发大学生创新意识、自主意识，提高大学生实习实践能力，提升大学生就业竞争力的教育目标。

以我们早期实践中的错误做法为反例。我们为了便于组织，让指导教师在自己的科研项目和研究方向中拟出题目组建"项目池"，将项目选题公布给学生，学生根据自己兴趣报名加入，或者由指导教师指定学生参与，学生完全没有参与到项目选题开发的探究过程，甚至没有思考的机会和选择余地，被动参加，这种选题方式由于具有指导教师先期完成的坚实的理论基础和完善的实施方案，立项可能性和实施可行性大大提高，但是学生的思维能动性和选择性大大受到限制，难以发挥学生主动性，并未起到训练学生创新创业能力的效果。换句话说，这是教师在做项目，而不是学生做项目。通过反思，我们意识到如果我们是以出选择题的方式为学生预设研究课题，就会在项目开发时限制学生的思维空间，使学生在项目开发时局限于预设项目，这背离了专创融合项目设置的初衷。我们提倡的做法是，学生根据自身兴趣，初步拟出项目研究内容、实施方案，联系相关领域和研究方向的指导教师分析项目实施的可行性，在专业教师的指导下健全思路、完善方案、组建团队，从而完成项目的开发申报。

3. 项目管理重结果轻过程、重形式轻实质

项目管理部门在项目管理和评估时，往往注重项目成果，忽视管理过程，项目结题时仅简单地以取得"××标志性成果"为考核指标，从而走向驱使学生片面追求专利申请、论文发表、项目获奖等"结果"，忽视了项目开发过程中的"体验性成果"和"过程性评价"。各高校目前在大学生创新创业项目的管理上，通常是由学校主管部门根据学校统一要求向各二级学院部署项目立项和管理工作，学院的"大创项目"管理员在学院教师、学生中通知有关要求及时间节点，再由指导教师和项目负责人或项目组成员完成或指导教师本人代替学生完成后在系统中提交，整个过程中毫无体验性评价和过程性评价，忽略了学生在项目参与过程中的情感体验和价值获得。甚至，有的学生处于被动地位，参与度低，对自己的项目研究内容、实施方案、开展进度、研究目标等一无所知，最后提交一篇论文结题了事。这样的评价体系无疑助长了"水刊"论文的发表，使学生获得了不良的学术体验，为将来的学术不端埋下伏笔。

我们提倡，在项目申报阶段，管理部门包括专家委员会应严格把关，对于缺乏创意、研究思路老套、研究模式固化的项目不予立项。在中期检查中，及时督促项目组成员汇报项目的研究进展，帮助学生发现研究过程中遇到的困难，引导学生及时解决问题或调整方向，为项目的下一步进展做好计划，从而确保项目能够顺利实施。结题验收时，不单单只注重论文、结题报告、参赛证明，更要考核大学生在项目开展过程中的综合表现，比如每个研究阶段具体都干了什么，是怎么干的，过程中遇到了哪些问题，是怎么解决和渡过难关的，有哪些反思和启发等，让学生真正参与到项目开发的全过程，增加其项目开发和学术研究体验中的"获得感"。

4. 项目立项申报重数量轻质量

在项目准备和启动阶段，前期立项的过程中存在着重数量轻质量的问题。许

多高校以申报数量为基数确定批准立项的数量,这是典型的重数量轻质量的表现。还有的高校为了提高创新创业比赛的参赛项目数量,将其与大创立项、科创立项挂钩,导致参赛的功利性。目前,对于各大高校而言,在大学生项目的管理中都存在一个普遍性的问题,即宣传力度不够、普及性不高。大学生创新创业技能的培养在我国引入、实施相对较晚,很多大学生对其并不是十分了解。很多高校在前期宣传工作中存有缺陷,使大学生创新创业理念没有很好地深入到同学中去。很多大学生对于大学生创新创业项目或者专创项目的开发流程并不了解,直接导致了大学生的参与度低。项目前期立项审核也存在一定的问题,鉴于前期宣传不到位,参与的学生数并不是很多,项目数量也就比较少。这对大学生创新创业项目的审核就造成了一定的困难,有的学院不太愿意为了三五个项目的审核组成强大的专家评审团队,对仅有的几个申报项目找学院的几个专业老师很随意地进行鉴定、审核,还有的高校,只是单纯地采取申报多少就立项多少的"一揽子"方式,对项目本身没有做一个可行性、科学性及创新性的评判分析,使大学生创新创业项目从立项开始就出现了质量隐患。

就学生本身而言,也存在一些问题,如创新意识不足,没有很好的创新点和发散的思维方式。学生创新意识、创新能力的培养并不是大学中的必修课程,而是一个自身长久、持续的实践过程。一开始,学生参与热情高,但后期坚持下去的少。参加创新创业活动需要强大的精神动力和明确的目标,仅凭"一时之勇",缺乏"坚持到底"的意志品质,"常立志""三分钟热情,五分钟热血"这些都在一定程度上导致学生创新意识在短期内不会有质的提高与增强,从而制约着专创融合项目的质量水准。

5. 项目研究追求短平快、缺乏长期性

在项目开发的实践过程中,我们发现学生为了能够顺利结项,在项目立项之初就追求"短平快"和低水准的任务目标,导致项目粗枝大叶的多,循循深入的少。当然这也从一个侧面反映出大学生实践能力的不足,知识层次和能力结构不健全、不够完善。学生喜欢从事创新活动"小打小闹"的居多,"深耕细作"的居少,绝大多数学生喜欢"短、平、快"的项目运作模式,这也是大学生创新创业项目高水平成果不多的根本原因,从而导致专创融合的持续深入。"短平快"说明了学生挑战性明显不足,创新创业的氛围不浓。学术研究突击的多,长期研究的少,投机取巧、不愿做锲而不舍的潜心研究,这是大学生在项目开发过程中的一个误区。从目前来看,大学生参与各类立项的人数从整体上出现逐年增加的良好趋势，但是省级以上重大发明、科技成果却很少，且大多数仅是靠短时间的突击来完成的，长期坚持研究的学生非常少。平时不注重知识的积累和实践总结，这是没有重大成果出现的一个非常重要的原因。我们鼓励大学生参与专创融合项目活动要有创新的态度和严谨的学术作风。只有一个良好的学习环境、通畅的信息渠道和浓厚的学术氛围才可成为学生施展才华的舞台，才能真正地激发学生创造力的发挥。因此，为学生营造一个宽松的学术研究氛围很重要，要鼓励学生持续深入地做长期性研究，摒弃功利化思想，杜绝"水货"论文。

在实践中我们发现，把专创融合项目与毕业论文、毕业设计挂钩是切实可行的。每一位同学在毕业前都必须完成毕业论文设计，这是获得学位的基本条件，进行适当的以专业课程学习为基础的科研工作对他们而言只不过是一个时间迟早的问题。在动员学生申报立项时，可以对之加以引导，当学生明白了二者之间的关系后，申报的积极性和主动性必然增强。把专创融合项目发展为毕业论文的思维导向，既可以避免学生半途而废，也可以使他们最大限度地克服项目实施和推进过程中各种各样的主客观障碍，为其顺利完成注入动力。

6.项目缺乏资金支持和资源依托

项目的顺利开展需要资金的支持和配套资源的依托，如果学校、学院没有为专创融合项目的开发匹配资金，专创融合项目的开展就如同无源之水，不可保持长久的活力。我们在开展基于项目的（PBL）专创融合教育实践探索中，将专创融合项目的开发移植到大学生创新创业训练计划项目平台中，借助大创项目的资金支持来实现专创融合教育的开展，同时争取其他方面的资金支持。

大学生创新创业训练计划项目是教育部从2012年开始倡导实施，按照"兴趣驱动、自主实践、重在过程"的原则，通过"自由申请、公开立项、择优资助、规范管理"的程序，以项目为研究载体，组织学生开展相关创新创业训练和实践活动，以增强学生的实践能力和创新创业能力，提高人才培养质量。大创项目作为教育部推广的一项面对全体大学生的创新创业计划训练项目，对大学生的探究精神和创新能力培养的重要性不言而喻。本科生尽早接触科学研究和开发，养成创新型人才必备的科学态度、精神和意志，是培养创新型人才的关键。大学生创新创业训练计划项目即"大创项目"一般包括创新训练项目、创业训练项目和创业实践项目三类，项目建设周期一般为1年。项目体系包括国家级、省级和校级三个层次。项目负责人由在校学生担任，成员总数一般为3～5人。项目的全部研究过程及活动必须由项目团队在指导老师的指导下独立完成，不得占用正常的上课时间，且学生必须在毕业前完成项目的研究及结题验收等全部工作。对于参与并完成大创项目结项的同学，学校一般会给予创新创业学分的认定，并视项目完成情况给予一定奖励。根据级别的不同，大创项目的资金有5千到2万元人民币不等，从大创项目的立项标准来看，资金量是完全充足的。随着创新创业教育的逐步深化和学校人才培养模式改革的推进，国家和社会对大创项目在人才培养过程中的重要作用认识也愈来愈深刻，学校对大创项目的重视程度也逐年加强，匹配资金也不断增加。

近年来，我们依托大创项目完成了诸多成功的专创融合项目案例，充分地发挥了"项目主导 专创融合"教育在培养学生创新创业意识和能力方面的重要作用。

（三）公共管理学科专创融合项目开发的细分领域

公共管理学科专创融合项目开发应及时反映本学科专业领域的前沿知识，及时反映本学科专业与相关交叉学科专业的前沿信息，及时反映本学科专业相关行业、产业发展的前沿成果。

公共管理的下属学科分类由于涉及高校学科基础水平、师资力量招揽配置以及专业发展培养计划等各方面的原因呈现出层次性、专业性和创新性的极大地不均衡、不全面的局面，所以在此对具体的公共管理下属学科不做过多详述。但是根据各学科重点发展的特殊性与着眼点，我们可以将其划分为几个不同的领域，主要包括：公共政策领域、社会保障领域、教育经济与管理领域、公共组织与人力资源领域、公共服务领域等。

1. 公共政策：公共管理与公共政策是密切相关的

公共管理与公共政策是密切相关的，公共管理是公共组织特别是政府部门为履行公共管理职能，通过计划、组织、指挥、控制、协调等功能环节，实现公共管理目标的一种社会活动。公共组织尤其是政府针对社会生活中存在的或正在发生的问题做出决策，并将其转化成相关的公共项目，通过调动各种组织机构，调配各种社会资源，运用各种功能手段，达到问题解决、政治稳定和经济发展以及规范人们行为的目的。因此，公共政策是公共管理过程中极为重要的一环，是公共管理的基础。

公共政策关系国家发展大计，关乎公众切身利益，意义重大且影响深远。公共政策本身是刚性带有约束力的，从这个意义上讲有"冰冷"的一面，但由于其还具有调节分配社会利益的"公共性"的功能属性，还有"温暖"的一面。而在现实生活中，公共政策往往过于强调"冰冷"而忽视了其应有的"温暖"内核。去年一些地方为改善空气质量，大力推行煤改气、煤改电，本是地方政府本着为民众争取更多的蓝天白云的初衷而制订的治理当前散煤污染最有效的政策途径，但受储气能力不足、管网互联互通不到位、居民使用成本过高等因素的限制，实现了大气环境治理，却没能让部分群众得到更好的体验。可以看到，未经多方考虑、妥善处理的政策落地之后，极有可能事与愿违，没能发挥其"公共"的本质属性。因此，公共政策的实施，要做好事前评估研究，要进行充分的调研。调研是大学生能够胜任的研究实践活动，是专创融合项目很好的参考形式。

2. 公共组织：公共管理活动离不开社会组织

公共组织的创新是公共管理学科专创融合项目开发应予以重视的一个领域。现代社会是一个高度组织化的社会，组织在国家和社会生活中的作用日益突出。公共管理活动离不开公共组织，公共组织是公共事务的管理者和公共服务的提供者。公共组织管理理论研究的是公共组织的性质、结构、设计方式、组织过程或组织行为、组织环境、组织变革与发展一类的组织问题。它不是关于事实的罗列与汇总，而是关于公共组织及其管理的一种思维方式。

公共组织可以界定为以管理社会公共事务、协调社会公共利益关系为目的的组织，广义上包括国家或政府组织以及第三部门组织。国家与政府组织始终坚持其"公共性"的本质属性，始终把人民的利益视作国家的利益，将人民的福祉作为最高的指导目标来管理社会公共事务以及协调社会公共利益关系，积极推进政治、经济和社会秩序的平稳有序运行与发展，不断增强人民群众的安全感、获得感和幸福感。除了国家或政府组织，还有以社会团体、基金会为代表的第三部门组织，它们更集中于社会生活领域，以实现公共利益为目标，通过志愿提供公益来实现服务社会公众、促进社会的稳定发展。本书的项目案例"雨点公益社会服务中心"，正是作为大学生志愿者团队面向社会弱势群体定期开展爱心帮扶的一个社会组织的创新形式。着眼于公共组织的专创融合创新实践，可以使对公共组织的专业学习和研究更加多样化、丰富化。

3. 公共治理：从公共管理到公共治理

20世纪90年代以来，"治理"或"公共治理"及"善治"的概念日益成为公共管理的核心概念，而合作网络途径则是其在90年代中后期出现的新进展，合作网络的途径认为，非政府组织在与政府部门联结起来的相互依存的合作关系（即网络关系）状态中，就共同的问题采取集体行动，即治理是政府与社会力量通过面对面的合作方式组成的网状管理系统。

合作网络途径的治理模式，是一种以公共利益为目标的社会合作过程。对于政府部门而言，治理就是从统治到掌舵的变化；对非政府部门而言，治理就是从被动排斥到主动参与的变化。而社区治理就是对社区合作网络的管理，社区合作网络的兴起与公共服务的社区化进程是联系在一起的，社区部门不断扩张公共职能，填补解决政府部门难以介入空间的众多复杂的公共问题，成为公共服务供给网络中的重要力量。

在本书的项目案例中，从不同角度来介绍了公共服务社区化的实践类型。从社区体育推广建设的角度，通过不断完善社区服务和政府公共服务，为居民提供方便快捷的社区服务和公共服务。社区治理正成为培植国家与社会公民之间信任关系的重要渠道，成为推动政府与民间进行合作的主要途径，有利于整合国家与社会各界资源来创造"多赢"的局面。

4. 社会保障：公共管理的社会保障职能

社会保障是以国家或政府担当责任主体，依据法律相关规定，通过国民收入的再分配，对公民在暂时或永久丧失劳动能力以及各种原因而导致的生活困难时给予物质帮助，以保障其基本生活的制度。其本质是追求社会公平，"公共性"也是其所属的性质之一。因此，有效社会保障制度的落实是发挥公共管理"公共性"的坚实基础和根本保证。

而目前在社会保障领域中最受人关注的就是各省、市积极开展的社会保险精准扶贫的工作。但是，各地精准扶贫在取得积极进展的同时，由于"精准化"要求严格、准确而出现的一些技术难题无法得到有效解决，成为阻碍地方进一步推进工作进程的"绊脚石"。其中，随着对精准扶贫的进一步阐释与发展、精准机制要求更加具体细致，要求充分利用新时代大数据技术的数据化、网格化与动态化等特点，切实与精准扶贫的机制要求相契合。也就是说，数据扶贫成为了实现精准脱贫目标的可行路径。在2015年中共中央政治局会议上，习近平总书记就精准扶贫做出了进一步阐释，提出以数据目标诠释精准扶贫开发理念，充分发挥数据精准定位、开放共享的应用价值。由此可见，如何为大数据技术在扶贫开发领域的全面应用营造坚实的现实基础与制度环境，从而最大程度上发掘大数据技术在精准扶贫工作中的价值成为了当前精准扶贫的核心所在。

本书的项目案例"精准扶贫中分级分类统计系统"就是从大数据技术与精准扶贫有机结合的视角，来探讨有关精准扶贫绩效提升机制，并采取分级分类的方法，保证大数据扶贫减贫绩效的不断提升。

5.教育管理：公共管理与教育的融合

教育经济与管理作为公共管理的下属学科丰富和发展了学科范畴，是研究教育与经济的相互关系及其变化的发展规律，研究教育领域中经济投入与产出规律、教育事业的跨越式发展，以及研究教育发展中的管理规律的科学。教育作为国家的一项根本事业，必须要予以重视。目前在"互联网+"背景下，人工智能作为未来社会的引领性技术，正在引发经济社会发展对人的发展的新要求，推进教育从数字化、网络化向智能化迅速跃升，为未来新型学校的出现和新型教育生态系统的形成提供了可能。

本书中的项目案例"聚力优学"中提到的网络在线教育平台的规划建设，包括网站（教育平台）+手机应用程序（手机App）结构，是一个真正推动用户现实发展的在线教育应用平台，可望成为个性化学习的样板应用和学校教育的积极有益的补充。项目案例"校招生求职"从事人力供求信息发布、人力资源咨询、人事服务、企业管理咨询服务等业务的综合人力资源服务团队，把延伸性的学习融入大学生岗前职业培训教育中来，开拓出在"互联网+教育"这一业态中的全新领域。

综上所述，公共管理作为现代管理科学四大分支之一，是未来世界和当代中国极具发展潜力和广阔前景的学科。随着当代经济的发展，和谐社会的建设逐步推进，公共管理的作用越来越为社会所重视，公共管理研究已经成为社会科学研究的一大热点，公共管理教育也越来越得到重视。重视公共管理教育，培养公共管理高素质人才，能够为政府部门和非政府机构以及企事业单位的人事和行政机构，输送宽口径、复合型、应用型的公共管理高层次专门人才，提高办事效率。把握好公共管理学科的专业特点，在公共管理学科各细分领域实施专创融合项目的开发和实践，有助于促进大学生就业，培养学生的创业意识与实践能力，培养学生创新意识，提高学生综合能力，塑造学生成为创新型的综合人才。

五、构建专创融合的教学模式

教学模式是指在一定的教育理念和思想的指导下，在一定环境下展开的教学活动的相对稳定的结构形式。教学模式是教学理论的实施，将理论和实践紧密联系在一起的纽带。

对于教学模式的研究，始于二十世纪七十年代，美国学者乔伊斯和威尔在

《教学模式》一书中首次将教学模式引进教学论的研究，认为教学模式是"系统地探讨教学目的、教学策略、课程设计和教材，以及社会和心理理论之间相互影响的，可以使教师行为模式化的各种可供选择的类型。"他将教学模式分为四大类，共计22种。我国正式对教学模式的研究始于1981年，经历了教育模式介绍和引入时期、教学模式的理论探讨时期和以新型教学模式构建为主时期三个发展阶段。

专创融合教学模式属于新型教学模式的构建，在教学模式的要素上进行了基于专创融合理念的创新，体现在教学理念、教学目标、课程内容、教学方法、教学组织形式以及教学评价几个方面。

（一）在教学理念上，培养学生创新性思维，激发创新创业活力

在传统的专业课堂中，教师以培养学生的专业知识、实践能力和专业素养为主要目标，这样往往导致学生不会创新、不敢创业。因此，专创融合教育的课堂教学，应在培养学生基础知识、实践能力和专业素养的基础上，将激发学生的创新创业兴趣作为教学目标的一项重点，保证创新创业教育贯穿在课堂中。

专创融合教育理念指导下的任课教师在创新创业教育推广过程中，应树立专创融合教育的课堂愿景，激发学生对创新和创业的兴趣。首先，要突破"以教师和课本为中心"的传统课堂理论式教学，转向以"以学生为中心、以创新为根本"的专创融合式教学，将创新创业理念融入课堂的全方位、全过程。教师应对把提升学生的创新精神、培养学生的创业能力作为教学的重要任务，根据学生学习特点，有针对性地建立创新创业教学情境，并通过教学活动更好地挖掘学生潜质，激励学生发现问题，深入研究，归纳总结，带领学生主动融入课堂。教师应该充分利用"最近发展区""期望效应"等教育理论思想。在课堂教学中，教师在"学生的最近发展区"中设置项目，通过学习支架的支持与辅助，促使学生在专创融合式项目开发中获得成长。实践表明，教师的教学期望与学生的积极表现成正比，教师的高期望往往能产生学生的高水平学业成就。因此，在项目开发过程中，为充分激发学生的创新创业活力，指导教师应对学生抱有高期望，鼓励学生有丰富的、个性的表现，尊重不同的想法，充分体现对个性与创新的信赖与包容，为学生的创新思维发展营造良好的最近发展区和心理安全区，这样往往可以聆听到与众不同的想法，有利于学生创新性思维的形成。

（二）在教学目标上，重视核心素养，推动高阶思维能力的养成

专创融合式的育人目标应特别关注学生高阶的、综合性思维能力的养成。在当前的知识经济时代下，个体的思维能力和个性表达受到前所未有的关注。人工智能发展迅猛，正以迅雷不及掩耳之势替代着传统的、落后的职业人，但即便是悲观论者也普遍认为人的高阶思维能力、共情能力等是不可能被人工智能所替代的。著名的人本主义心理学家马斯洛曾认为："有创造性的人属于自我实现的人。"一般来讲，勇于实现自我的人往往拥有突出的个性特征和较强的高阶思维能力。在专创融合教育的实施过程中，要重在培养学生的核心素养，引导其在专业知识和技能的基础上，进行高质量的思维训练，形成创造性思维。创造性思维训练也能达成检验专业基础的扎实程度，锻炼学生融会贯通、学以致用的效果。

在学生以创新性思维能力为代表的核心素养的形成过程中，教师可以充当导师、教练的角色，将进行高质量的思维训练作为教学的核心。著名的实用主义教育家杜威曾经提出："大学的重要性不在于它所教的东西，在它怎样教和怎样学的精神。"行为主义心理学家斯金纳也曾经提出："教育的本质是我们将所学的忘得一干二净之后，所剩下的东西"。其实，这个所谓的"剩下的东西"主要就是高阶的思维能力。这明确了在专创融合教育教学中，要以学生为中心、为主体，教方法、练思维。要充分激发学生求知的本能，让他们知道自己想要什么，需要什么，发现自己在专业知识中感兴趣的领域。同时，专创融合教育任课教师在授课中应尽可能地引入思维训练，传授探究方法，引导学生逐步探索，巩固实践，搭建"支架"，帮助学生形成高水平的思维能力，推动创新创业教育更有效地开展，实现创新创业教育和专业教育的深度融合。

专创融合的出发点和落脚点是教育，因此其课程体系的建设必须要在一定教育目的指引下，以实现特定的教学目标。从价值创造角度来看，创新创业的本质是通过改变创造价值、增值价值的过程。教学目标通常包括认知和技能、情感和态度、过程和方法几个维度，围绕核心素养，专创融合教育所推崇的教学目标，与基础性专业教育的教学目标有着本质不同，主要包括创业意识、创业态度、创业能力和专创型知识结构几方面的要素。

1. 创业意识

创业意识是指在创业实践活动中对个体行为起推动作用的个性意识倾向，包含创业的需要、动机、兴趣、理想、信念和世界观。有的学者也将创业意识称为创业精神或企业家精神，从广义上来讲，创业意识是在干事创业的过程中反映出来的个体在创新方面的敏锐力和内驱力。创业意识是大学生创新创业活动中的重要内驱力，是帮助大学生走向成功创业之路的基石。创业意识的培养要贯穿于专创融合教育课程体系的全过程，包括创业动机意识、创业价值意识、创业能力意识、创业风险意识的培养。创业动机意识指的是大学生有主动创业的心理需要和意愿，能够积极获取与创业有关的信息，表现出对创业具有强烈的兴趣。创业价值意识是指大学生能够认识到创业者和创业活动为个人和社会创造的价值，并能够正确对待创业者自身的社会地位和贡献。创业能力意识是指大学生能够意识到复杂的创业活动对创业能力的要求，并希望通过接受创业教育或参加创业活动来提升相应的创业能力。创业风险意识则是指大学生能够认识到创业活动存在不同程度的风险，为了更大限度地规避风险，具有努力学习相关知识的意愿。创业意识的培养不应局限于个别大学生创业行为的发生，而要更加注重大学生普遍创业意识的树立。

专创融合教育课程体系中培养创业意识的目标，主要特征在于面向全体学生和学习的全过程，以全体大学生为对象，使创新创业成为一种持续性的驱动要素。对大学生进行创业意识的培养不在于使每个大学生都投身于创业实践中去，而是期望在创业意识培养过程中使大学生获得职业生涯发展与规划的灵感与方向，从中获得积极探索、努力创新的精神。也就是说，创业意识并不是创业者才应该具备的素质，而是新时代社会需求下人才的基本素质能力。越来越多的用人单位也在发生观念转变，不再只关注专业知识和技能，更期望自己的员工能够具备一定的创业意识和创业精神。

2. 创业态度

创业态度是指大学生在进行创业实践活动时对其心理和行为产生调节作用的个性意识特征，是宝贵的心理品质。习近平总书记"三严三实"中的论述中提到的"创业要实"，就是一种创业态度。良好的创业态度在大学生创业基本素质中起调节作用，不仅是专创融合式教育课程体系的目标，更符合了素质教育中对人才培养的要求，是当代大学生应当具备的核心素养之一。知识经济时代，全新的社会背景催生了培养新型人才的需求，具备良好的创业心理品质成为新型人才的重要标准。为了具体把握创业态度的特质，可以将其分为八个方面：独立、勇敢、坚韧、合作、适应性、乐观、道德感和义务感等品质。创业活动有着与生俱来的风险性与开创性，创业者必须能够以乐观的心态持续地经营自己的事业，敢于独立、敢于面对困难，有着坚韧不拔的精神。从事创业活动的大学生必然面临着社会身份和角色的转变，甚至在创业过程中也要面对各种各样突如其来的变化，因此对于创业者来说快速适应自己的角色转变、适应创业环境的变化是创业成功的一个重要前提。一个成功的创业者通常都不是单枪匹马作战，组建创业团队才是创业者的最佳选择，所以在一个团队中无论扮演哪种角色，首先要体现的就是合作精神，一些创业者认为"没有完美的个人，只有完美的团队"。创业就是开创事业或积累财富的过程，它既是一个实现创业者个人价值的个体行为，同时也是创造社会价值的社会活动，有助于发展经济、推动社会进步。脱离社会和他人的创业活动是不存在的，创业者应该对社会具有强烈的责任观念。由此可见，创业态度是影响大学生生涯发展的重要内因，专创融合教育课程体系必须将大学生创业态度、创业意识的培养纳入课程目标当中，既为创新创业教育实现人才培养目标作出贡献，也为专业教育打好基础。

3. 创业能力

创业能力是指创业者具有的与创业活动相关的关键技能和隐性知识，它是个体所拥有的一种智力资本，主要体现在个性、知识、技能几个维度，被视为创业者能履行职责的整体能力。创业能力不同于一般能力和特殊能力，它无法通过遗传获得，不具有先天性，同时又不同于智力能力，因为智力、记忆力等能力可以通过后天的学习和特殊训练得到提高，但创业能力具有典型的社会性和情境性，必须通过实践活动才能获得并提高。创业能力是创业基本素质中非常重要的因素，创业能力是创业的基础，同时也是专创融合教育课程目标的核心素养，它直接作用于创业活动，直接影响了创业者的成功率。也就是说，创业能力既来自实践活动的锻炼，又作用于创业活动的开展，要在实践中培养创业能力和创新精神。

创业能力的培养属于专创融合教育课程体系的高阶目标，专注于使大学生获得运用自己的专业技术和成果实现价值创造的能力，实践和实际操作是其最主要的实现途径。由于完成创业活动需要多方面因素的共同作用，所以创业能力是一个包含多项具体能力的复杂概念，即机会感知、机会选择、机会塑造和机会实现四种能力。机会感知能力强调创业者对所从事行业内市场和技术的预见与想象，具体可以分解为审视、搜索、试验和想象；机会选择能力是指在已有资源的支持下对可行机会的筛选和选择，可分解为对机会的解释、判断和评估的能力；机会塑造能力指对资源重新整合从而探索新机会的能力，包括重构、置换和意义建构；机会实现能力是指将企业的内外部资源同步化并且把握机会实现的节奏、程序的能力。由此可见，创业能力涵盖了从机会的创造、发现、选择和利用的全过程。

4. 专创型知识结构

知识和技能的教授是专业教育过程中最基本的教学目标，对于专创融合教育而言，专创型知识体系是大学生在干事创业过程中获取和配置资源、运营和管理企业或者部门事务时所需要的知识。专创型知识作为一种无形资产，极大程度上决定了创新创业活动的结果，即创业的成功或者失败或者一个项目或者一项任务的成败与否。从专创融合教育课程体系的层次性、个体性和差异化特点来看，专创型知识的传授必须体现上述特点。专创融合知识抛开纯粹的专业知识之外，包括普适性的创业知识和专业性的创业知识。有的学者将普适性的创业知识分为三种：指向市场和顾客的创业知识、指向资源配置和企业运营的创业知识、指向战略决策的创业知识。三种知识分别指向企业建立和发展过程的不同环节，涵盖了从机会识别到企业建立和管理再到企业战略决策的各个环节。指向市场和顾客的创业知识主要作用于创业机会的识别和评估，具体包括市场需求、市场竞争程度和顾客偏好等知识；指向资源配置和企业运营的创业知识具体包括人力资源、财务、生产和营销等方面的知识；指向战略决策的创业知识则涵盖了市场竞争、营销和产品等的策略分析知识。专业性的创业知识指的是适用于某一专业的创业知识，比如电子商务、公益创业、非政府组织管理等等，他们适用于不同的专业领域，不具备普适性。专创融合知识体系的教授必须依据一定的个体发展规律，也要随着学生年级的变化、兴趣的强弱而有所差异，要充分考虑大学生的专业特点和个人兴趣，循序渐进、因材施教，要根据所实现的课程目标的不同、专业特点的不同，采用不同的教学方法和教学组织方式。

（三）在教学方法上，提倡基于专创融合的混合式教学方法

教学方法是教师和学生为了实现共同的教学目标，完成共同的教学任务，在教学过程中运用的方式与手段的总称。它包括了教师的教法、学生的学法、教与学的方法。教学方法论由教学方法指导思想、基本方法、具体方法、教学方式四个层面组成。在创业活动中，很多优秀的企业家都注重发现新事物、捕捉新技术、识别新机会，不断为企业创造活力。专创融合的教学也当如此，当代大学生是伴随着互联网快速成长起来的一代，是互联网的原住民，其对互联网的依赖性是极强的，倘若教师在授课过程中，将互联网、交互式、融媒体、增强现实等技术应用于教学，利用先进的教学平台开展教学活动，对学生而言是极具吸引力的，创新的教学方法给学生带来的新的体验，创新的意识自然得以萌发。反观高校传统的专业课教学，教师授课缺乏创新，教学手段相对单一且固定，播放单调的课件辅以讲授法构成了教学的主流方法，在学习过程中难以激发学生听课的兴趣，导致课堂相对沉闷，没有师生的交流与互动，难以形成思维的碰撞，是无法

实现创新和进步的。哈佛公开课《公正》给我们留下了深刻的印象，即便面对上千人的大合堂的线下教学，教授依然流畅自如地通过讲授、启发、交流、讨论、案例分析、头脑风暴、角色代入等多种教学方法实现其教学目标。

专创融合教学模式中的教学方法是教师为了使学生掌握专创知识体系，培养创新性思维等高阶思维能力，实现专创融合教学目标的重要手段，也是专创融合教育课程体系目标实现的重要手段。传统的教学方法是专创融合教育课程开展的基础，例如讲授法、讨论法、案例分析法等，由于专创融合教育所具有的实践性、社会性、体验性等特征，可以采取诸如体验法、游戏法、头脑风暴法、参观法、模拟练习法和实践训练法等教学方法。

专创融合教育的任课教师应采用混合式、线上线下融合等先进的教学方式，突出学生的主体地位。通过创新教法教具，加强网络和人工智能在教学中的媒介作用，让学生在学习过程中能够被教师吸引、被知识吸引、被教法吸引、被课堂吸引，从而提高课堂参与度。其次，教师可以利用好"问题支架"，问题是思维的起点，能够察觉并提出问题是进行创新创造的开端。苏格拉底的产婆术、问答法，孔子与学生的问答对话中采用的启发式教学法都体现了"问题支架"对于思维开拓的推动作用。教师应增强与学生的提问与互动，引导学生深入学习，这不仅能够集中学生注意力，更能从问题中引出自由的、发散的思考。需要注意的是提问应是面向多数学生的高水平、开放性的提问，而非课本上概念复述的简单提问，问题只有处于学生的"最近发展区"才能起到锻炼思维、提高创造力的培养效果。第三，专创融合教育任课教师在实际授课中，应强化实物演示、概括推理、比较分类、案例分析等方法在课堂的综合运用，有意培养学生的系统分析能力。必要时，可以效仿创业教练的思维训练方法，适当用于课堂，有目的性地培养学生的创新思维。

1.讲授法

讲授法是教学中最常用的教学方法，是教师通过语言的传递向学生传授知识的方法，这种方法通常以教师为主导，适用于概念、原理等专业基础知识的传授。讲授法的广泛运用证实了其具有高效率、可控性强等特点，但也因为讲授法忽视了学生自主权和主动性，所以不能很好地适应专创融合教育的所有课程，涉及专业基础知识、基础理论的课程内容以及专创融合知识体系的传授可以采用讲授法。

2.讨论法

针对讲授法中学生参与度较低的缺点，讨论法起到了很重要的互补作用。讨论法是仅次于讲授法的教育方法中历史最悠久的、最传统的教学方法，它以教师提出的某个问题为核心，在教师的指导下组织学生以班级或小组为单位进行讨论，从中加深对概念或原理的理解和掌握。讨论法的最大优点就是有利于培养学生的沟通表达能力和团队协作精神，鼓励学生善于倾听和思考，这恰好与专创融合教育的课程目标相契合。

3. 案例分析法

案例分析法最早起源于美国，由哈佛大学开发的个案研究法发展演变而来，这种方法借助文字、影像等媒介把真实发生的事件呈现在学生面前，然后学生根据案例中存在的问题进行讨论和分析，因此案例分析法常常与讨论法一起使用，充分挖掘和培养学生的分析问题和解决问题的能力，并以间接经验传授的方式使大学生获得案例的体验。专创融合教育课程中使用案例分析法对教师的能力和素质要求较高，需要丰富的案例库的支持，因此高质量、多元化的教师结构才能保证案例分析法的使用能够实现预期的教学目标。

4. 头脑风暴法

头脑风暴法是由美国创造学家奥斯本提出的，它是一种用来激发人类创新思维的方法。有人将头脑风暴法看作是讨论法的升级，但二者有着显著区别：头脑风暴法要遵循一个重要原则，即参与者一律平等，过程中不进行任何批评和评论。该方法鼓励学生大胆设想，不受任何固定思维的限制，因此头脑风暴法具有学生参与度高、主动性和积极性高的特点，有利于激发学生的创造性思维。由此可见，对于对创新和创造力要求极高的创业活动而言，在专创融合教育课程中使用头脑风暴法再适合不过了。

5. 角色扮演法

角色扮演在专创融合教育中的使用频率并不高，它是一种综合性、创造性的互动活动，学生通过扮演特定的角色，获得某种角色的特定体验。例如"模拟市长""模拟经营"等活动，在角色扮演中，学生抛开自己的学生身份，以"市长""企业家"等角色本身的思想和行动来完成一系列情境中的问题解决，获得相应的学习体验。当然，角色扮演的剧本和题材一定是符合专创融合课程目标和教学目标的，既有知识性又有一定的趣味性，使学生以直观的体验获得专创融合的知识和能力。

6. 体验法

体验法是角色扮演法的升级版，将模拟的情境置于真实的生活场景中，例如"不花一分钱过一天""操盘手""我当社区主任"等等。体验法虽然同样注重学生的直观感受，但与角色扮演法有着本质区别，即场景的真实性。以创业式体验为例，创业是一项极其复杂的社会活动，建立一个企业，一定要经历复杂的申办程序，要经营一家企业，同样由多个部门和环节构成。一方面，创业教育的体验法可以借助网络，通过在线平台为大学生提供创建和经营企业的全方位体验渠道，其过程可以包括申办手续的办理、企业选址、团队建设、公司经营等环节；另一方面，任课教师可以采用参观、实地考察等方法辅助教学，让大学生在真实的企业环境中学习创业知识。现实和虚拟相结合的体验式教学方法可以称为专创融合教育中的"O2O"，即线上和线下相结合。

7.实践法

实践是检验真理的唯一标准，专创融合能力的获得和运用也只能来自和依托于实践活动。"项目主导　专创融合"教育课程的重要目标之一就是利用项目式的实践训练，培养大学生的创新创业能力。创新创业能力的获得和提升依赖于实践活动的设计和组织，专创融合知识体系的应用和反思。专创融合教育课程设置中非常重要的部分就是项目实践，所以基于项目运作的实践训练是必不可少的，这也是对教师要求最高的教学方法，教师在项目外进行设计、学生在项目里成为主体，教师充分发挥了引导和指导的作用。实践法的综合性很强，能够全面培养大学生的创新创业素质，对专创融合式创业教育课程目标的实现起到了关键性作用。

（四）在教学组织形式上，倡导灵活多样的授课形式

教学活动在开展过程中，需要建立特定的结构和方式。过去受生产力水平的限制，教育教学被统治者阶级掌握，能够接受教育的人相对较少，教学活动在一个或几个个体内展开，我们称之为个别教学。随着经济的快速发展，教育逐渐普及，社会要求在短时间内提供大量符合生产发展要求的人才，个别教学被班级授课所替代，同时随着教育教学的发展不断演变。专创融合教育强调学生的个性化培养，因而对过去相对单一固定的教学组织形式提出了挑战。

专创融合教育的课堂应当是灵活、多变的课堂，受不同教师个性特点、班级学生学习水平和学习能力的影响，教育教学的组织开展形式各异。不同地域、不同专业、不同班级的教师应根据本班级的实际情况和个人特点对教学组织形式进行改革，综合多种教学组织形式的运用，充分发挥其各自的优点，促进专创融合教学的高效开展，如分组教学、现场教学、道尔顿制、翻转课堂等。在班级授课

制的基础上，实现教学组织形式的优化创新，进而建立合作性、体验式、自由化的课堂，使学生有效地参与到课堂学习中，帮助学生完成知识的内化。

1. 分组教学

分组教学是一种教学组织形式，有校内分组制和班内分组制。前者是在一所学校内将学生按智力或学习成绩分成年限长短不一、教育内容相同的教学组织；后者是在同一班级内根据学生学习成绩的变化，将他们分成教学内容深浅不同或进度各异的小组。19世纪末西方现代教育派针对班级教学不能适应学生个别差异的局限性，提出了以班级教学制为基础的能力分组。后由于认为这种做法会使"低能儿童"受到歧视产生不利于学习的情绪，又会助长"高能儿童"的骄傲习气并形成社会分裂，曾一度转入低潮。1957年以后，随着国际科技竞争对培养尖端人才的需要，又被再度重视，现流行于欧美各国。

在专创融合教育中，我们所倡导的分组教学即通过任务分配、小组讨论和成果组合的形式，让学生在课堂上充分表达自己的认识、展现自己的特长，帮助学生进行思维的碰撞和认知的深入。这样的教学组织形式有利于实现因材施教，分组教学根据学生的不同能力水平，甚至不同的兴趣分成几个小组，对不同的组提出不同的要求，采用不同的教学方法进行教学，能适应学生的能力和要求，照顾了学生的差异，为创新性思维的个性化发展提供了基础。

2. 现场教学

现场教学是指组织学生到生产现场或社会生活现场学习有关知识和技能或接受思想教育的教学形式。时间、形式上不像课堂教学固定，常依教学任务、教学内容、学生情况和现场具体条件等而灵活定制。通过现场观察、调查或实际操作，丰富学生的感性认识，促进学生对书本知识的进一步理解和掌握，培养学生将知识用于实践的能力。简单来说，即把学生带到事情发生地，让学生亲身经历、切实体验，有利于专业理论知识联系实际。

根据现场教学的目的和任务，可以将现场教学分为两大类型。一种是根据学习某种学科知识的需要，组织学生到有关现场进行教学。有些专业知识，只在理论上对学生进行解释，学生很难清晰透彻地理解，但到现场看一看，增强感性认识，则能更真实地理解知识，并且能增强学生解决实际问题的能力。另一种是由于学生为了从事某种实践活动，需要到现场学习有关的知识和技能。这常见于一些与生产劳动、社会实践密切联系的技能教学，是专创融合教育实践常常采用的教学组织形式。

3. 道尔顿制

道尔顿制又称为"道尔顿计划"，是美国教育家帕克赫斯特在20世纪初创新并实践的一种个别化教学形式。其原则主要有两条：一是自由，即学生在身心方面都能自己计划自己的事情，自己克制自己的活动，以此培养学生自我教育的能力。二是合作，即打破班级界限，强调团体活动中的合作和交互作用，以使学生在民主合作的氛围中得到发展。

帕克赫斯特于1920年在马萨诸塞州道尔顿中学所实践，因此得名。道尔顿制教学组织形式强调学生自学和独立作业，老师只提供答疑和指导，有助于调动学生的学习主动性，培养学生的创造能力。道尔顿制通过目标明确的作业任务、学科教室和管理图表等具体措施得以施行。在理念逐步运用和大量的实践过程中，道尔顿教育理念不断进行优化和调整。道尔顿制将学校作为学生的社会实验室，认为每个学生都应该以适合他自己的速度去取得学习进展。它不是一种学校制度，也不是一种管理系统，甚至也不是课程的代名词，它是一种简单经济的学校教学组织形式，目的在于帮助学生与教师提高工作效率并获得自我发展，使他们在这两方面浪费的时间与精力都可以减至最低。

4. 翻转课堂

翻转课堂译自"Flipped Classroom"或"Inverted Classroom"，也可译为"颠倒课堂"，是指重新调整课堂内外的时间，将学习的决定权从教师转移给学生。在这种教学组织形式下，课堂内的宝贵时间，学生能够更专注于主动参与的基于项目的学习，共同研究解决本地化或全球化的挑战以及其他现实世界面临的问题，从而获得更深层次的理解。教师不再占用课堂的时间来讲授信息，这些信息需要学生在课前完成自主学习，他们可以看视频讲座、听播客、阅读电子书，还能在网络上与其他同学讨论，能在任何时候去查阅需要的材料。教师也能有更多的时间与每个同学交流。在课后，学生自主规划学习内容、学习节奏、风格和呈现知识的方式，教师则采用讲授法和协作法来满足学生的需要和促成他们的个性化学习，其目标是为了让学生通过实践获得更真实的学习。翻转课堂模式是大教育运动的一部分，它与混合式学习、探究性学习、其他教学组织形式和教学方法在含义上有所重叠，都是为了让学习更加灵活、主动，让学生的参与度更强。"互联网+"时代，学生通过互联网学习丰富的线上课程，不必要到学校接受教师讲授。互联网尤其是移动互联网催生的"翻转课堂"教学形式，是对基于黑板和书本的传统课堂教学结构与教学流程的彻底颠覆，由此将引发教师角色、教学形式、管理模式等一系列的变革。

5.互联网＋教育

"互联网＋教育"是随着信息技术的不断发展，互联网科技与教育领域相结合的一种新的教育组织形式。"互联网＋"时代的教师，正通过线上与线下相结合的方式，构建"互联网＋教育"的教育模式。微课、慕课、线上直播课等多种信息化课堂正流行起来，使教师的教学方式和学生的学习方式、学习内容变得更加多样化。"互联网＋教育"可以把抽象、枯燥乏味的知识变得直观、具体、形象、生动，可以突破时间、空间的限制，随时随地皆可自主学习，并且扩大优质教育资源覆盖面，促进教育公平，提高教育质量，同时有助于教师创造更有新意、更有价值的教育方式，真正实现因材施教，提高教学效率。

《中国教育现代化2035》等政策文件做出一系列部署和要求，将以"互联网＋"为主要特征的教育信息化作为教育系统性变革的内生变量，支撑引领教育现代化发展，推动面向信息社会的教育理念更新、模式变革、体系重构。学者唐亮提出，面向未来的"互联网＋教育"，重点在于利用现代技术加快推动知识型、创新型人才培养模式改革，创新跨界融合、精准高效的教育服务业态，推进审慎包容、分布协同的教育治理方式变革，对传统教育生态进行重构。在"互联网＋"的作用下，学校还在，但不再是单一的物理学习空间，而是穿越社会生活边界、区域边界、学科边界，以广义的教育服务资源供给，精准满足多样化、个性化、终身化教育需求的大平台；班级还在，但会演变成线上线下深度融合、所有参与者充分互动的学习场域；教师还在，但不再只是知识传授的主导者和促进者，而是教学变革的组织者和引导者、信息技术的应用者和推广者、学生成长的激励者和陪伴者。

（五）在教学内容上，突出以学科知识为主体的动态生成和进阶课程

教学内容是指教学过程中同师生发生交互作用、服务于教学目的达成的动态生成的素材及信息。学校给学生传授的知识和技能，传达的思想和观点，培养的习惯和行为的总和。教学内容来自对课程内容、教材内容与教学实际的综合加工。我们一方面合理地利用教材教学，对教材内容进行选择、取舍、加工；另一方面，可以科学地加工教材，合理地组织教学过程。它不仅包括教材内容，还包括了引导作用、动机作用、方法论指示、价值判断、规范概念等，包括师生在教学过程中的实际活动的全部。因此，教材内容只不过是教学内容的重要成分。

专创融合教育虽面向全体学生，但并不意味着每一位学生都去创业，而学校

对学生培养的关键在于帮助学生建立拥有创新意愿的、系统的学科知识体系和创新性思维能力。培养创新性思维的有效方法是在完善的学科知识体系下，实现对脑力的训练，有效激发出创意、创想。

在专创融合教育教学中，教学内容讲求动态生成，教师应将每节课零散的知识点及时纳入学科知识体系，强化知识之间的内部联系，搭建知识网络，必要时可以引入不同学科的知识，增强学生跨学科思考能力，培养思维的系统性和缜密性。在教学内容上，专创融合教育任课教师不能局限于专业基础知识与概念的讲解，应聚焦为一个问题或学科前沿，以"点"带"面"，帮助学生建立全面的学科知识网络，这不仅具有针对性，更能激发学生思考。利用假期，教师也可以经常参与企业挂职锻炼，了解专业领域内发展趋势和前沿技术及时更新自身学科认知，必要时可以开展跨学科教研和学术交流活动，丰富自己的授课内容。动态生成的教学内容应建立不同学科之间的连接，教师在讲授背景知识的基础上，进行本学科的练习，再应用所学的学科知识解决涉及领域的项目或问题，通过致力于解决这一问题，将各个学科互相连接起来。

专创融合式教育课程内容的动态生成是为了课程目标的实现，因此，要以课程目标下的基础专业知识为载体，设置遵循融合式教育所具有的差异化、创新性、实践性和融合性的特点，我们将课程内容分为启蒙课程、基础课程、专业融合课程和创业实践课程，不同的课程面向不同的学生群体，既具有通识课程的特点，又突出分年级、分专业和分群体的特点。

1. 专创融合教育的启蒙课程

专创融合教育的启蒙课程，是融合式创业教育课程内容中最具有基础性和普遍性的课程内容，它旨在激发大学生的创业意识、初步培养大学生创业心理品质，基本不涉及与创业相关的基础知识和重要技能。大学生的创新思维、创业意识、创业态度、创业知识和创业能力的获得不是生来就有的，都需要借助一定的环境和教育影响而形成。启蒙课程则是专创融合教育课程内容的第一步。启蒙课程的重要特征就是低起点、普遍性，主要面向低年级的大学生，来自全校各个专业的大学生都可以接受专创融合的启蒙课程。以创业启蒙课程为例，其内容可以以了解创业背景、当前创业大环境为基本方向，通过经典案例的介绍和分析等方式使大学生认识创业、激发出大学生的创业意识，间接获得创业所需要的创业心理品质。同时也要为大学生充分认识自我创造机会，例如对兴趣、性格、技能、价值观等方面的探索，为大学生认识职业和职业规划奠定基础。高校可以设置创业基础、创业实务、创新思维训练、企业家精神、创业入门、职业生涯规划与就业指导等课程。

启蒙课程具有普遍性和启发性,所以专创融合教育的启蒙内容涉及的学生面是很广泛的,在大学生入学第一年就应该开展,不区分专业,也不以大学生已具有的专业基本素质或创新创业素质为依据划分不同的学生群体,以必修的方式纳入到培养计划中,把培养大学生的创业意识和创业态度作为最主要的课程目标,为大学生日后进行创新创业打下坚实的基础。

2. 专创融合教育的基础课程

启蒙课程的重要目标是激发大学生的创新创业意识和初步培养大学生的创业态度、创新思维,因此课程内容并不涉及创业所需的基本知识。从创业的维度来看,基础课程旨在为大学生提供创立并经营管理一个企业所需要的各种经验,包括创业计划书、人力资源管理、创业融资、市场营销、法律法规、财务管理等知识,例如创造学、管理学、经济学、会计学、市场营销、创业风险管理、企业法与知识产权管理、创业融资与投资管理等课程。此外,创办并管理一家企业的重要目标是保持企业的持续生命力,所以能够正确处理企业与客户、合伙人、政府人员等之间的关系尤为关键,从创新创业的维度来看,专创融合的基础课程的重要任务之一就是帮助大学生获得社会人际网络知识,以传授创业基础知识为目标,同时潜移默化地进一步激发大学生的创业意识、培养创业心理品质。

基础课程较启蒙课程而言,是专创融合教育课程内容体系的更高级的阶段,所以基础课程内容上具有了更多的灵活性,更加尊重大学生的兴趣和需求。为了能够实现这样的目的,专创融合教育基础课程的数量和种类必须更加丰富,在培养计划和学分制等的保证下以必修课和选修课相结合的方式供大学生选择,从而能够满足更多大学生愈发多样化的知识需求。从创业维度来看,由于创业基础课程所传授的知识需要大学生具备一定的创业意识和心理品质,所以应该在中年级开设,并且以大学生已具有的知识、能力和专业为参考依据,科学合理地区分各类课程的授课对象,取长补短、有的放矢。简言之,基础课程就是要使大学生获得成为创业者和管理者必需的管理类知识和社会人际网络知识。

3. 专业融合课程

专业融合课程是专创融合教育课程内容中最能体现该融合特色的部分,它在启蒙课程和基础课程的基础上,加强与专业教育的合作。在培养大学生创业意识和创业心理品质的过程中,把创业课程与专业课程有机融合已经成为创业教育发展不可阻挡的趋势。创业课程与专业课程的融合有利于发现某个学科领域内的前沿以及与之相关的行业内最新成果。专业融合课程不是打破原有专业课程体系的新课程，而是在各专业课程体系的基础之上增加的综合性课程。比如公益创业，他不是创业课+公益组织的专业课的简单加和，也没有打破原有公共事业管理专业课程体系。创业的实质就是进行资源的整合、利用和开发，从而实现利益的最大化，而获得整合和开发利用资源能力的重要条件之一就是具有不可完全模仿的核心竞争力，即专业知识的掌握，开设专业融合课程正是充分认识到了这一点。

专业融合课程具有一定的学习难度，不仅要求大学生具备一定的创业基础知识和能力，同时要求大学生已经扎实掌握了某些专业知识，所以专业融合课程应该面向高年级大学生开设，切忌急于求成。专业融合课程需要充分尊重大学生的专业特点，开发专业+专业应用方向类的课程，例如公共事业管理专业可以开设公益创业课程、城市管理专业可以开设城市社区设计课程、音乐专业可以开设音乐创业学课程等。专业融合课程应该根据不同专业的实际情况，采取必修课和选修课相结合的方式开设，既满足创业与专业相融合的目的，又不为大学生增加过多的学业压力。

有学者认为当今社会正在由知识经济时代向创业型经济转变，而创业型经济要求高校的创业教育应该是基于专业教育开展的，培养机会型创业者、技术创业者和知识创业者。不仅如此，专业融合课程应该逐渐由单一学科的融合向多学科融合的方向发展。专业融合课程要以专业为依托，突出专业知识的科学性、严谨性、逻辑性和规范性；以创新为主旋律，始终保持课程的前沿性、时代性和新颖性；以创业为导向，实现课程的市场趋向性和产业推广性。

4.创业实践课程

专创融合教育课程内容具有明显的跨学科性和循序渐进的特点，其在创业意识和创业精神培养的基础上寻求创业人才目标的实现。虽然创业教育的发展势不可挡，但我们不得不承认创业教育不可能使每一位大学生都成为创业者，创业精神是实施创业教育的首要目标。与此同时，我们又不能否认培养创业者是进行轰轰烈烈的创业教育的重要目标之一。大学生创业行为的产生来自其强烈的创业愿望，而创业的成功率则与创业能力的高低密切相关。前文我们曾提到过，创业能力的获得基本不受遗传因素的影响，不具有先天性，只能依靠后天的实践获得并提高，所以创新创业实践课程的重要性不容忽视。

创业实践课程主要面向特定的学生群体，该学生群体具有强烈的创业愿望、具备一定的创业知识和心理品质，以中高年级大学生为主，以选修课的形式开展，以大学生的主观意愿和兴趣为前提，学校通过学分、奖金等方式给予支持和奖励。实践性和操作性是该类课程的突出特点，可以分为模拟实训类课程和实践类课程。模拟实训类的创业实践课程具有一定的虚拟性，通常不涉及实际创业项目的运作，主要依托某种平台给予大学生锻炼的机会，例如创业计划大赛、线上的模拟公司运营、企业参观、大学生创新创业训练项目等，虽然没有实体公司的产生，但参与者充分获得了接近真实的创业体验。

实践类课程则是真正意义上的创业，在创业导师的指导下，以项目为依托，切实开展创业实践，真实体验从机会识别、团队组建与管理、资源整合与开发到公司或项目运营等一系列环节，甚至最终实现其中一部分项目的成功孵化，例如大学生创业实践训练项目、依托企业品牌的创业营销大赛、校企合作模式下的企业实习等都属于典型的创业实践课程范畴。

（六）在教学评价上，侧重创新创业素养的质性评价

教学考核与评价是对教师教学效果和学生学习结果的衡量，我们这里所讲的教学评价，主要指创新创业教育融入课堂教学过程中，对学生学业成绩的评价。建立系统的、科学的学生评价体系具有激发学生学习动机、推动学生课堂学习的重要作用，其内容应是一个包括学生课堂表现、创新创业类竞赛的参与情况和相关课题研究成果等的完整体系，包括对学生专业水平、实践能力、创新精神等综合素养的考察。

当代教育评价之父泰勒认为评价是考察已经开展和组织的学习活动是否产生以及产生了多少预期结果的动态过程，即分析教育目标实现程度的过程。专创融合教育课程评价是对学生课程学习效果的分析，评估课程目标的实现程度。课程评价既是对课程目标达成的考察和分析，又是推动课程发展和完善的依据，即课程评价是专创融合教育课程设计与实施的起点和终点，通过课程评价发现课程设计和实施存在的问题，在不断完善的过程中逐步科学化。

在过去，教师对学生的测评局限于学习成绩的考核，属于终结性评价，融入创新创业教育的学生评价更适合采用形成性评价或发展性评价这样的质性评价方式。比如教师指导学生撰写实验报告并作汇报，将实验报告的分数纳入期末学生综合考评。教师应采用完善的考核体系激励学生参与课堂、参与项目、参与创业，真正将学生创新创业积极性调动起来。

1. 形成性评价与总结性评价相结合

形成性评价是在课程实施过程中进行的对课程的分析和评估，它贯穿于课程的各个阶段，注重细节的分析，能够及时发现问题并寻找出原因，进而作出及时的调整，使课程更加合理化、科学化。总结性评价与形成性评价不同，它通常在课程实施结束后，关注于课程学习的结果，根据学习结果进行评价和分析，因此学生才能获得相应的评价结果，例如学分、证书、奖金等。总结性评价是对课程目标实现程度的反映，对课程的有效性和实施效果进行判断。专创融合教育课程既需要形成性评价的阶段性诊断，实时监测课程实施效果，以便及时调整，使课程更加符合大学生和社会的需求，同时也需要总结性评价。由于整个专创融合教育课程目标、内容具有连续性和渐进性，一个阶段的学习完成以后才能进行更高一阶段的课程学习，因此总结性评价一方面成为大学生是否适合进入下一阶段学习的"通行证"，另一方面也为专创融合教育课程本身的实施效果做出判断。形成性评价与总结性评价的结合贯穿了专创融合教育课程实施的全过程，对教师和学生在课程实施过程中的表现及时给予评价，全面把控课程目标的实现程度，兼具了"关注学习"和"促进学习"的双重性。

2. 注重表现性评价

专创融合教育课程内容和教学组织形式多样化，既有传统的教师采用讲授法开展的理论知识课程，也有注重实践操作的混合式课程，因此形成性评价和总结性评价的关注点要不同于传统专业教育课程评价，即专创融合教育课程评价要重点关注学生的表现。创业或者创业活动不同于专业知识的学习，它不可能通过一张试卷就能得出准确结果，所以传统纸笔考试向来都不被国外大学生创业课程评价所采用。基于创新创业能力和创新创业活动的复杂性和复合性，创业课程的评价要以大学生的表现为依据，引导大学生将创业知识与专业知识融入某个创新创业项目设计、研究报告中去，以定性而非定量的方式评价大学生的学习效果。

3. 评价主体多元化

虽然基于项目的专创融合教育课程的教育对象只有大学生，但其参与者众多，涉及教师、学校管理者、企业家等，而且学生也往往以团队方式出现，传统的课程评价往往只包括教师对单个学生的评价，教师成为掌握课程评价权的"独裁者"，而单一的评价主体很容易造成评价结果的片面化。不同的人对同一事物的关注角度和评价角度不尽相同，多角度观点的相互碰撞可能会产生不同凡响的效果，所以专创融合教育课程的所有参与者都应该有权对课程进行评价，包括对教师教学、学生学习、课程本身的评价,具体可以采取学生自我评价、团队内互评、团队间互评、教师评价和课程其他参与者的评价相结合的形式,获取对某一门课程全方位、多角度的评价意见和建议。

综上所述,构建适合于我国高等教育发展的专创融合教育教学模式应体现在:在教学理念上,培养学生的创新性思维,激发创新创业活力;在教学目标上,重视核心素养和高阶的思维训练;在教学方法上,提倡基于专创融合的混合式教学方法;在教学组织形式上,倡导灵活多样的授课形式;在教学内容上,重视以学科知识为主体的动态生成和进阶课程;在教学评价上,侧重创新创业素养的质性评价,以推动专创融合教育在高等教育教学中扎根、成长、开花,结出累累硕果!

六、"项目主导 专创融合"教育的实践路径

(一)对准"融合"目标,推进跨院系、跨学科研究合作

教育创新首先是教育思想、理念的创新,对传统的教育思想、观念的扬弃,树立新的知识观、人才观、教育观。面对科学技术日新月异的变化,高校教育工作者应跟上时代的变化,不仅仅是给学生传授现有的知识,为今后的职业生涯做准备,还要培养具有创新精神和创造思维的创新型人才,培养专创融合型的复合型人才,使他们在未来变化莫测的世界中发挥主导作用,迎接无法预测的挑战。

在革新理念的基础上,我们要以创新创业教育的改革升级为契机,对准专创"融合"目标,推进专创融合教育在跨院系、跨学科方面的研究合作。一切创新活动都是从确定目标开始的,"追求卓越"本身就是大学文化的重要组成部分,激励每一个人去超越、去创新。专创融合教育理念下的专业人才培养目标关注的是优秀而不是规模,是质量而不是数量,关注的是人才的综合素养,是在各个方面都有一定能力、在某一个具体方面出类拔萃的复合型人才。

培养复合型人才具有复杂性和系统性的特点,而创新创业教育又具有综合性和实践性强的特点,所以,要遵循专创融合的适应性原则,在保证专业教育顺利进行的同时,加强院系之间的交流,加强学科之间的合作。专创教育的有机融合要从以下几个方面实现:一是培养目标,二是课程设计,三是学分要求,四是实践性教学活动。如能在以上几个方面做到有效融合,将能促进学生综合素质的提高,学生就业能力不断增强,实现"一专多能"。高校应不断深入强化"专创"复合型人才的多学科交叉培养,专创复合型人才不仅要具有扎实的专业知识,更

要具有多学科的知识面和广阔的学科视野。我们要尊重不同学科的差异性，可按照人文学科专业、社会科学专业、自然科学专业等专业类别与创新创业教育紧密结合。为培养创新型专业人才，高校应鼓励学科交叉，针对多学科交叉的问题，可以多组建相关专业，课程设置多样化，增加研究课题和项目，甚至是组建新的学院，建立完善的培养体系。还要有针对性地分析每一个专业的特点，尊重差异、增强学科包容性，满足学生多元化的专创融合教育需求，使专业教育更好地与创新创业教育有机融合，培养复合型人才。

（二）用好"融合"载体，搭建协同育人的专创融合实践平台

创新创业教育与专业教育有机融合的实践育人平台，可以让学生发挥专业优势和特长，在实践中获取更多的创业经验，同时有利于学生批判性思维、创新性思维与问题解决能力的培养，促进学生综合素养的提升，引导学生全面成才。因此，我们指导学生积极主动地参与到创新创业相关的活动中去，积极参加大学生创业大赛如"互联网+大学生创新创业大赛""挑战杯大学生创业计划大赛""电子商务三创赛""社会组织创新大赛"等等，参观创业企业，加入创业孵化基地，组建创业社团如KAB创业俱乐部等等。我们在实践中发现，在开展创新创业教育过程中，学生参观创业企业或参加创业企业的实习项目的机会较少，而且参观的形式比较单一，有的师生甚至不知道学校的创业孵化基地。因此，我们积极协调政府、企业等社会力量如"济南市市中区社会组织创新园""猫头鹰求职""山东校聘信息技术有限公司"等参与到我们的专创融合教育活动中来，通过搭建协同育人的实践平台，为学生提供充足的企业实践机会，使学生可以近距离地接触创业孵化器，亲身感受创业，加强对创业团队的了解，逐渐提升学生的实际创新能力，同时也促进学生将所学的专业知识转化为实践应用能力。

搭建协同育人的专创融合实践平台应该重视创新创业教育组织及基地的作用，加强政府、学校以及企业界的密切合作，发展企业孵化器，支持创新创业项目基地的建设，走产学研相结合的道路，为学生提供进行创业实践活动的平台和环境。同时，根据专业特色和学生需求，聘请企业家担任创业导师，指导学生创业实践活动。与区域企业加强联系，由此获取相关企业的经济、教学等方面的支持。首先应选取相关地方合作机构，共同构建以需求者为中心的专创教育课程。与此同时，通过建立有效的合作平台，实现创业教育机构与相关的地方机构间的良性互动，构建由大学、企业、研究所、地方政府组成的产学合作网络体系。这样的协同育人体系，属于具有地域化创新创业教育的特色，以地域为单位，通过

发挥地域特长，激励学生主动发现地区货源，解决地区的典型问题，培养学生的"主人翁"心态，培养学生全局化的视角。进一步来说，高校可以通过和地方政府联系，重点发展区域经济，在创业教育上突出一定的侧重点。培养学生全局性视角，鼓励学生将创业方向定位于地方特色产业，从而得到当地的认可，甚至可以有机会参加高层次的项目投标，获得"政府购买"的机会，增加企业的生命力。这样一来，学生可以站在"创业者"的视角，高瞻远瞩地看待问题、解决问题，领导力也得到有效提升。

目前高校在为学生提供创新创业实践平台方面难免有些力不从心。因此，在引进创新创业资源的同时更需要"走出去"，建立和发展"产学研结合"的模式，借助社会各界的力量帮助支持大学生进行创新创业。首先，可以聘请专家与高校专任教师合作开发理论与实践相结合的创新创业课程，联合编写具有科学性、先进性、适用性的创新创业教育教材。同时引进科技界、金融界或产业界优秀导师开展创新创业教育。邀请产业界精英或成功人士以及成功创业的校友进行创业方面的示例与演讲。充分挖掘校外各类特色师资，提升教育师资的质量水平和服务效能，为学生提供更加专业的指导和帮助。另外，在"走出去"方面，应充分利用企业提供的信息和资源，在政府的帮助下，不仅要加强高校内部实验教学平台的建设和共享，还要大力建设校外实践教育基地、大学科技园、大学生创业园、创业孵化基地和小微企业创业基地，资助大学生进行创新创业实践，大力提升学生创新创业的实践能力，从而激发学生的创新创业的激情和热情。

本书项目实例中"校招生"这一创业案例便是"产学研结合"下的典型和成功案例，将教学与产业实践相结合。我院学生通过与猫头鹰求职创始人张凯元先生合作，在其指导和帮助下，成立了专门为大学生尤其是毕业大学生人力供求信息发布、人力资源咨询、人事服务、企业管理咨询服务等业务的综合人力资源服务公司——"校招生"。并且在公司成立伊始，"校招生"求职团队便与心理学、行为学、社会学等领域的专家，利用人工智能来构建公司未来推行的产品和服务。同时，"校招生"还与求职者、高校、企业达成双向合作，使人才快速融入企业，实现多方获益。"校招生"的案例无疑为高校创新创业教学活动的开展提供了一个新的范例和新路径。

（三）打通"融合"脉络，促进第一第二课堂、校内与校外的互动

专创融合的途径还应充分利用第二课堂资源、校外资源。在实践探索中，我们在专业教育的基础上，开展创新创业竞赛、创业活动沙龙、创新创业大型讲

座,并将其有效融入专业课程当中。同时,定期开展互联网+大学生创新创业大赛、"挑战杯"系列科创竞赛的选拔赛等活动,以比赛为契机,展现创新创业活动的独特魅力,点燃广大学生的参与热情,以赛促教、以赛促学,构建良好学习氛围,营造创新创业的大环境。鼓励学生在校期间,建立和参与相应的创新创业项目团队、创新创业社团等,为项目配备专业指导教师,为学生团队提供沟通和交流的平台,提升学生的实践能力,培养学生的创业意识和能力。在校园中定期举办创业沙龙、创新创业讲座、论坛等,邀请创业校友回母校交流、邀请企业家到校分享创业经历,激发学生的创业灵感,从而培养学生形成良好的创新创业理念。同时,高校校际之间,在师生群体中展开创新创业教育的研讨交流、举办创新创业项目的路演。通过多方途径和有效方式,使同学们明白为什么要创业,如何选择创业项目,提升学生的创业热情,同时增强学生专业学习信心,为创新创业和专业教育的融合"打通任督二脉"。

为将第一课堂和第二课堂充分有效地结合,更好地开展专创融合课程,首先应在充分整合第一课堂与第二课堂育人资源的基础上,重点建设"实践导向"的课堂教学与第二课堂培养体系,全面提升大学生创新创业能力。其次,要深入挖掘和引进国内外创新创业领域专业教师资源,注重培养大学生将创新创业知识与创新创业实践的有机融合,建立专兼结合的创新创业专家库培养创新创业实践人才。此外,还应打通第一课堂与第二课堂的交流渠道,将大学生的创业愿望转变为可以操作的创业实践,在实践中全面提升大学生自主创业意识,为培育创新创业优秀孵化项目打造优势平台,全面提升人才培养质量。

同时,我们通过创新创业政策和典型案例宣传等方式,大力宣传推广各高校在创新创业教育方面好的做法,把创新创业文化特别是创客文化作为大学文化建设的重要内容,努力营造敢为人先、敢冒风险、宽容失败的氛围环境;加大创新创业价值宣传,发掘树立创新创业先进典型,弘扬创新创业正能量,以榜样力量激发学生创新创业热情,在潜移默化中培养学生的创新创业意识和思维。通过充分发挥参赛选手的榜样作用和引领作用,使学生耳濡目染,努力营造有利于创新创业教育与专业教育有机融合的良好舆论氛围,从而对整个教学活动进行良好的指引。

总之,建立第一课堂和第二课堂、校内和校外之间的资源链接,不仅可以帮助学生将所学理论知识应用于实际,在实践中检验学习效果,同时也可以有效发挥出专创融合教育的教学效果,突出其实践性特点。通过融合达成的资源链接,可以帮助学校实现校内、校外资源的整合利用。例如大学城各高校的大学生创业孵化基地、大学生科创实验室、创客空间等校内外实践平台为不同学科专业的学生团队提供了资源共享平台，为创新创业教育与专业教育融合的实践教学提供有力支持。学生在项目团队中，贡献自己所学专业知识，共同探讨，谋求解决现实问题的方法，激发学生学习的积极性、主动性。政府、企业在高校密集的大学城区域设立大学生创业孵化园，积极搭建有利于创新创业教育与专业教育有机融合的校外实践平台，让学生亲身体验创业，更好地认识创业艰辛，提高社会实践能力。通过对校内、校外实践基地各类资源的有效利用，使学生在实践的过程中，能够加强专业与实践之间的联系，从而增强实践能力，为其之后的就业创业奠定坚实的基础。

（四）形成"融合"机制，利用联合培养强化专创师资力量

专创师资力量的薄弱是专创融合教育推进过程中的一个痛点。不同于专业教育，创业教育的最大特点是实践性与经验性，一般专业教师无法达到这个要求。实践表明，专创融合师资单靠高校的"存量"是无法迅速解决的，要在"增量"上下功夫。在优化岗位设置、设立创新创业教育专门教职岗位的基础上，坚持"走出去"与"引进来"相结合，打造过硬的专创师资团队。

一方面，高校可以邀请国内外知名企业高管、管理专家、创业家讲述创业圈的前沿动态，引进和聘任一些经验丰富的企业家、创始人来学校做创业导师，充实优化创新创业师资队伍的组成结构。高校通过建立"创新创业导师库"的形式将以上的校内专创教师和校外创业导师进行整合，合理搭配，合作开展任务，进行联合培养，以发挥出创业导师各自的优势，并通过开展各类创新创业交流研讨和举办各类创新创业知识培训和实践培训等活动，为导师的能力提升与成长提供机会和条件。高校也可以根据自身能力，构建科技园、创业园或孵化器等基础设施，推动大学衍生企业的形成，将这些初创企业家、孵化器的管理人员聘为联合培养导师。同时，高校与周边企业园区的企业建立战略性的合作关系，高校的智库专家与企业的实战人才交流互动，互为师资补充，构建起相对完善的"创业生态系统"，为专创教育提供基础平台，实现校、企的共创共赢。

另一方面，高校也要下苦功夫、修炼内功，培育具有实际创业经验的师资力量，高校应帮助校内兼职创业的教师直接或间接地获得实际的创业扶持，制定优惠政策，探索可行的办法提高"实战"型专创融合教师的比例，让专业教师拥有创业实战经验，传授创新创业的真本领。除了鼓励教师兼职创业，高校也可以选

派一些创新创业骨干教师深入企业挂职锻炼,特别是校友创办的企业或学校的产业项目,去实际体验或感受企业的运行规律与生存规则,来提高教师队伍在专业教学基础上开展新创业教学与实践指导的能力。高校还可以与其他院校共同开展创新创业教育、联合培养学生,有利于整合与共享各高校的资源和师资力量,提高创新创业教育的水平,而且有利于为学生提供更多的跨校、跨省甚至是跨国的学习经历,形成更为丰富的学习生活体验,从而为未来的创新创业活动打下更好的基础。

(五)完善"融合"体系,推动项目主导让专创融合贯穿教育始终

专业教育和创新创业教育的融合就像是拉"拉链",链齿的咬合需要拉头一步一步的对接,专创融合的推进也需要步步为营的设计才能贯穿始终,形成完善的"融合"体系,在实践中我们利用"项目主导"来完成这一重要而艰巨的任务。

如项目开发部分所阐述的,项目主导始于"开发设计",项目的设计要着眼于培养学生的企业家精神、扎实的创业知识、领导能力等创业所需的必要素养。项目穿插的课程上开设诸如企业家精神、商业计划书、企业管理、投资与融资等创业所需的专创融合课程,并与实习相结合,实现理论与实践的有机结合。从终身教育的理念来看,创业教育不能止步于校园,而应延伸贯穿至日后的就业创业活动中,即创业教育也需要终身教育。毕业生通过定期聚会,交流相关信息,与老师展开面对面的咨询活动,解决创业过程中的实际困难。同时,邀请成功创业的毕业生走进校园开展面对面的咨询活动,鼓励毕业生回到母校、走进课堂,参与各类专创教育计划。

推动项目主导需要一定数量并保持一定增量的经费投入,这是持续推进专创融合教育的保证。经费的多寡,虽然不能直接反映办学的绩效,但缺乏经费,只会凸显"巧妇难为无米之炊"的窘境。项目启动可以依靠大创立项的资金支持,但后期还需要适当的追加投入。为争取更多外部资金,鼓励项目指导教师积极开展跨学科研究,并努力谋求与政府、实验室、研究机构的多种新型合作关系。通过技术再投资和小型商业技术转化等项目,加强各种校内外的联合与合作增强项目获取经费的竞争力。不仅要善于筹资,还要善于经营,通过合理配置实现有限资源的效益最大化,达到帕累托效率最优,加强对经费使用的监控,以有效的经费投入和监控体制推进专创融合教育的持续创新。

依托项目主导推进专创融合教育的过程中,为了促进"融合"体系的完善,需要高校创新管理机制。专创融合教育课程要让学生把学到的知识转换为工作和生活中的实际需要,通过项目开发的全过程,达成理论与实践的有机结合。发挥项目在教学各环节中的引领和推动作用,对管理机制提出了更高水准的要求,促使我们在管理机制上加强创新。以跨学科研究为例,跨学科研究的课程设置的培养实施需要融合不同学科知识和能力并进行转换,这样的课程师资需要进行跨学科、创造性的项目设计,培养专业学生掌握综合知识、形成跨学科界限的知识视野、建立受益终身的综合一体化的学习习惯,使学生的知识结构和知识体系成为一个紧密联系的整体。为此,应设置专门的跨学科研究管理机制,组建跨学科研究协调创新管理团队,团队成员定期开会,分享管理经验、相互交流学习,从组织和人员配备上保证了跨学科研究的顺利实施。也可以尝试创建跨学科交叉平台,改革现有的大学组织结构和运行机制,超越院系层次,组建跨学科的研究中心或重大科研项目组,可以在更大范围内加强学科间的横向交叉与综合。对创新研究活动定期投资,结合学校发展战略规划实行跨学科机构评估,评估优秀的项目根据需要追加投入,评估不合格的项目要求退出。专创融合教育实施中的管理机制问题是一个复杂性、系统性的问题,仍有待我们进一步深入研究和探索。

下篇：专创融合项目实例

项目一　公益创业：雨点公益社会服务中心创业实例

经过四十多年的改革开放，我国经济取得了长足的进步，已经成为世界第二大经济体。但是，社会组织的现状却与此不相适应，整个社会呈现一种"两强一弱"的状况，即政府与企业强，社会组织弱。目前，这个问题已成为我国现代社会建设和发展的一大瓶颈。而从世界各国的经验来看，社会组织在参与社会治理、扩大和提供有效公共服务、促进就业、维护社会稳定和安全，特别是弥补政府和企业不足上，都有着不可替代的独特功能和作用。

因此，十八大以来，党和政府对社会建设和社会智力创新越来越重视，对社会组织培育和扶植力度不断加强，公益创业逐渐成为中国社会发展的一种新的潮流。2015 年，李克强在政府工作报告里曾提出要促进"大众创业，万众创新"，其中大众创业更不仅仅是指创办商业企业，还包含"公益创业"这一重要内容，即要求人们去创办以解决社会问题、实现社会公众利益为目的的社会组织。这是"大众创业"更为完整的概念。

公益创业成为了时代的呼唤。一个健康良性的社会，也需要政府、企业和社会组织三者协调发展。联合国开发计划署驻华代表处青年项目协调官员郑浩然曾提到，中国需要更多的公益创业者，把边缘化的人群纳入发展主流中来，是在 2030 年之前实现可持续发展目标的必要条件，而年轻的创业者在为减少障碍提供想法和解决方案方面扮演着非常重要的角色。本书将以第二届中国"互联网+"大学生创新创业大赛国家级金奖项目——雨点公益为视窗，在相关理论指导下，带领读者透析公益创业实践全过程，展现一位 95 后创业者在其中的精神风貌。

一、理论先导——公益创业

（一）公益创业的内涵

公益创业（Social Entrepreneurship），也称为"社会创新""社会创业"或"公益创新"，其最早定义于1998年，刚开始涉及的是非营利领域。

其产生的必要条件主要包括两个部分：第一，强调创业的公共利益导向型，弥补市场经济的不足和缺陷。在过去的40年中，全球大部分国家以市场经济为基础，在实现经济增长的同时也造成了贫富差距等社会问题。公益创业正是在此背景下提出的，强调创业的公共利益导向性，以弥补市场经济的不足和缺陷。第二，顺应社会组织演进趋势，公益创业是跨部门的社会创新。传统上，非营利组织或者说是第三部门、政府部门、市场部门共同构成了社会三大支柱。这三个部门在传统社会体制下具有相对清晰的边界。但是，随着经济和社会的动态演进，三个部门的边界趋于模糊。非营利组织和公共部门开始逐步引入了商业化的运作模式，而以盈利为宗旨的公司开始向公共产品市场开放。

本书采用公益创业的定义，是指个人、社会组织或者网络等在社会使命的激发下，追求创新、效率和社会效果，面向社会需要建立新的组织，向公众提供产品或服务的社会活动。

（二）公益创业的特点

公益创业拓展了传统创业概念，是对传统创业概念的扬弃。除了具有创业特点外，公益创业更强调创业的公共利益导向，其主要具有以下特点：

1. 公益性

公益创业的首要特点是公益性。公益性创业是指为大众公共利益服务的创业。它的一个重要特征就是不单纯以营利为目的，不以追求利润的最大化作为根本目标。公益创业的最低限度是在过程中不能伤害公共利益；它并不是不涉及经济、商业利益，有时还必须遵守市场原则；并不仅仅以不营利为目的，但要以自身存在和可持续发展为前提，必须遵循市场和经济原则，公益性与商业性两者并不矛盾。这正如亚当·斯密在《国富论》中，向世人描绘的一幅生动活泼的社会经济运行原理图：在"看不见的手"的自由市场机制的作用下，在追逐个人财富的过程中，社会财富也被源源不断地创造出来。

2. 创新性

正如我们前面所提到的，创新是创业的源泉和动力，创业的本质是创新。要在创新中创业，在创业中创新。牛津大学公益创业研究中心认为，公益创意的"创新性"意味着这是新思想的产生和新模式的创建。公益创意的创新性体现在三个方面：新产品和新服务，现存产品和服务的更多社会效应的新用途，构造社会问题的新标准、新定义和提出的新的解决方案。公益创业具有创新性，它是一种创新的行为活动和过程。当我们进行公益创业时，创造性扬弃，把握机会，应用更好的产品、工序、观念和组织等，无不需要创新。

3. 价值性

公益创业是发现并创造价值的过程，具有价值性。公益创业是为了寻求已感知到的创新机遇，为了去创造价值。牛津大学公益创业研究中心认为，公益创业具有市场导向性。市场导向性表明公益创业的绩效驱动、竞争性和前瞻性，这需要更大的责任担当和跨部门合作。公益创业即专门针对传统的竞争市场，但它又拓宽了市场的概念，超越了新自由主义的私有市场交换价值，嵌入了公益性和社会性。公益创业是资源整合创造价值的过程，必须收益大于成本。公益创业过程，最起码能够达到满意原则；它涉及个人、组织、社会、国家、民族乃至人类的价值利益，应该兼顾各方价值利益。公益创业应该努力达到互补和兼顾，而不能强调无原则的牺牲和利益受损。

4. 过程性

公益创业是一个过程，是一系列进行中的决策和行动。公益创业不是昙花一现，而是一个需要时间酝酿的过程。它包括从创业伊始，到组织和活动的经营管理，甚至到某一时间的退出时间的所有各类决策和行动。公益创业是一个过程，就意味着成长。创业是创建组织和活动的经营管理，并在其成长过程中把握住发展机会。它不是静止不前的，或满足于特定社区或者市场或一种产品服务。公益创业包含着成长。通过公益创业，创造出独一无二的产品，尝试独一无二的方法；它不仅仅是模仿已有的，它需要做一些新的事情，一些未经实验和尝试的事情。

二、实践之路——雨点公益

雨点公益社会服务中心是济南市第一家依托高校专业平台和大学生志愿者资源建立的社工机构，有着一支由专业社工、社会调研员、项目管理人员、大学生志愿者组成的专业服务队伍。在第二届中国"互联网+"大学生创新创业大赛中，该项目从清华大学、华中科大等众多部属高校所在的小组中脱颖而出，荣获国家级金奖,成为本次大赛36个荣获金奖项目中唯一的公益项目。

与此同时,雨点公益自2016年成立以来,一直受到社会各界的关注、鼓励和帮助,在2017年争取到"泛海扬帆"大学生创业基金,并获得了济南市青年社会组织公益创投大赛金奖、山东省青年社会组织公益创投大赛一等奖并入围全国一百强,其法人郑懿先后多次被评为"全国大学生创业百强"。

以下为执行总结:

1. 项目概述

雨点公益社会服务中心于济南市市中区民政局注册成立,是济南市第一家依托高校专业平台和大学生志愿者资源建立的社工机构,一支由专业社工、社会调研员、项目管理人员、大学生志愿者组成的专业服务队伍。雨点公益社会服务中心服务领域涵盖民政、社区、老年人、青少年、外来务工人员、残障人群、贫困农民等多个方面,承接政府购买,开展困难救助、心理疏导、教育培训、行为矫正等社会服务。同时,开发社会公益产业链,通过线下组织生产手工皂、草编工艺品和农副产品,线上销售为孤寡老人、残障人群和贫困农民提供就业平台。此外,机构以"打造优质社区服务,培育顶尖社工队伍,搭建公益服务平台"为使命,策划和实施了"家有好邻"社区氛围营造项目、"牵手夕阳"社区老年人服务项目、"最·少年"青少年成长计划、"荷塘月色"妇女之家等一系列精品品牌服务项目。致力营造个人与社区和谐相处的社区氛围,为社区提供多元化的专业社工服务。组织的活动和服务品牌先后被生活日报、齐鲁晚报、大众日报等和山东电视台新闻联播报道。目前,已于济南市各区建立50家服务基地,如历下区曲水亭社区、市中区王官庄街道、天翼自闭症康复中心、长清区常春藤社区等单位。2017年年营业额达258.4万元,毛盈余208.55万元,净盈余15.98万元。

2. 公益事业

(1)手工艺品、农业地瓜粉皮。

打造雨点手工皂"唯一爱你"微店和雨点草编工艺品"特别爱你"淘宝店,在全市的12个街道办、43个居委会定点培育"雨点之爱"孤残手工小组,建立了60个小型社区残疾人手工站点;同时,雨点公益与兄弟单位联合,凝聚更多公益力量,如我的兄弟姐妹、爱心驿站等,各单位制作的产品统一放在雨点公益电商平台销售,产生了更大的影响力,汇集更多爱心。

专业的志愿者与技术人员将产品及其孤残人士背后的故事推送至线上销售平台,进行爱心销售,并将销售收入的70%以计件结算的方式回馈给需要帮助的

"雨点手工者",20%作为日常损耗和运营的费用,10%投放至雨点爱心基金,用以支撑雨点公益的其他相关公益活动,如教育助学、关爱自闭症儿童、关爱脑瘫儿等活动。

雨点公益社会服务中心通过《我们的山东》栏目组了解到南邱村农民冒严寒、顶酷暑的事例和精神,利用自身优势资源助力扶贫攻坚,创新销售体系,助力南邱村生态农业品牌的建立与推广。

第一,通过鲁民农业联合社的服务体系和零农残技术帮助老百姓种植出零农残的农产品。

第二,利用人员线上推广,线下菜市场体验提货的新零售模式,帮助老百姓把农产品及时销售出去。这也正是雨点公益社会服务中心的初衷——助农扶贫。同时,雨点公益也通过爱心义卖、公益创投、企业合作、政府购买、社会捐赠等渠道维持自身运转和开展各类公益活动。

(2)社区精品特色项目。

①完善已有的社区服务项目。将雨点项目成立时打造的社区服务项目完善起来,如"家有好邻"社区氛围营造项目、"牵手夕阳"社区老年人服务项目、"最·少年"青少年成长计划等,在已有经验的基础上吸收创新理念,打造成为雨点公益的精品项目。

②开拓符合社区需求的新型社区服务项目。雨点在深入社区的经验基础上,因地制宜地开拓和发展了一些新的社区服务项目,如"荷塘月色"妇女之家、"大手拉小手"亲子教育、"阳光图书岛"公益读书会等新项目,受到社区群众的广泛好评。

③不断开拓业务范围,更新业务内容。与王官庄、魏家庄等社区更新合同,与市中区更多街道、天翼自闭症儿童康复中心等建立合作。

(3)女童保护计划。

雨点公益社会服务中心与王官庄妇儿家园联合,多次开展一系列有关女童保护的知识宣传和教育活动,吸引了不少附近居民和学生,很多居民来询问或浏览如何加强孩子的自我保护意识,更可喜的是,家长也参与到活动中,与社工一起成为女童保护的同行者和支持者,为女童的健康成长保驾护航。

①培训志愿者,普及儿童防性侵教育。开展"志愿者进社区"活动,志愿者在社区开展"防性侵"课堂,为女童及家长讲解相关知识,发放"女童保护"宣传折页、防性侵手册等,通过儿歌、诗歌、图画等形式增强儿童防性侵意识。

②与企业合作。企业通过参与大型慈善、拍卖活动对女童保护计划进行捐助。

③与偏远地区学校建立合作，培训志愿者进行定向支教。由于偏远地区大多是留守儿童，她们的身体和心理处在一个重要的发展阶段，加上父母长期不在身边而缺失关爱产生孤独，学校缺乏相应的教育，致使她们对生理常识了解太少，缺乏自我保护意识，导致性侵案件频发。因此，由志愿者老师进行讲解，让学生掌握青春期应该知道的生理常识以及如何自我保护的具体方法和技巧，男生应该如何保护女生，教师如何在平时的教学中穿插这方面的教育。同时为她们发放自我防护知识读本。

（4）"春风化雨——留住老济南"文化保育项目。

目光对准青少年和非遗传承人。结合线上线下多种形式，提高青少年审美情趣，加强非遗文化技艺传播。给非遗技艺传承人创造更多的收入来源，支持他们更好地传承传统文化和技艺。项目搭建了一个连接各方资源的传统文化传播平台，有利于青少年了解和接触非遗文化，传承传统文化技艺。从2017年11月底开始，雨点公益建成了由以下四大板块组成的服务体系：

①打造不同主题的活态文化空间，引入非物质文化遗产项目，面向青少年和成人学习、体验。

②雨点公益积极筹备与张刚大篷车合作的巡演计划，计划开启济南市的非遗演出季。

③在寒假、暑假开设传统文化大学堂，结合线上线下多种形式发展非遗文化技艺传播。

④雨点公益非常荣幸地邀请到了许多非物质文化遗产的传承大师前来助力，如，诸城派古琴传人茅毅老师、泰山皮影第六代传人范正安老师、泰山皮影第八代传人朱玉馨、济南面塑大师何晓铮。雨点公益在线上和线下积极开展非遗培训和非遗文化产品开发运营，利用互联网平台和社区传统文化学堂，对青少年等进行非遗技艺培训。例如，开天猫淘宝店铺、拍微电影、做纪录片……将传统的技艺与现代元素等结合起来，开发了皮影手工艺品、真人肖像面塑等一系列非遗产品。

3. 特色优势

（1）实现自我造血。

雨点公益实现了公益的自我造血，通过政府购买、产品生产和销售、获得捐赠、公益创投等方式，达到了平稳运行、稳步发展的状态。在实现公益目标、为社会做出奉献的基础上，团队核心成员的生活也有了基本保障，为团队二十几名核心成员创造就业岗位，平均每位成员的月工资为3 000元，让做公益不仅仅满足于自我感动，更让公益人"吃饱饭"做公益。

（2）可持续发展。

雨点公益服务中心项目执行计划的设计已经充分考虑了可行性，并结合当地实际情况，设定了切实可行的项目进度和目标。志愿者集合济南市大学城七校力量，年年吸收新鲜血液。同时，雨点公益电商产业链复制拓展性极强，目前已于山东省青岛、烟台、潍坊等七个地级市建立志愿者异地联盟。下一步，雨点公益将以济南为中心，辐射整个山东地区，再向全国更大范围扩展，创造更大的公益影响力。

同时，雨点公益拥有强大的平台优势和理论支撑。项目连接政府、社会组织以及社会公众等各方力量；拥有公共事业管理专业学者的学术理论和事务督导支持，并在研究中不断创新发展战略理念。

雨点公益团队成员怀揣着一颗公益之心而来，用心服务奉献社会，社会的良好反馈也提供了继续发展的动力。以公益为目的，基于对济南市基本社会情况的了解和关注，对需要帮助的人群"雪中送炭"而非"锦上添花"。现在，雨点公益将视野放到全国乃至全世界，必将有更多需要帮助的人进入视野之中，其团队成员会一如既往地将这份事业做下去，只要爱心不断，发展的道路就不会断。

（3）创业带动就业。

为社会上的孤残群体创造就业机会，为非遗技艺传承人创造了更多的收入，为急需创收的农民提供更为便捷有效的农产品销售平台，扩大收入来源，实现社会价值，目前已为276名孤残群体创造就业机会，为12名非遗技艺传承人以及25户农民增加了收入，平均每人每年增收4 620元。同时，我们为进入团队核心或管理层的人员提供就业岗位，对社工进行专业化培训，解决了一部分毕业生的就业问题。随着规模的扩大，雨点公益社会服务中心带动就业的能力也会逐渐增强。

4. 团队组织

雨点公益团队成员来自公共管理专业、社会工作专业、心理学专业、法学专业、金融专业，并考取助理社会工作师或中级社会工作师资格证书，背后依托以高校公共管理专家教授组成的强大的督导团队和大量高素质的大学生志愿者，建立了一支拥有互联网宣传推广、文案美工编辑、微店维护运营、报纸网络媒体对接等功能的专业团队，分工合作，协同推进。

5. 运营模式

营业增长点主要集中于手工艺品、农副产品、非遗文化周边产品等商品生产销售；政府购买社区综合服务、公益创投、爱心义卖拍卖和社会捐赠等几大板块，分别约占总营业额46%、28%、19%、7%。

6. 目标定位

山东省目前有各类残疾人的总数为569.5万人，占全省总人口的6.15%。济南市共有残障人士47万余人。大量的残障人士仅依靠低保，生活水平低；残障儿童的家长由于需要全程陪护生活无法自理的孩子，不得不放弃工作。

济南市约有140万名青少年，但是青少年对于传统文化的认知已经逐渐被智能手机、平板电脑、VR等挤压。与此同时，有更多的老手艺、老物件、非物质文化遗产的传承人，由于没有市场，逐渐退出了传统文化传承的领域。

近年来，全国各地爆出多起14岁以下女童遭遇性侵案例，孩子遭遇侵害后不敢跟家长说，家长知道后不能正确应对。遭遇性侵对孩子和家庭的影响是巨大的，孩子甚至一辈子无法摆脱阴影，尤其是心理的伤害，几乎伴随一生。监护的缺失、防范意识差、缺乏自我保护常识使太多的孩子不知道潜在的性侵危险，性安全教育的缺失，也让她们遭遇侵害时不知如何应对。如果她们曾经上过一堂防性侵课，如果她们的父母曾经接触过相关知识，如果她们的老师曾经接受过相关培训，这一切，或许就会不一样。

此外，雨点公益服务中心对绿色农产品的线上销售持乐观态度，随着经济水平的发展，人民生活水平的提高，愈发追求更高的生活质量，如更加注重饮食安全、越来越关注公益事业等，所以"公益+绿色"会有更加广阔的销售市场。同时，雨点公益拥有众多资源，依靠专业力量进行指导，助力脱贫攻坚。

7. 财务状况与发展战略

前期运营状况良好，2016年总收入达194.15万元，毛盈余173.55万元，净盈余14.20万元。2017年财务状况良好，收支平衡。2017年组织总收入为258.4万元，总支出242.42万元，净盈余15.98万元。为保证财务的公开透明，雨点公益联动四方机构，接受各界监督。监督方分别为中国民生银行对公账户、山东天泽会计有限公司、舜翔律师事务所和市中区民政局。

下一步雨点公益计划于济南市市中区扩大手工皂批量生产基地规模，联系更多地区需要扶持的农民，吸纳更多的弱势群体加入雨点公益电商平台。

根据社区的实际情况，打造更多社区精品项目，提升社区服务水平，对社工进行进一步的专业化培训，提高社工队伍的专业素质，培育顶尖社工队伍。

预计2020年之前，服务领域将覆盖济南所有所辖县级区域村落，逐步实现不同地区快速复制拓展，建立健全服务网络。打造5～10个活态文化空间；传统文化的巡回展演进校园、进社区、进乡村；打造"非遗演出季"，拍摄一部非遗纪录片（以泰山皮影为原型）。

8.风险分析

（1）政策：国家对社会服务机构以及民办非企业颁布的政策的限制和影响。严格把控服务的各个环节，确保项目符合政策标准。

（2）技术：核心技术和战略失去市场竞争力，为此我们将不断深入服务对象内部，探求其需求变化，增强服务适应市场变动的能力。

（3）人力：管理成员组成结构单一。建立"高校学者—社会工作者—志愿者服务团队—社会力量"的人力资源体系，对组织成员开展定期培训，实现人员素质能力全方位的提升。

（4）成本：本项目在发展的前中后期财务风险分别体现为资金短缺、资金链断裂、财务制度和财务利用、管理方面等问题。对此，本项目将进一步加强对组织资金运行情况的监控力度，确保多方协同监管。

（5）成效：社会效应达不到预期，模式复制困难。对此我们将因地制宜，灵活应对不同区域的条件和需求。

三、项目背景

雨点之爱，汇聚成海，用心服务，奉献社会，雨点公益一直在路上。

十九大报告中提出，加强社会组织建设，强调坚持培育发展和管理监督并重，推动社会组织健康有序发展，发挥其提供服务、反映诉求、规范行为的作用。这些政策的相继出台为我国社会组织的发展提供了方向的指引和巨大的动力。社会组织正是在这股巨大动力的推动下出现了较为平稳的发展。截止到2017年12月，全国共有社会组织763 122个，共吸纳社会各类人员就业919.3万人，形成固定资产2 685.0亿元，社会组织增加值为940.0亿元，接收社会捐赠643.7亿元，社会组织成为一个蓬勃发展的领域。

目前，全国各类残疾人的总数约为 8 296 万人，占全国总人口的比例为 6.34%。山东省目前有各类残障人士约为 569.5 万人，占全省总人口的 6.15%。济南市共有残障人士 47 万余人。大量的残障人士仅依靠低保，生活水平低下；残障儿童的家长由于需要全程陪护生活无法自理的孩子，不得不放弃工作。

教育部、公安部、共青团中央和全国妇联四部委联合出台《关于做好预防少年儿童遭受性侵工作的意见》，要求各地教育部门通过课堂教学、编发手册等形式开展防性侵教育。但目前，我国义务阶段的防性侵教育还止步不前，这并非因为地方政府或教育系统工作人员抵制、不赞同儿童安全教育，而正是因为缺少自上而下的权威教案和标准，使地方试图推进《意见》落实却无从着手。

此外，农业农村农民问题是关系国计民生的根本性问题。十九大报告中指出，实施乡村振兴战略。在《山东省新旧动能转换重大工程实施规划》中提出，坚持农业农村优先发展，深入推进农业供给侧结构性改革；加快培育终端型、体验型、循环型农业，构建农产品从田头到餐桌、从初级产品到终端消费无缝对接，集生产生活生态功能于一体的产业新体系。现如今，传统营销手法的效用日渐削弱，农业发展中出现了新问题，农业成本高，效益低，集体化耕作率低，竞争力和抵御风险能力差；农业立体式污染严重，农产品安全受到威胁；国外农产品价格冲击与竞争等，严重制约了我国农业的发展。未来由谁来种地、怎么种地的问题日益凸显，保障国家粮食的安全、实现农民持续增收、缩小城乡二元化差距的任务非常艰巨。实施农业扶贫发展战略，促进以创新带动发展，转变传统营销理念、倡导助农扶贫，而公益创业这样一种新的创业模式和跨部门事业的诞生意味着解决社会问题也必须改用新的方法。此外，公益创业以解决社会问题、促进社会公益为使命，有利于促进社会稳定、推进社会进步以及培养高校学生乐于奉献的精神和社会责任感。

雨点公益社会服务中心基于当前社会农村创新创业项目同质化、科技创新不足、高层次人才缺乏、政策服务体系不完善的现状，决定于济南南邱村开展助农扶贫，来自社会工作和公共管理专业学生等志愿者，进行实地考察，根据南邱村具体情况，因地制宜地制定生产方案，打造绿色生产，建立生态农业；开发农产品深加工，延长产业链，通过线下组织技术指导、线上宣传提供就业平台，增加收入，以贫困农民群体为切入点，切实帮助需要帮助的人，让雨点之爱，汇聚成海。

四、成长轨迹

雨点公益社会服务中心前身是山东师范大学公共管理学院雨点公益服务队，随学院的建立而成立，于 2015 年 5 月正式更名为雨点公益社会服务中心，前期通过山东师范大学公共管理学院莘莘学子的积极参与，利用课余时间传递爱心，已多次举办爱心宣讲会、爱心笔义卖、爱心报纸义卖等活动，为公益事业奉献出一分力量，为祖国为社会奉献一片爱心，让世间多一分温暖。

图 2-1

从雨点公益服务队到雨点公益社会服务中心的成立，以及举办的一系列活动，得到了学校领导的大力关注和山东师范大学、济南大学等多位专业教授的指导。

图 2-2 雨点公益服务中心活动

雨点公益社会服务中心于济南市市中区民政局注册成立，是济南市第一家依托高校专业平台和大学生志愿者资源建立的社工机构，有着一支由专业社工、社会调研员、项目管理人员、大学生志愿者组成的专业服务队伍。雨点公益社会服务中心服务领域涵盖民政、社区、老年人、青少年、外来务工人员、残障人群和贫困农民等多个方面；承接政府购买，开展困难救助、心理疏导、教育培训、行为矫正等社会服务。同时，开发社会公益产业链，通过线下组织生产手工皂和草编工艺品、线上销售，为孤寡老人、残障人群和贫困农民提供就业平台。此外，机构以"打造优质社区服务，培育顶尖社工队伍，搭建公益服务平台"为使命，策划和实施了"只要爱，不要伤害"女童保护项目、南邱村生态扶贫项目、"春风化雨——留住老济南"文化保育项目、"家有好邻"社区氛围营造项目、"牵手夕阳"社区老年人服务项目、"最·少年"青少年成长计划、"荷塘月色"妇女之家、"阳光图书馆"公益读书会等一系列精品品牌服务项目，致力于营造个人与社区和谐相处的社区氛围，为社区提供多元化的专业社工服务。组织的活动和服务品牌先后被生活日报、齐鲁晚报、大众日报等和山东电视台新闻联播报道。目前已于济南市各区建立12个服务基地，如历下区曲水亭社区、市中区王官庄街道、天翼自闭症康复中心、长清区常春藤社区等单位。

同时，本中心致力于为社会公益事业贡献一分力量，积极助弱、助残、助贫，开展各项爱心服务和爱心捐赠项目。

济南市市中区雨点公益社会服务中心自2016年成立以来一直受到来自社会各界的关注、鼓励和帮助，加上自身专业的理念和服务优势，一直运行良好，并有不断发展上升的态势。2018年，雨点公益不断拓展新业务，提高服务水平，迎来了更好的发展态势。

五、服务和产品

雨点公益成立前身为山东师范大学公共管理学院雨点志愿服务队，依托常春藤社会实践基地开展活动，进行公益服务活动。其围绕着区合作、企业合作、政府购买、公益创投、公益活动、生产制作等环节，推出了特色公益服务与产品，为社会贡献自己的力量。

图 2-3 雨点公益事业图

济南市市中区雨点公益社会服务中心自 2016 年成立以来一直受到来自社会各界的关注、鼓励和帮助，加上自身专业的理念和服务优势，一直运行良好，并有不断发展上升的态势。2017 年雨点不断拓宽业务范围，提高服务水平。目前，雨点公益主营业务包括以下七大板块：生产制作、销售平台、公益活动、公益创投、政府购买、企业合作、社区合作。这七大板块相互渗透，相辅相成，共同促进了雨点公益的发展。

（一）生产制作

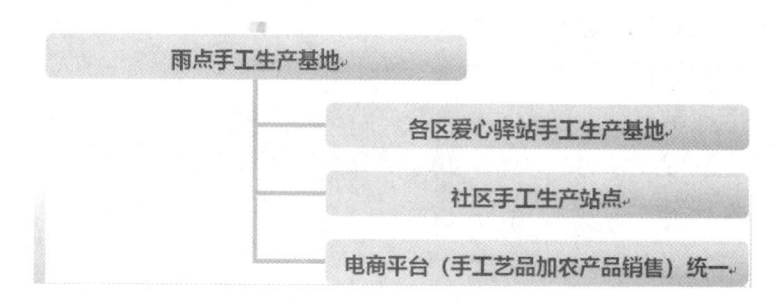

图 2-4 生产销售层级图

图 2-5 爱心驿站生产基地

图 2-6 各区爱心驿站手工生产

  雨点公益在全市 12 个街道办、43 个居委会定点培育"雨点之爱"孤残手工小组和由孤寡老人、残障人士组成的"雨点手工者"队伍，建立了 60 个小型社区残疾人手工站点，派遣专业志愿者进行手工皂和草编工艺品制作和指导。在此过程中还可以及时发现孤残群体的心理异常状况，并进行及时的疏导。

  此外，雨点公益还与济南市各区爱心驿站联合，将残疾人制作的手工产品放在雨点公益电商平台上统一售卖，同时通过多种方式的义卖、拍卖进行线下销售，汇集更多爱心，创造更大影响力。

  1. 线下生产

  （1）产品质量检验 生产的手工皂经烟台市产品质量监督检验所检验合格，并申请注册了"维依艾妮"专用商标。

（2）雨点手工者小组。

①雨点精神残障手工者小组。

②雨点肢体残障手工者小组。

在这里，残障人士可以接受相关技能培训。在接受培训后，雨点手工工厂会将一些产品生产订单发放给他们，让残障人士也能自食其力。虽然残障人士的动作看起来还有些生疏，但是都能十分专心地完成工作。

图 2-7 地瓜粉皮制作、包装

2. 宣传推广

雨点公益建立了一支集互联网宣传推广、文案美工编辑、微店维护运营、报纸网络媒体对接等功能于一体的专业团队，将孤残手工者的真实现状反映在社交

下篇：专创融合项目实例

媒体平台上，取得社会各界广泛关注。

同时，雨点公益借助微博、微信公众号等媒体及时发布各种公益活动信息（图2-8）。

图 2-8 雨点公益媒体及时发布各种公益活动

"关爱残障儿童,让爱洒满人间"活动发布到平台上后,更是引发了社会各界关注,社区群众积极响应,主动捐赠书籍、文具等物品,并对残障儿童家庭给予亲切慰问和美好祝愿。

（二）销售平台

随着互联网技术的发展，网上购物逐渐成为人们消费的主要方式。因此，建立互联网基地，包括官方网站、微信公众号、App等媒体，给予了雨点公益更大的发展空间。雨点公益综合运用自媒体、新媒体、传统媒体等多方平台，吸引爱心人士目光，扩大市场，帮助残疾人自力更生、拓宽农产品销售渠道。目前，雨点公益产品主要在"千牵万"网络平台进行销售，种类丰富多样，包括农副产品、残疾人手工艺品，同时还建立了残疾人创业、网店运营等服务平台。

以"千牵万"网络平台为例。

（1）大学生志愿者组成客服团队，销售农副产品（图2-9）。

图2-9　志愿者在网上销售农副产品

（2）"千牵万"残疾人产品销售网站。

（3）搭建残疾人创业者销售平台。

（4）残疾人一对一学习网店装修运营。

（三）公益活动

雨点公益秉承"用心服务，奉献社会"的宗旨以"打造优质社区服务，培育顶尖社工队伍，搭建公益服务平台"为使命，致力于为公益事业贡献自己的一份力量，目前开展了一系列公益活动，包括保护女童项目（图2-10）、留住老济南文化保育项目、社区精品项目（"荷塘月色"妇女之家、"家有好邻"社区氛围营造项目、"春风化雨——留住老济南"文化保育项目、"阳光图书岛"公益读书会、"最·少年"青少年成长计划项目）等（图2-11）。一系列活动的展开，受到社区群众的广泛好评，营造了社区和谐氛围。

"项目主导 专创融合"的教育实践与探索

图 2-10 保护女童项目

图 2-11 社区精品项目

（四）公益创投

公益创投是公益领域的创业投资，其投资主体为创业过程中的公益组织注资，帮助其成功创业，并通过投资间接地帮助解决社会问题。雨点公益自成立以来，自身不断发展，茁壮成长，通过各类赛事的展现，吸引了社会各界的目光，得到了多家机构的公益创投。

（1）省级财政支持"春芽成长计划"公益创投，"特别的爱给特别的你"残障人群异常心理矫正项目（图2-12）。

图2-12　受邀参加2016年全国支持性社会组织发展论坛

（2）济南市政府统战部"泛海扬帆"大学生创业基金。

（3）中国青年社会组织公益创投大赛一等奖、济南市青年社会组织公益创投大赛金奖。

（4）"建行杯"第二届中国"互联网+"大学生创新创业大赛金奖项目（图2-13）。

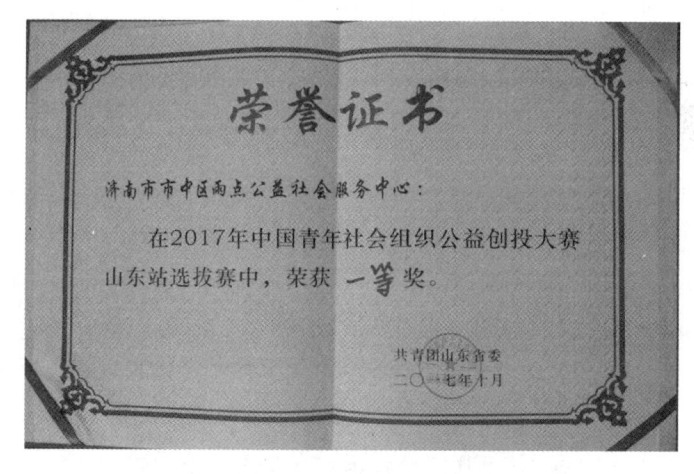

图 2-13　项目获奖证书

（五）政府购买

雨点公益社会服务中心目前与济南市 9 个社区签订服务购买合同，2017 年购买额达 73.13 万元。

图 2-14　项目成员走访街道社区

济南市民政局和王官庄街道领导到雨点公益社会服务中心的一个手工艺品生产基地检查。

（六）企业合作

2016 年，我们与济南聚力优学教育有限公司联合，资助 7 位贫困儿童重返校园。

图 2-15 社会捐赠

（七）社区合作

2015 年，我们 300 位志愿者走上街头义卖，为自闭症儿童筹得 1 万 5 千元善款；

2016 年，我们为三家康复中心，49 位自闭症儿童，78 位脑瘫儿送去节日的礼物；

2016 年，我们在泉城济南开展十余次爱泉护泉清扫活动；

2016 年，我们为服务社区送去 30 余次心理健康服务，开展近五十位社区青少儿心理疏导个案研究；

2016 年，我们接受居民建言献策，在八家社区开展社区氛围营造活动。（图 2-16）

2017 年，争取到"泛海扬帆"大学生创业基金，与各个社区更新合同，打造更多的社区精品项目，开启"留住老济南"文化保育项目以及女童保护项目。

雨点之爱，汇聚成海，我们在路上。

"项目主导　专创融合"的教育实践与探索

下篇：专创融合项目实例

图 2-16 关爱残障儿童家庭

雨点公益将针对这些需求派遣专职社工和大学生志愿者前往提供服务，获得一定的资金回馈后，将这些收入纳入雨点爱心基金，以更好地专注公益、回报社会。

六、特色优势

（一）实现自我造血

雨点公益实现了公益的自我造血，通过政府购买、产品生产和销售、获得捐赠、公益创投等方式，达到了平稳运行、稳步发展的状态，在实现公益目标、为社会做出奉献的基础上，团队核心成员的生活也有了基本保障，为团队十几名核心成员创造就业岗位，平均每位成员的月工资为 3 000 元，让做公益不仅仅满足于自我感动，更让公益人"吃饱饭"做公益（图2-17、图2-18、图2-19）。

图 2-17　济南天翼儿童康复训练中心为雨点颁发的证书

图 2-18　雨点社工与儿童玩耍

图 2-19　雨点成员与手工者合影

（二）可持续发展

雨点公益服务中心所进行的项目执行计划的设计已经充分考虑了可行性，并综合了当地实际情况，设定了切实可行的项目进度和目标。志愿者集合济南市大学城七校力量，年年吸收新鲜血液。同时，雨点公益电商产业链复制拓展性极强，目前已于山东省青岛、烟台、潍坊等七地级市建立志愿者异地联盟，下一步，雨点公益将以济南为中心，辐射整个山东地区，再向全国更大范围扩展，创造更大的公益影响力。

同时，雨点拥有强大的平台优势和理论支撑。项目链接政府、社会组织以及社会公众等各方力量；拥有公共事业管理专业学者的学术理论和事务督导支持，并在研究中不断创新发展战略理念。

雨点怀揣着一颗公益之心而来，用心服务奉献社会，社会的良好反馈也给了雨点继续发展的动力。以公益为目的，基于对济南市基本社会情况的了解和关注，对需要帮助的人群"雪中送炭"而非"锦上添花"。现在，雨点将视野放到全国乃至全世界，必将有更多需要帮助的人进入我们的视野，雨点会一如既往地将这份事业做下去，只要爱心不断，发展的道路就不会断。

（三）创业带动就业

为社会上的孤残群体创造就业机会，为非遗技艺传承人创造了更多的收入，为急需创收的农民提供更为便捷有效的农产品销售平台，扩大收入来源，实现社会价值，目前已为276名孤残群体创造就业机会，为12名非遗技艺传承人以及25户农民增加了收入，平均每人每年增收4620元。同时，雨点为进入团队核心或管理层的人员提供就业岗位，对社工进行专业化培训，解决了一部分毕业生的就业问题。随着规模的扩大，雨点公益社会服务中心带动就业的能力也会逐渐增强。

七、运营状况

（一）公司概述及形象

雨点公益社会服务中心于济南市市中区民政局注册成立，是济南市第一家依托高校专业平台和大学生志愿者资源建立的社工机构，一支由专业社工、社会调研员、项目管理人员、大学生志愿者组成的专业服务队伍。雨点公益社会服务中心服务领域涵盖民政、社区、老年人、青少年、外来务工人员、残障人群和贫困农民等多个方面；承接政府购买，开展困难救助、心理疏导、教育培训、行为矫正和扶贫助农等社会服务。同时，开发社会公益产业链，通过线下组织生产手工皂和草编工艺品及线上销售为孤寡老人、残障人群和贫困农民等提供就业平台。此外，机构以"打造优质社区服务，培育顶尖社工队伍，搭建公益服务平台"为使命，策划和实施了"家有好邻"社区氛围营造项目、"牵手夕阳"社区老年人服务项目、"最·少年"青少年成长计划、"荷塘月色"妇女之家等一系列精品品牌服务项目。致力于营造个人与社区和谐相处的社区氛围，为社区提供多元化的专业社工服务。组织的活动和服务品牌先后被生活日报、齐鲁晚报、大众日报等和山东电视台新闻联播报道。目前已于济南市各区建立50家服务基地，如历下区曲水亭社区、市中区王官庄街道、天翼自闭症康复中心、长清区常春藤社区等单位。

宗旨："雨点之爱，汇聚成海，用心服务，奉献社会"

雨点徽标：图标整体为心形，创意来源于大海拍出的层层波浪，波浪的尾部呈现出一颗心。图标整体呈蓝色，代表了大海的宽广与包容，图标中央夹杂着火热的红色和稳重的黄色，既体现出本中心的热情、乐观、向上，又使整个图标光彩夺目（图2-20）。

图2-20 雨点公益徽标

（二）前期运营状况

1. 互联网公益产业链——线上爱心产品销售

在全市的12个街道办、43个居委会定点培育"雨点之爱"孤残手工小组和由孤寡老人、残障人士组成的"雨点手工者"队伍，建立了60个小型社区残疾人手工站点。

派遣专业志愿者进行手工皂和草编工艺品制作的指导，将产品和其背后孤残人士的故事推送至线上销售平台进行爱心销售，并将销售收入的70%以计件结算的方式回馈给需要帮助的"雨点手工者"，20%作为日常损耗和运营的费用，10%投放至雨点爱心基金，用以支撑雨点公益的其他相关公益活动，如教育助学、关爱自闭症儿童、关爱脑瘫儿等。从而保障孤残人群的基本生活，消除他们与社会的屏障，帮助其自食其力，树立尊严，更好地融入社会。

雨点公益社会服务中心通过《我们的山东》栏目组了解到南邱村村民冒严寒、顶酷暑的事例和精神，所以利用自身优势资源助力扶贫攻坚，创新销售体系，助力南邱村扶贫品牌的建立与推广。

第一，通过鲁民农业联合社的服务体系和零农残技术帮助老百姓种植出零农残的农产品。

第二，利用人员线上推广、线下菜市场体验提货的新零售模式，帮助第一书记把老百姓的农产品及时销售出去。这也正是雨点公益社会服务中心的初衷——助农扶贫。

2. 政府购买服务

（1）社区文艺演出、风采展（图2-21）。

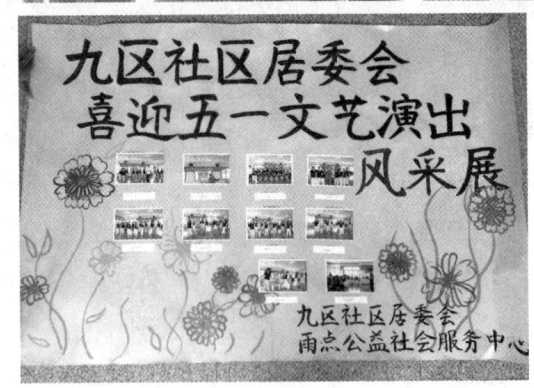

图2-21 社区文艺演出、风采展

（2）社区儿童大联欢（图2-22）。

图2-22 社区儿童联欢活动

（3）社区氛围营造（图2-23）。

图2-23 社区氛围营造

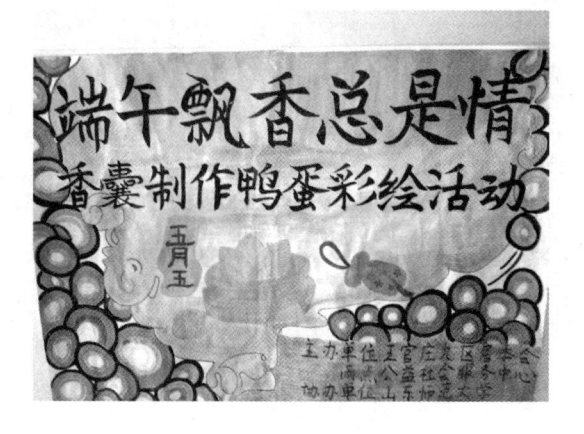

（4）社区传统文化系列活动设计（图2-24）。

"项目主导 专创融合"的教育实践与探索

图 2-24 社区传统文化系列活动

（5）社区野广告清洁。

从2011年到2018年，从雨点志愿服务队到雨点公益社会服务中心，雨点公益的一点一滴无不凝结着全社会的关心和支持，无不凝聚着每一个志愿者的爱心和热情。一天天，一年年，众多大学生志愿者在这里度过了自己宝贵的大学时光，在这里奉献着自己对于志愿服务、对于公益事业的爱心。我们相信，在接下来的日子里，通过全体志愿者的努力，雨点公益志愿服务将会做得更大、更好，为社会做更多的志愿服务活动；同时，我们会吸引更多的大学生志愿者加入进来，一起为志愿服务活动贡献自己的力量。

八、目标定位与社会组织现状分析

（一）目标定位

当前，我国社会组织成为一个蓬勃发展的领域，但总体上尚处于发展的初级阶段，呈现出诸如强政府主导、结构不平衡、治理结构不完善、监管不规范、缺乏专业人才及自身能力不足等特点。

目前，全国各类残疾人的总数约为8296万人，占全国总人口的比例为6.34%。山东省目前有各类残疾人的总数为569.5万人，占全省总人口的6.15%。济南市共有残障人士47万余人，而作为集中安置残疾人的特殊企业——济南社会福利企业，20年以来或销声匿迹，或运营困难，数量从330多家锐减至68家。大量的残障人士由于身体原因或受到用工单位的歧视，无法得到收入来源；许多残障儿童的家长由于需要全程陪护生活无法自理的孩子，也不得不放弃工作。

雨点公益社会服务中心基于当前社会农村创新创业项目同质化、科技创新不足、高层次人才缺乏、政策服务体系不完善的现状，决定于济南南邱村开展助农扶贫，来自社会工作、公共管理专业的学生志愿者，进行实地考察，根据南邱村具体情况，因地制宜地制定生产方案，打造绿色生产，建立生态农业；开发农产品深加工，延长产业链，通过线下组织技术指导、线上宣传以提供就业平台，增加收入，以贫困农民群体为切入点，切实帮助需要帮助的人。

近年来，教育部、公安部、共青团中央和全国妇联四部委联合出台《关于做好预防少年儿童遭受性侵工作的意见》，要求各地教育部门通过课堂教学、编发手册等形式开展防性侵教育。但目前，我国义务阶段的防性侵教育还未广泛铺开，这并非因为地方政府或教育系统工作人员抵制、不赞同儿童安全教育，而正是因为缺少自上而下的权威教案和标准，使得地方试图推进《意见》落实却无从着手。

雨点公益社会服务中心与王官庄妇儿家园联合，多次开展一系列有关女童保护、如何加强自己孩子的自我保护意识，更可喜的是，家长也参与到活动中来，与社工一起，成为女童保护的同行者和支持者，为女孩子们的健康成长保驾护航。

（二）公益组织现状

截至2017年12月20日，全国社会组织共763,122个，其中民政部登记社会组织共2,315个，全国共有6376家基金会。还有许多未登记和备案的基层社会组织，如基层计生协会、老年人协会等，超过100万个，登记的社会组织仍在以每年10%～15%的速度增加，其中多数是基层社会组织。

济南市民办非企业单位登记表（截至2017年12月）

服务类型	组织名称
社区服务	济南市皓天社区服务中心
	济南快乐一家社会工作服务中心
	济南市社会组织服务中心
	济南张刚大篷车社区文化服务中心
	济南致信公益发展中心
	济南乐助公益服务中心
关爱青少年	济南时代春风青少年公益发展中心
关爱老年	济南恒协基爱养老服务中心
	济南润康助老服务中心
助残服务	济南市众首扶贫助残服务中心
	济南市众首扶贫助残服务中心
其他服务	济南市绿行齐鲁环保公益服务中心
	济南市爱心安保公益服务中心

（三）同类对比

同类对比表

	同类对比分析图	
雨点公益社会服务中心	VS	其他社会组织
建立社会组织内部督导制度√	KO	社会组织的管理监督存在较严重的不规范现象 ×
引入社会组织专业化人才√	KO	社会组织缺乏专业人才和自身能力不足降低了竞争力 ×
形成规范化、模式化的运作√	KO	现实运行中缺乏与社会组织相适应的治理结构 ×
加强财务公开与组织预算制度√	KO	财务不透明、不公开，公信力不足 ×

九、组织架构

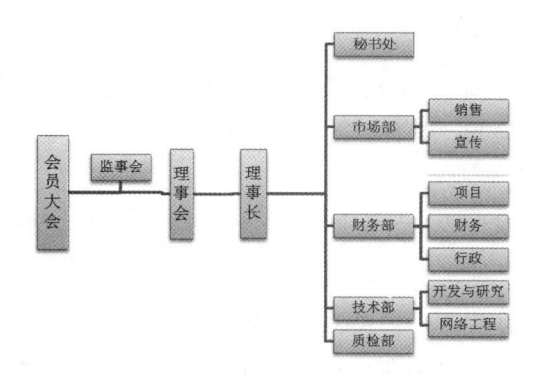

图 2-25 企业组织架构图

对于创业阶段的企业来说，建立一个科学合理的组织架构是保障公司平稳运营必不可少的条件。雨点公益作为大学生创办公益企业的一个成功典范，以及其产生的巨大的社会影响力，今日不容小觑的成就离不开雨点良好的团队组织架构。

（一）组织机构

雨点公益含有理事会、监事会、顾问、秘书处、常务理事会等组织机构，在常务理事会之下，又含有财务部、人力资源部、项目部、网络部、市场营销部等几个常设部门。组织架构精简高效，层级明确，部门间合作协调有序。

（二）职能

1. 理事会

理事长为郑懿，拥有最高决策权，负责各项日常事务的管理和各项工作的开展；把握联盟的运行方式和发展方向，确定联盟的机构设置和人员安排，协调内部各成员的关系，促进组织的稳定和谐发展；执行省慈善协会的各项决议，维护联盟的正当权益；对其他干部及干事进行监督并对协会负责；理事长作为慈善志愿者联盟的核心，统筹和规划联盟整体发展的思路，组织和协调下属部门工作。

2. 监事会

监事会的主要任务是检查公司的业务、财务状况，查阅账簿和其他会计资料，并有权要求执行公司业务的董事和总经理报告公司的业务情况；对董事、经理执行公司职务，对违反法律、法规或公司章程的行为进行监督；当董事和经理的行为损害公司的利益时，要求董事和经理予以纠正；核对董事会拟提交股东大会的会计报告、营业报告和利润分配方案等财务资料，发现疑问可以以公司名义委托注册会计师、执行审计师帮助复审；提议召开临时股东大会；代表公司与董事交涉或对董事起诉；监事不得兼任董事、经理及其他高级管理职务；负责对公司重大事项及方案的检查、监督。

3. 顾问

在项目规划后给出专业指导意见；协助负责人合理规划策划。

4. 秘书处

传达理事长的工作思想和活动方针，整理和发布联盟内部工作动态；协调各部门工作，担负联盟与上级组织的沟通与联系，做好活动后勤工作；负责全体志愿者注册、管理和考核工作，制定工作计划、工作总结及相关规章制度等。

5. 常务理事部

（1）财务部

①负责本项目相关财务的管理工作，包括日常运转所需的管理费用、人员工资等一系列相关费用。

②制定合理的财务计划及预算报表。

③负责筹资工作，整理资金，准确记录资金的流动方向。

（2）人力资源部

①负责本项目的人事管理工作，建立、健全人事管理制度。

②对本项目的人员培训、人才培养、人员考核、人员管理等负责，制定合理的奖惩制度与绩效考核方案，提高相关人员的工作效率与工作积极性。

③制定合理的劳资体系，为人员工资级别提供凭证。

（3）项目部

负责本项目相关活动的策划工作，包括内部活动与外部活动。内部活动以社区居民为主，外部活动则是面向大众，全面参与式的各类活动。

（4）网络部

·网络推广部

①负责雨点智能社区的线上推广工作。在网络上发布本项目的相关信息，对活动进行宣传。

②制定有特色的线上宣传方案，并落实。

·网络研发部

负责 App 的设计。智慧社区软件及公众号的创新与开发。

·网络技术部

①负责网络推广平台升级与维护工作，定期检查，保证网络运行稳定，方便用户使用。

②对网络推广平台进行实时监控，防止黑客攻击，保护用户信息安全。

③在网络推广平台出现状况时，要在最短时间内解决问题，并发表声明向用户道歉。

（5）市场营销部

① 负责雨点社会服务中心的线下推广工作。在日常生活中发布本项目的相关信息，对活动进行宣传。

② 设计有特色的线下宣传方案，并落实。

③ 建立市场调研小组，完成市场调研工作，与时俱进进行营销创新，吸引更多观众。

十、团队优势

雨点公益团队成员均来自公共管理专业、社会工作专业、心理学专业、法学专业、金融专业，专业涉及领域广泛，并考取助理社会工作师或中级社会工作师资格证书，背后依托以高校公共管理专家教授组成的强大的督导团队和大量高素质的大学生志愿者。建立了一支拥有互联网宣传推广、文案美工编辑、微店维护运营、报纸网络媒体对接等功能的专业团队，分工合作，协同推进。

雨点公益社会服务中心最大的特点就是将公益创业与就业相结合，自成立以来，雨点在公共管理学院的支持和热心社会服务的青年学子的经营下，面向济南市多个社区开展定期服务，面向社会弱势群体定期开展爱心帮助，收到了良好的社会效果。注册以来，雨点公益社会服务中心形成了正规、有序的社区服务系统，以更加高效、规范的运营模式开展各项活动。同时，团队创立人员陪伴了雨点公益很长的一段时间，从它出生到逐步成长，发起人对这份事业产生了深厚的感情，于是将社会服务工作作为自己的创业项目，并会一以贯之地努力做好。雨点公益社会服务中心凭借其过硬的资质和团队的精心培育，形成了自己独特的优势和强大的企业竞争力。其优势主要体现在以下几个方面：

（一）完善高效的组织架构

雨点公益社会服务中心设立理事会、监事会以及各分工明确的职能部门，各司其职，保证组织的有效运作。

（二）专业的管理者及社工

雨点公益社会服务中心志愿者团队依托山东师范大学现有的公共事业管理、社会工作以及教育学等专业，为开展社会服务提供专业支撑和理论支持。团队核心成员均具有丰富的社会实践能力与经验，同时在学院担任主要学生干部，在组织能力、专业知识、服务能力等方面都具有很大优势，为社会服务活动的开展提供了有力的保障。

雨点公益社会服务中心拥有高端拍摄设备和专业的视频处理人才，并在运营过程中逐渐建立了一支拥有互联网宣传推广、文案美工编辑、微店与淘宝网店维护运营、报纸网络媒体对接等功能的专业团队，分工合作，协同推进。

（三）丰富的志愿者资源

雨点公益志愿者团队成员现由包括山东师范大学公共管理学院、信息科学与工程学院、心理学院、教育学院、历史与社会发展学院、文学院等20多个学院在内的100多名志愿者组成。志愿者们积极参与，利用课余时间传递爱心，目前已经举办过曲水亭社区义务支教、关爱留守儿童、常春藤社区环境美化、慰问烈士家属等活动，积累了一定的社会服务和特殊人群服务的经验。

（四）强大的督导团队和财务、法律顾问团队

依托以高校公共管理专家教授组成的强大的督导团队，公共管理专业知识和智囊团成员的创新思维一步步变成现实，长期的运营和实践也使社会和社区对高校资源进一步认可。我们与山东舜翔律师事务所合作，得到强大的法律支持。

十一、营销策略

所谓市场营销战略，是指在经营思想指导下，在经营环境系统调研和市场预测基础上，确定市场营销目标，对企业市场营销诸要素进行最佳组合，并制定出实现营销目标的政策和策略。而大学生公益组织其营销目标就是最大限度整合社会资源，以最少的投入取得最大的社会价值。在市场的选择上，大学生公益组织就是找到项目所解决的社会问题究竟与哪一部分相关。找准组织的目标人群才能有意识地寻找与其相关的社会资源，才有可能进行有效整合。雨点的营销策略主要包含媒体合作营销、商业整合营销以及高校联盟三个层面。

（一）服务战略

服务战略主要是指服务的包装、设计、颜色、款式、商标等，给服务赋予特

色，让其在消费者心目中留下深刻的印象。

雨点公益社会服务中心很好地利用了这一点，每次外出活动社工及志愿者会穿戴组织统一的服装和帽子，并佩戴组织特有的胸章，让服务对象能够一眼认出雨点公益，逐渐认同雨点公益，让团队产品和团队成员都带着组织的鲜明印记。而对于线上的"唯一爱你"微店、微信平台、新浪微博等都拥有独特的Logo，即雨点公益图标，使得电子平台的每一个界面都有醒目的标志，给使用者留下深刻印象（图2-26）。

图2-26　雨点公益logo设计

（二）品牌提升策略

为开拓更大市场，更好地实现自身的社会价值，雨点公益社会服务中心一贯注意改善和提高影响品牌的各项要素，通过各种形式的宣传，提高品牌知名度和美誉度的策略。提升品牌，既要求量，更要求质。求量，即不断地扩大知名度；求质，即不断地提高美誉度。雨点现在致力于打造自身的服务品牌，现在已经基本成型的品牌有涓涓互助会、雨点心灵护航、雨点邻里节等，在开展服务的同时，雨点在社区张贴海报或者发放宣传页，不断将自身风采展现给社会，从而提升品牌效应，使服务中心为更多社区所接受。同时雨点不断加大与社区的互动力度，让更多的社区居民参与到社区活动之中来，提供的优质高效的服务，让居民认同并记住雨点公益社会服务中心的品牌，有困难想到雨点，有需要想到雨点（图2-27）。

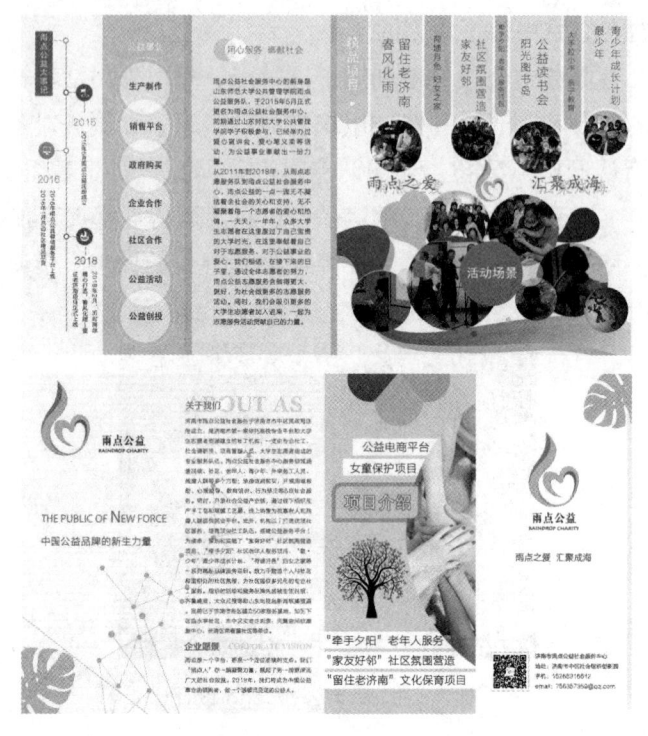

图 2-27 雨点公益宣传

在互联网时代，网上宣传的力度是不可估量的。雨点公益很好地利用各种互联网平台，将宣传品牌的各类广告媒体按适当的比例合理地组合使用，刺激消费者购买欲望，树立和提升品牌形象。现阶段，我们在做好服务的同时，也会尽力使用好网上媒介进行宣传。

（三）动态服务策略

雨点公益社会服务中心会根据市场中各种要素的变化，不断地调整服务思路，改进服务措施，使服务活动动态地适应市场变化。动态服务策略的核心是掌握市场中各种因素的变化，而要掌握各种因素的变化就要进行调研。现代社会是处于不断变化过程中的，平台的推广更是要不断地满足人们不断变化的需求，采取动态服务的策略，来满足人们变动的需要。

（四）宣传联络战略

（1）参展——参加济南市或山东省的社会工作展会，在活动现场举办公司图片展和视频宣传。

（2）与企业联合——宣传性的赞助方式。

（3）大型会议或研讨会——定期邀请高校专业教授或者专业社工知名人士到中心举办讲座或研讨会。

（4）新媒体宣传——通过微博、微信等新媒体进行宣传。

（五）爱心价格战略

（1）设计性价比高的方案，通过政府、企业等机构购买服务的形式获取资金，完成项目，在这一过程中能够打出雨点公益的品牌，获取一定的回报，并使得大学生志愿者实现自我价值。（收费根据项目的大小与涉及范围确定）

（2）价格适众策略：所谓适众，一是产品的价位要得到产品所定位的消费群体大众的认同；二是产品的价值要与同类型的众多产品的价位相当；三是确定销售价格后，所得利润率要与经营同类产品的众多经营者相当。虽是爱心销售，但物品有价爱心无价，消费者可以根据自身实力，自愿以更高的价格来购买。

（3）凭借与社会组织的联系，承接他们的一些非公益的组织策划活动，收取一定费用，根据自己派出的人员确定价格。

（4）通过成员的努力拉取企业社会赞助，提供冠名权。

（5）利用高校的平台，降低成本。

十二、财务分析及预测

（一）运营状况

雨点公益自成立以来，运营状况良好，2017年年营业额达258余万元，以下是雨点公益2017年的收入和用途分配情况（表2-1、图2-28、图2-29、图2-30）。

表2-1　2017年利润表（单位：万元）

	第一季度	第二季度	第三季度	第四季度	合计
一、主营业务收入	40.76	56.12	85.45	76.07	258.4
（一）草编工艺品生产销售	5.39	6.1	8.58	8.89	28.96
线上订单销售	3.24	2.31	4.81	3.68	14.04
线下订单销售	2.15	3.79	3.77	5.21	14.92
（二）手工皂生产销售	7.59	10.91	12.64	12.51	43.65
线上订单销售	4.86	6.36	8.94	8.69	28.85

续 表

	第一季度	第二季度	第三季度	第四季度	合计
线下订单销售	2.73	4.55	3.7	3.82	14.8
（三）农副产品销售	9.06	10.34	23.5	3.87	46.77
（四）政府购买	8.76	15.19	22.13	27.05	73.13
大明湖街道曲水亭社区	2.08	6.08	8.08	9.08	25.32
千佛山历山名郡社区	2.07	3.07	4.07	4.07	13.28
王官庄八区	1.2	2.97	2.97	2.97	10.11
王官庄九区	0.6	0	1.97	1.97	4.54
王官庄十区	0.58	0	1.97	0.97	3.52
诚品苑社区	1.3	2.07	3.07	2.07	8.51
映翠苑社区	0.93	1	0	1.95	3.88
魏家庄人民商场社区	0	0	0	2	2
魏家庄社区	0	0	0	1.97	1.97
（五）接受捐赠	1.44	1.7	1.98	2.13	7.25
个人捐赠	0.14	0.2	0.27	0.25	0.86
公司捐赠	1.3	1.5	1.71	1.88	6.39
（六）爱心拍卖、义卖	1.2	2.32	3.2	3.34	10.06
（七）公益创投	7.32	9.56	13.42	18.28	48.58
减：主营业务成本	3.3	4.9	15.1	8.2	31.5
主营业务税金及附加	3.2	3.4	7.3	4.45	18.35
二、主营业务利润（毛利）	34.26	47.82	63.05	63.42	208.55
加：其他业务利润	2.12	2.76	4.1	3.5	12.48
减：费用	33.31	44.73	53.94	60.31	192.29
（一）营业费用	6.1	12.68	18.34	21.86	58.98
（二）管理费用	26.01	30.8	33.5	36.42	126.73
（三）财务费用	1.2	1.25	2.1	2.03	6.58

续 表

	第一季度	第二季度	第三季度	第四季度	合计
三、营业利润	3.07	5.85	13.21	6.61	28.74
加：投资收益	0	0	0	0	0
营业外收入	0	0.1	0.12	0.13	0.35
减：营业外支出	0.3	0.32	1.72	0.72	3.06
四、税前利润	2.77	5.63	11.61	6.02	26.03
减：所得税费用	1.5	2.52	3.2	2.83	10.05
五、净盈余	1.27	3.11	8.41	3.19	15.98

2017年主营业务收入

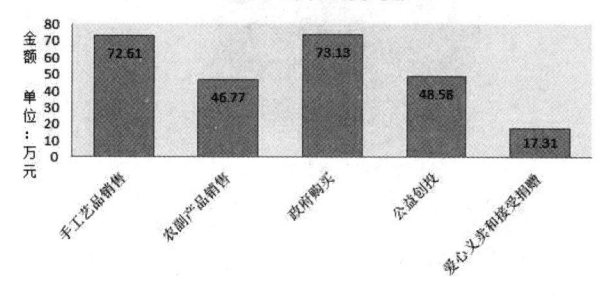

手工艺品销售 72.61；农副产品销售 46.77；政府购买 73.13；公益创投 48.58；爱心义卖和接受捐赠 17.31（金额 单位：万元）

图 2-28　年度总收入分配情况

2017年度总收入分配情况

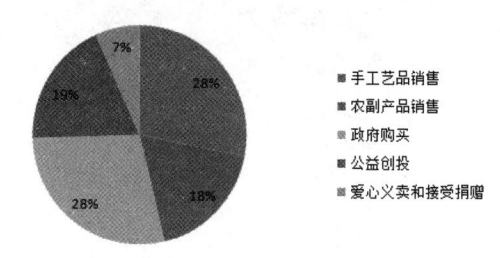

手工艺品销售 28%；农副产品销售 18%；政府购买 28%；公益创投 19%；爱心义卖和接受捐赠 7%

图 2-29　年度收入分配比例图

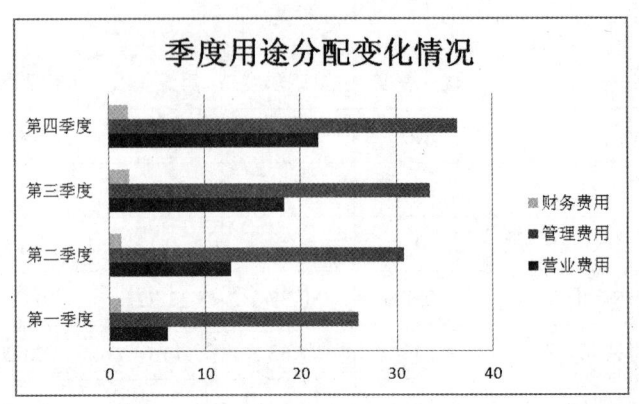

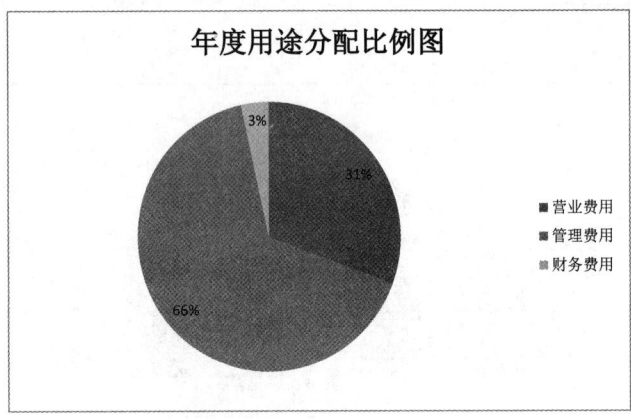

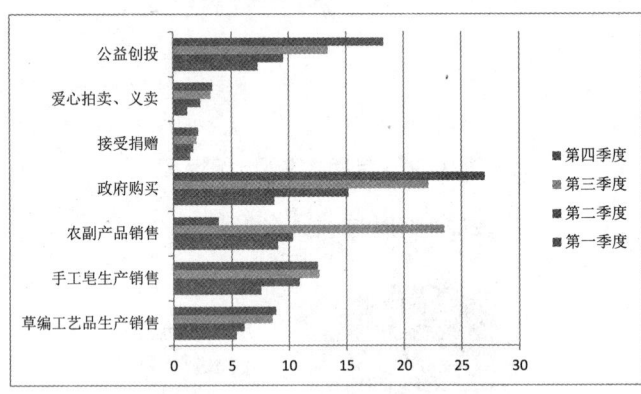

季度收入分配变化情况

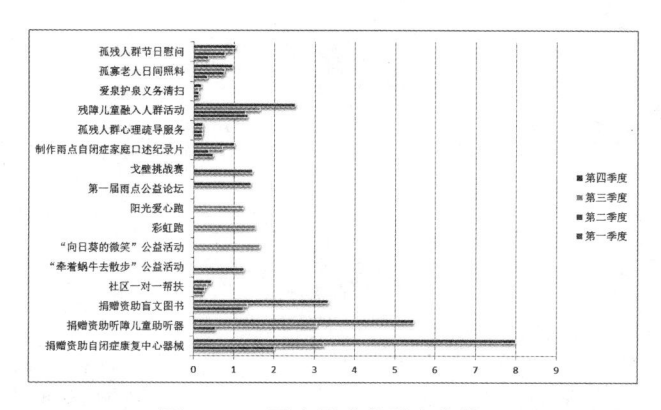

图 2-30　季度用途分配变化情况

（二）财务管理制度

（1）严格贯彻执行国家相关法律、法规和财务规章制度，自觉接受财政部门的监督（资产来源属于国家资助或者社会捐赠、资助的，还要接受审计机关的监督，确保捐赠、资助的资金完全按照规定或约定的用途使用，不被侵占、私分和挪用）。

（2）本单位资产为共有财产，只能用以促进有利于单位宗旨和章程所规定的各项业务，任何单位和个人不得以任何形式和方法侵占、私分和挪用。

（3）建立健全财会制度，会计和出纳工作制度，设专业会计管理本单位财务。

（4）如实反映财务状况，努力做到收支平衡，如实登记财务账目，按时核对，做到账款相符。

（5）定期向理事会（最高权力机构）报告财务收支情况，接受单位成员及理事会（最高权力机构的执行机构）有关部门的监督和审计。

（6）财务人员要保管好财务工作中的各种票据、印章，按时进行年检、年审工作（图 2-31）。

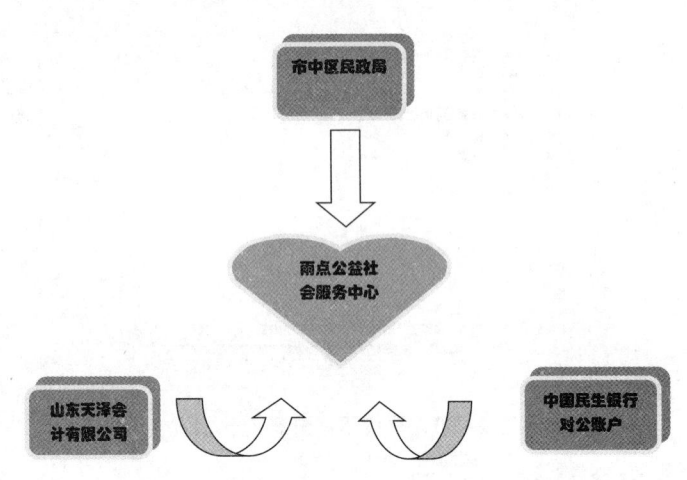

图 2-31　雨点公益财务管理模式

作为一家公益性社会服务组织，雨点公益社会服务中心对财务的管理格外严格。目前中国很多公益组织都存在资金运作不透明、组织内部财务不公开、成员贪污组织经费等各种问题，雨点公益为了避免在今后的运营过程中出现类似的困扰，也做出了相关对策。

首先，我们邀请了指导老师作为我们的督导，在项目的接收、经费的监督、财务的公开等各个方面进行控制；其次，雨点公益社会服务中心的一切财务收支通过中国民生银行的对公账户进行，使得每一笔收支都有明确记录；同时，我们的财务运作状况接受山东天泽会计事务有限公司与济南市市中区民政局的双重监督，每年进行财务审计，保证财务公开。为保证财务的公开透明，雨点公益联动三方机构，接受各界监督。监督方为中国民生银行对公账户、山东天泽会计有限公司、市中区民政局。因此，多重监督使我们的公益组织真正在阳光下运行，让社区居民和社会认同我们、接受我们、信任我们。

十三、发展战略

在未来，服务中心的构建将采取三步走的战略，由规范化到稳定发展再到集团式发展，团队成员将会稳扎稳打、脚踏实地，铺好发展路上的每一块基石。

下一步，雨点将吸纳更多的孤寡老人和残障人士加入"雨点之爱"手工生产基地。市场目标群体从残障人士等扩展到服刑人员家庭、失独家庭、自闭症家庭等领域，以济南市为核心辐射整个山东省，由山东省走向河北、天津、安徽、江西、云南等更多的地方；业务领域从手工皂、草编工艺品生产向年画、剪纸、十字绣、中国结等更多手工产品制作发展，在创造收入的同时传承和保护传统文化，一举两得。同时争取与政府合作，引导孤残人群介入垃圾分类处理等社会公共服务领域，在解决他们生活困难问题的基础上解决社会问题。

十四、关键风险与应对策略

《民办非企业单位登记管理暂行条例》第二条给出了民办非企业单位的定义："本条例所称民办非企业单位是指企业事业单位、社会团体和其他社会力量以及公民个人利用非国有资产举办的从事非营利性社会服务活动的社会组织"。我们可以将这个定义对民办非企业单位的本质和范围的界定标准概括为三个方面：一是举办主体、二是举办资产来源、三是活动性质。这个界定看似明了，但仔细推敲，实则问题很多。作为蓬勃发展的政府与企业之外的"第三部门"，雨点社会服务中心还面临以下风险（图2-32）：

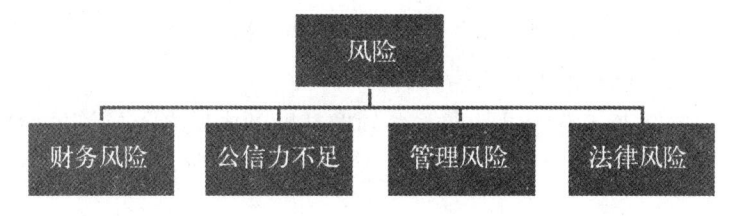

图 2-32 风险图

（一）法律风险

1. 组织与社工、志愿者之间的法律纠纷

社会组织招募志愿者的情况较普遍，而社会组织与志愿者不签订书面协议也是种常态。一旦产生法律纠纷，社会组织将面临较大法律风险。

面对该情况，我们提出以下措施：

（1）在招募志愿者时发布招募通告并存档留存。

（2）按照民政部《志愿服务记录办法》制作志愿者登记表，需志愿者本人签字确认。

（3）建立规范的志愿者管理制度与标准化流程，并且依照国家有关规定做好志愿服务记录。

（4）尽可能与志愿者（特别是长期服务领取补贴的志愿者）签订书面志愿服务协议，明确双方权利义务，约定服务的内容、方式和时间及补贴金额、法律责任等事项。

2.组织与购买单位（如街道办、社区）之间的法律纠纷

民办非企业单位的资金来源往往以政府购买服务为主，与购买单位签订合同时，若因为合同不规范或存在漏洞，将会带来极大法律风险。

面对该情况，我们提出以下措施：

（1）按照民政部《民办非企业单位登记管理暂行条例》制作政府购买合同，需政府第一负责人本人签字审批并加盖单位公章。

（2）建立规范的政府单位购买承接制度与标准化流程，并且依照国家有关规定做好记录，明确双方权利义务，约定服务的内容、方式和时间及补贴金额、法律责任等事项。

3.组织与帮扶群体之间的法律纠纷

雨点社会服务中心为孤残两大群体提供就业机会并创造收入来源，会存在帮扶群体不信任资金流向的风险，以及孤残两大群体更易在工作过程中产生意外，这需要我们利用法律的武器，来维护自身的合法权益。

面对该情况，我们提出以下措施：

尽可能与志愿者（特别是长期服务领取补贴的志愿者）签订书面志愿服务协议，明确双方权利义务，约定服务的内容、方式和时间及补贴金额、法律责任等事项。

（二）公信力不足的风险

对民办非企业单位来说，若法律框架可比喻为发展的空气，资金来源可比喻为发展的水，诚信则可比喻为生存的命脉。即法律框架、资金和诚信共同维系着民办非企业单位的发育和成长。而近些年来，民办非企业单位的社会公信度有所下降。为重塑行业诚信，必须大力加强民办非企业单位的自律、互律、他律能力建设。民办非企业单位的自律机制建设可以从多方面着手。

（1）通过建立财务管理、自我评估、人事管理等多项规章制度，规范从业人员的行为，做好自我管理和监督。

（2）通过内部治理结构来进行，如设立董事会、监事会等，重大决策由集体讨论决定，避免少数人说了算，增强民主决策意识。与联合会、行业性社团等形式，将同业组织联合起来，制定一个共同遵守的道德标准和行为规范，既可以维护广大民办非企业单位的合法权益，又可以相互学习、相互监督、取长补短、共同提高。

（3）制定四方监督联动机制。雨点公益社会服务中心为保证财务运作的透明

化，制定四方共同监督的作用机制，保证财务运作透明。监督方分别为中国民生银行对公账户、山东天泽会计有限公司、山东舜翔律师事务所、市中区民政局。

（三）管理风险

随着雨点公益社会服务中心规模的扩大，中心的组织结构、管理方法和思想可能不能及时适应不断变化的内外部环境。本中心服务团队所提供的产品和服务可能跟不上消费者需求变化的脚步。我们的管理人员需要不断提高管理技能和水平，特别是在队伍的扩建过程中，更需要人员素质的提高。

对此，雨点公益社会服务中心将推行目标成本管理，加强成本控制；采取内部、外部培训等多种措施，提高管理团队的整体素质；倡导组织创新、思维创新，不断推出新的服务项目，以适应不断变化的外部环境。

（四）财务风险

本中心在发展初期，财务风险主要体现为资金短缺风险，即资金不能满足组织正常运营和成长壮大的需要。本中心现阶段的日常开支主要包括注册费用、行政管理经费、专职人员的工资、志愿者的交通补贴和餐饮补贴、开展社区服务项目而需要的费用以及开展公益活动所需的资金。在发展中期的财务风险主要体现为资金链断裂风险，此时中心快速发展，资金来源未必能满足本中心发展的需要，一旦资金来源中断，将会影响组织进一步发展，限制组织规模。平台在发展后期的财务风险或将体现在组织财务制度和财务利用、管理方面，有可能会出现资金闲置、资金挪用、资金浪费等现象。

对此，本中心将进一步加强对组织资金运行情况的监控力度，确保多方协同监管，最大限度地提高资金使用率；建立严格的财务监管和财务预算制度；聘请高素质的专业人才进行有效的管理。

十五、项目评价

创业是青年人实现理想抱负、体现自身价值的重要途径，但同时创业历程也会充满艰辛，而其中公益创业之路尤其坎坷。创业者没有坚强的信念和坚定的信心，很可能半途而废、无功而返。因此，公益创业是一件好事，却也是一件难事。目前，大多数的公益组织收入往往不能弥补场地费、人工费等服务成本，很多坚持下来的草根公益团体都是靠发起者的其他收入来"输血"维持。雨点公益项目之所以取得较大的成功，追根溯源，得益于其专业性。雨点公益立足公共事业管理学科，其团队成员在创业过程中，深度挖掘专业知识，不断解决现实问题，实现自我造血。正如一位著名企业家曾说过的那样，社会创业的创新性手段能够用来解决更为复杂的社会问题。雨点公益的成功无疑为不知方向的年轻公益创业者指明了前进的道路。

项目二　调研实践："互联网+社区居家养老"调研项目实例

作为世界上最大的发展中国家，中国近年来人口结构和家庭结构发生了巨大的变化，老龄化状况不断加剧。人口红利的迅速消失，带来了巨大的养老负担。全国老龄办最新统计，截止到 2017 年年底，平均 4 个劳动力抚养一个老年人。"空巢独居老人在家中突发心脏病去世……""失独老人，埋葬了孩子，也埋葬了自己……"其中，更不乏各类有着认知障碍的老人走失的寻人启事。生活无人照料、病痛不能治疗、烦闷得不到疏解等老年人的生存现状，目前已成为中国必须尽快破解的社会难题。

伴随着老龄化形势的恶化，传统的社区居家养老模式显然无法满足老年人的养老需求，养老双方供需双方不匹配、及时性和灵活性差；社区居家养老服务项目少，范围窄；专业服务人员缺乏，素质低等问题。这些问题难以得到解决，必然会阻碍着养老事业的发展。

近年来，随着我国城市互联网、物联网、大数据以及云计算技术得到迅速发展，"互联网+"已经成为了诸多传统行业转型升级的内生动力。正如政府工作报告中提到的那样"'互联网+'未知远大于已知，未来空间无限。每一点探索积水成渊，势必深刻影响重塑传统产业行业格局。""互联网+居家养老"的出现无疑为解决这些养老难题提供了新的思路和工具。

本课题"互联网+居家养老"立足于公共管理学科，从公共事业管理视角出发，与信息技术、社会工作等专业深度融合，回应社会养老痛点，促进居家养老产业资源的高效整合和多元化发展，塑造养老产业新业态。

一、项目简介

为应对人口老龄化不断发展、我国养老需求激增以及传统养老模式无法满足老年人及时性、便捷性、多样性的要求，"互联网+居家养老"模式应运而生。该模式在我国处于起步阶段，前景广阔，但目前因资金缺乏，技术相对落后、群众接受程度低等因素限制了该模式的发展。本课题就"互联网+居家养老"模式的发展路径、优势、障碍及未来前景进行探索研究，建构出一个以老人自身需求为出发点，政府、企业、社会、社区以及家庭等多方参与的养老服务体系。

该项目的核心目标是通过对"互联网+居家养老"模式发展脉络的了解，分析其实践过程中的可行性与发展障碍，解决其在运行过程中存在的产业链不完整、服务不到位等现实问题，充分发挥网络惠民红利，积极应对当今的"银发浪潮"。

二、研究思路

课题组成员首先利用文本分析法，通过进入政府官网和相关网站查找有关养老的板块，搜集我国养老方面的背景资料，并结合当下时代背景来分析"互联网+居家养老"的发展前景，确定该研究课题的研究意义。

通过搜索文献，即文献分析法，查找相关书籍和论文资料来搜集国内外现有的较为完善的养老模式，对其进行分析，从而对比出我国和国外一些发达国家在养老方式上的共性和差异，并根据我国已有的三种养老模式——家庭养老、机构养老、居家养老进行发展现状的利弊分析，探究"互联网+居家养老"发展的可行性。

同时，基于相关理论知识，课题组成员通过实地走访调查，以山东省济南市的二七新村陈庄社区、裕园社区、甸柳街道第一小区为例，了解现实中的"互联网+居家养老"模式的运作现状，分析现实问题，并设计调查问卷。问卷的对象主要分为两类主体，一类是受众主体，即济南市的当地老人及家属，了解其养老现状和老人及家属所面临的养老困境，从而明确老人的真正需求；另一类是实施主体，即提供养老服务的政府部门和相关的企业单位，了解现在济南市的养老服务提供方式以及在养老问题的解决中，政府、企业、社区所扮演的角色。

通过对这两类主体的问卷调查以及访谈结果所反映出来的问题，进行统计与对比分析，从而明确现阶段济南市在养老方面所表现出来的问题——养老方面的供给（政府、企业、社区提供的服务）与需求（老人及家属真正的需求）之间的矛盾。根据调研情况，结合之前搜集的文献资料，对"互联网+居家养老"模式实际运行中出现的问题进行深入分析，剖析问题。

最后，运用归纳分析法并结合文献分析法，提出更加完善的"互联网+居家养老"模式——建构出以老人需求为出发点，政府、企业、社会、社区以及家庭等多方参与的养老服务体系，搭建出可实施性强的养老平台并提出相关政策建议。

三、技术路线图

课题组成员以问题为导向，通过我国目前的老龄化背景分析，总结现有的养老方式，通过调查数据说明"互联网+居家养老"模式的适应性。采用了多种研究方法，研究内容详略得当。

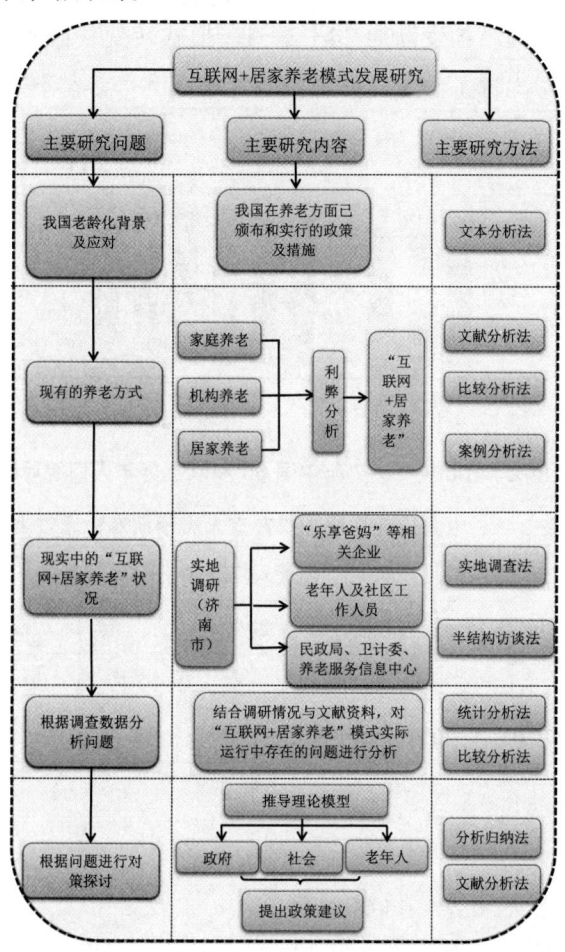

图 3-1 技术路线图

四、研究背景

（一）我国老龄化现状

人口问题一直以来是世界各国面临的重要的社会问题，随着我国社会的不断发展，人口老龄化问题日益突出。根据联合国人口老龄化的标准，一个国家60岁及以上的老年人口占人口总数的比例超过10%，或65岁及以上的老年人口占总人口的比例高于7%，这个国家就进入了老年型社会或老年型国家。

20世纪70年代，我国由于面临巨大的人口压力，开始大力推行计划生育政策，目前人口得到了有效的控制。然而随着社会的发展，独生子女越来越多，人均寿命不断增长，家庭结构逐渐向"4—2—1"模式转变，这加剧了青年人的社会养老压力，社会开始出现了一系列养老问题（见图3-2、表3-1）。

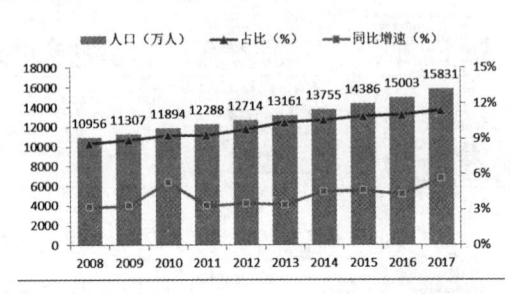

（数据来源：中商产业研究院）

图3-2　2008—2017年中国65岁以上老年人口统计图

表3-1　中国最近3次人口普查人居预期寿命比较表

中国最近三次人口普查人均预期寿命比较表								
	1990年			2000年			2010年		
地区	男	女	平均	男	女	平均	男	女	平均
全国	68.67	72.05	70.36	71.52	75.33	73.43	76.16	81.06	78.61

（数据来源：国家统计局）

（二）我国现有养老方式比较分析

近些年来，各地政府为了解决养老问题提出了很多方法措施，下面将通过对我国现存的主要的三种养老方式进行比较，分析其优势和弊端，归纳总结"互联网＋居家养老"模式在我国发展的现实状况，并进一步探讨该模式发展的理论与现实意义。

1.家庭养老方式

家庭养老在中国有悠久的历史，它是伴随着古老的农业文明而产生的。简单来说，家庭养老就是以家庭为单位，以血缘关系为纽带，由家庭成员对上一辈老年人提供经济、生活、精神方面的照顾。一方面，由于我国一直以来都是这种"家庭为本"的结构方式，老年人在思想观念上习惯于家庭养老，所以，承担老人生老病死的风险防范责任主体就是家庭；另一方面，我国法律的规定方面也有相关规定，根据《中华人民共和国老年人权益保障法》第10、11条规定："老年人养老主要依靠家庭，家庭成员应当关心和照料老年人。赡养人应当履行对老年人经济上供养、生活上照料和精神上慰藉的义务，照顾老年人的特殊需要。"所以，家庭养老的方式是很多老人的第一选择。

但是，随着我国社会发展的变化，尤其是计划生育政策实施以后，家庭养老所暴露出的问题越来越突出。一方面，家庭结构发生了变化，规模越来越小，核心家庭和空巢家庭日益涌现，尤其是在发达的城市，"4—2—1"甚至"8—4—2—1"的家庭结构越来越多，年轻人所承担的养老负担越来越重，基于工作的压力，他们对于老年人的关怀可能会减少，一些生活摩擦也会增加；另一方面，老年人对于子女所承担的压力也会产生心理负担，他们不愿意看到子女背负如此重担，以致家庭所承担的风险越来越大。所以，传统的家庭养老方式在当今的社会发展状况下存在着很多问题，社会在不断发展，以前在我们看来是天经地义的养老方式，随着社会的发展也表现出了诸多问题（图3-3）。

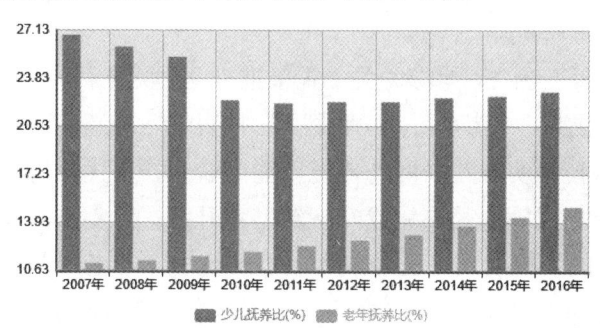

（数据来源：国家统计局）

图 3-3　2007—2016 年少儿抚养比和老年抚养比的变化

2.机构养老方式

机构养老为老年人提供了专业的护理照顾，而且可以让老年人聚集在一起，这种有同龄人陪伴的生活增添了老人们的乐趣，在一定程度上解决了"空巢家庭"的问题。在很大程度上，机构养老解决了家庭养老存在的问题，但是，现实的情况却是供不应求，截至 2016 年底，全国共有各类社区服务机构和设施 38.6 万个，远远低于我国老年人数量。一方面，机构养老成本很高，护理维修费用大，仅靠财政拨款是不够的，这就使得进入养老机构的老年人需要交很高的养老费用，这在经济方面无疑给家庭成员增加了很大的一笔费用；另一方面，专业的护理人员严重缺乏,其中,工资薪酬不高、护理工作时间长、强度大是导致专业护理人员数量少的很重要的原因,许多养老服务从业人员长期处于超负荷运转状态,工作没有晋升空间,频繁跳槽改行,这使得养老服务队伍极不稳定;另外,机构养老背离了中国传统的养老方式,大部分老年人还是希望在家庭里进行养老,除非迫不得已的原因才会进入养老机构。

综上所述,机构养老和家庭养老在诸多方面存在问题,这使得传统养老模式面临着现实生活巨大的挑战,如此情况下便催生了一种新型养老方式——居家养老。

3.居家养老服务

居家养老是以家庭为核心,以社区为依托,以老年人生活照料(日常护理或者特殊护理)、医疗康复(包括陪同到医院看病、医疗、配药等)、精神慰藉(每天和老人交流,发现老人的需求,排除老人的孤独感)为主要内容,以上门服务和社区日托为主要形式的一种养老方式。这种养老方式在一定程度上可以解决家庭养老方面的压力,还可以解决机构养老供给不足、费用昂贵的问题,是相对于传统的家庭养老和机构养老来说,比较合适的一种养老方式,然而社区居家养老服务模式也存在一些弊端。

2015年7月4日,国务院印发《关于积极推进"互联网+"行动的指导意见》,从此"互联网+"成为一大热词。"互联网+"代表着一种新的经济形态,它指的是依托互联网信息技术实现互联网与传统产业的联合,以优化生产要素、更新业务体系、重构商业模式等途径来完成经济转型和升级。近年来,我国城市"互联网+"等信息技术的快速发展,已经成为改造传统居家养老产业,推动养老服务向智能化方向发展的重要动力,"互联网+居家养老"应运而生。

"互联网+居家养老"是以技术为支撑,以网络为纽带,涵盖智能设备与终端、线上平台及软件、线下服务圈,以老年人需求为出发点,政府、企业、社区及社会多方参与的养老服务体系。其优势主要有以下几点:

(1)以人为本,关注个性需求。互联网提供了信息分享平台,使养老服务由生产者直接面向老年群体,简化了工作流程,为老年群体营造了巨大的选择空间。这种自由选择性摒弃了老年人"被供养"的心理,使老年人能够在人格和生活上得到更好的自我实现,从而实现由被动的"防老""养老"向"享老"的观念转变。"养老"注重物质上的供养,而"享老"更注重精神和物质上的双重供养。

(2)手段多样,整合多方资源。通过线上(网络平台建设、微信推送、电话短信预约)和线下宣传,两种方式同时发力,让社区居民了解养老服务并自行甄选服务,具有自主选择性,更能体现人性化服务。付费性服务和志愿无偿型服务并存,专业性和娱乐性同在,在为老人提供专业的护理看护服务的同时,也为老年人的生活增添一点乐趣和生机。

(3)创新机制,引入多元主体。多元主体发挥作用时,减少政府的大包大揽,让社会与市场的力量深入进来,发挥更加重要的作用。市场在提供基础养老服务的基础上,整合居家养老产业资源,促进多元投资和融资主体的培养,进行养老产品的研发生产,延长养老产业链。互联网的开放性和低成本能整合社会志愿力量,促进其他社会团体加大对于居家养老项目的支持力度。

"互联网+"与城市社区居家养老服务的融合发展能够化解目前城市社区居家养老服务供需双方存在的各种问题,同时也能满足老年人不同层次的养老需求,是目前解决传统养老服务各种弊端的有效途径。

(三)"互联网+居家养老"的研究意义

在传统的家庭养老和机构养老面临着诸多困境的背景下,"互联网+"时代的到来使得居家养老和互联网产业结合起来,以移动互联网、物联网等信息技术为依托,让老人突破时空限制,获得更好的居家养老服务,这将会为解决现实的养老问题提供新的思路和工具。

1. 理论意义

虽然目前国内外对居家养老研究的成果较多,但是主要的关注点在于对具体实践模式的介绍上,在目前的研究成果中,缺乏理论层面的深入分析,也缺乏切实可行的治理政策建议。本课题组成员通过对济南市居家养老发展模式的实例分析,以"互联网+"为视角切入,探讨其存在的困局及原因,得出研究结论和治理政策,为居家养老模式做出有益探索。这将在理论上丰富对我国城市养老问题的认识,为进一步认识该问题的实质提供理论参考,也为其他城市的相关层面的治理工作开展具有理论借鉴意义。

2. 现实意义

第一,将"互联网+"运用到居家养老服务领域有利于解决供需双方信息交流的不畅通。将互联网、物联网、大数据以及云计算等新一代信息技术应用到养老模式上,使家庭和社区的养老服务资源得到充分整合,把与老人的相关数据在不同养老服务供给主体间实时共享,让服务主体及时了解老人的需求,做到按需分配资源,充分利用社会资源,促进"互联网+居家养老"这种新型养老服务模式的形成。

第二，有利于丰富社区居家养老服务的内容，扩展居家养老的服务项目，满足老年人多样化的需求。根据马斯洛的需求层次理论，在满足老年人基本物质需求的前提条件下，满足老人在精神方面的需求和自我价值的实现。对于老人的服务，不仅局限于生活照料服务和医疗护理服务，还需要开展多样化的娱乐活动项目以及组织能够让老人实现其自身价值的实践活动，这样既能够充分利用老年人的社会资源，又能够实现老年人的价值，满足老年人多层次、多样化的服务需求。

第三，有利于提高居家养老服务的服务效率和管理效率。通过利用电话语音、微信平台、各种智能终端和前台服务等现代互联网技术，及时了解老年人的需求，让处于不同主体地位的政府、社区、企业、家庭充分发挥其作用，不仅提高养老的服务效率和管理效率，而且让服务更加细化，更加全面，更加多样，更加专业。

五、实践基础

（一）济南市"互联网+居家养老"的实践与数据

1. 调查实践

（1）调查时间：2018年5月至2018年9月。

（2）调查方法：文献研究法、半结构访谈法、问卷调查法。

①文献研究方法。本课题调研小组主要通过查阅官方文献和大众传播媒介两类文献来进行研究。一方面，通过互联网途径，分别查阅以"居家养老""互联网+居家养老"为主题的期刊、论文等文献，了解目前"互联网+居家养老"研究的最新成果，整理研究思路，为本课题组对"互联网+居家养老"的研究寻找出口，并适时补充实地调研中相关的信息储备；另一方面，本课题组在调研期间，实时关注国家、济南市等政府方面有关"互联网+居家养老"的最新政策和法律法规，从中了解我国"互联网+居家养老"的改革方向及其发展大背景，同时，关注热点新闻，及时从中剖析"互联网+居家养老"实践过程中总结的先进经验和暴露问题，为济南市"互联网+居家养老"的发展助力。

②半结构访谈法。本课题就济南市"互联网+居家养老"项目实施过程中各相关利益主体进行半结构访谈，主要包括济南市民政局相关负责人员、社区居委会（二七新村、裕园社区、甸柳社区第一小区）工作人员、"乐享爸妈"（济南市"互联网+居家养老"项目主要承办机构）工作人员、享受过"互联网+居家养老"服务的老年人。

课题组在对"互联网+居家养老"进行大量文献研究的基础上，针对不同的访谈对象列出相应的访谈提纲，并认真记录访谈内容。通过对济南市市中区民政局"居家养老"负责人进行访谈，了解到济南市养老服务产业的总体概况、济南市政府对"互联网+居家养老"项目的政策扶持及从中承担的角色；通过对二七新村、裕园社区、甸柳社区第一小区的居委会工作人员进行访谈，了解到"互联网+居家养老"项目推行过程中发展现状；通过对"乐享爸妈"（济南市主要"互联网+居家养老"承办机构）工作人员进行访谈，了解项目实施过程中的运行困难。

③问卷调查法。课题组在对研究地区"互联网+居家养老"的运行状况进行初步了解的基础上，着手设计调查问卷，通过多次预调研，不断进行修改问卷，以保障问卷质量，搜集一手资料。调查地点主要选在济南市"互联网+居家养老"项目试点社区，其中包括：济南市槐荫区裕园社区、历下区甸柳社区、市中区二七新村社区三个社区；调查对象面向试点社区内60岁以上的老人，由于这一年龄阶段的老人大多需要成人进行生活照料，正是"互联网+居家养老"项目的主要需求一方，故将其作为问卷调查对象；课题组成员共发放调查问卷200份，回收份数为200份，回收率为100%；有效份数为185份，有效率为92.5%。课题组对问卷数据进行整理和分析。

（3）调查样本简介

调查问卷主要针对200位老人的年龄、职业、身体状况、收入状况、对"互联网+居家养老"的参与程度、满意程度、整体评价程度等基本情况进行了解，具体详见表3-2。

表3-2 样本基本情况

变量名	变量值	频次	百分比	累积百分比
性别	男 女 总计	77 108 185	42 58 100	42 100
年龄	60岁—65岁 66岁—70岁 71岁—75岁 76岁—80岁 80岁以上 总计	64 44 37 20 18 183	35 24 20 11 10 100	34 59 79 90 100

续　表

变量名	变量值	频次	百分比	累积百分比
身体健康状况	健康无疾病 有常见病但生活可以自理 有疾病，生活部分自理 生活不能自理 总计	78 91 11 5 185	42 49 6 3 100	42 91 97 100
文化程度	小学及以下 初中 高中 中专或大专 大学本科及以上 总计	55 71 26 24 9 185	30 38 14 13 5 100	30 68 82 95 100
收入状况	1000元以下 1000—1999元 2000—2999元 3000—3999元 4000—4999元 5000—5999元 6000—6999元 7000元以上 总计	15 37 46 40 13 20 7 6 184	8 20 25 22 7 11 4 3 100	8 28 53 75 82 93 97 100
有无参加"互联网+居家养老"	有 无 总计	33 152 185	18 82 100	18 100

（二）济南市互联网+居家养老的现状评估与问题分析

1.济南市"互联网+居家养老"项目背景

全国老龄办最新统计，截至2017年年底，全国60岁以上老年人口达2.4亿，占总人口比重达17.3%，平均近4个劳动力抚养1位老人，传统的家庭养老模式面临现实压力。预计到2020年，全国60岁以上老年人口将增加到2.55亿人左右，其中独居和空巢老年人将增加到1.18亿人左右，人口老龄化程度将持续加深。

随着"银发浪潮"迅速袭来，养老逐渐受到社会各界的关注。很多人开始担心自己可能不仅不能"优雅而体面"地老去，反而会因老致贫。因此，国家发改委于2015年颁发《关于进一步做好养老服务业发展有关工作的通知》，要求："各地要结合养老服务业综合改革试点和'健康与养老服务'重大工程，在养老领域推进'互联网+行动'，将信息技术、人工智能和互联网思维与居家养老服务机制建设相融合，对传统业态养老服务进行改造升级，通过搭建信息开放平台、开发适宜老年人的可穿戴设备等，不断发现和满足老年人需求，强化供需衔接，扩大服务范围，提供个性、高效的智能养老服务。"

数据显示，截至2017年底，济南市60岁及以上老年人达到130万人，比上年增加7万余人，占总人口的20.47%，高于全省平均水平，已步入深度老龄化社会。为解决济南市养老问题，济南市政府在发改委文件指导下，颁发《"十三五"济南市老龄事业发展和养老体系建设规划》，规划中要求："支持社区、养老服务机构、社会组织和企业利用物联网、移动互联网和云计算、大数据等信息技术，开发应用智能终端和居家社区养老服务智慧平台、信息系统、App应用、微信公众号等，重点拓展远程提醒和控制、自动报警和处置、动态监测和记录等功能，规范数据接口，建设虚拟养老院。"由此可见，在"互联网+"时代，济南市对居家养老越发重视，作为"互联网+居家养老"的试点城市，其在项目推广及运行过程中的方法和问题需进行总结提炼，以期为济南市乃至全国提供经验教训。

基于此，课题团队以2018年为基准年，利用暑假以及部分课余时间，在济南市槐荫区裕园社区、历下区甸柳社区、市中区二七新村社区等地进行了实地调研，调研时间从2018年5月持续到2018年9月，对济南市政府、社会组织、社区居委会、城市居民进行了深入访谈。

2. 济南市"互联网+居家养老"发展现状

（1）政府视角。

政府大力推广和投资购买居家养老服务是政府进行服务型政府转型的一个细节体现，也是政府在"互联网+"的时代背景下，创新解决养老问题的重要手段。济南市"互联网+居家养老"项目始于2013年，目前已有5年的发展历史，初步建成较为成熟的运行模式。目前，政府在居家养老方面停留在兜底层面，主要面向家庭贫困、生活困难、子女没有赡养能力的高龄老人，这部分符合条件的老人享受免费的每月20小时的服务，而其他老人若想享受服务需要支付一定的费用。

①济南市多政府部门联动协作。济南是全国较早开展"互联网+居家养老"

项目的试点城市之一。在试点过程中,采用了市政府主导,民政局牵头,卫计委、残联、人社局和公安局等多方部门联动协作的方式,为老人提供多方位、科学化、专业化的服务。

②政府向社会购买"互联网+居家养老"的服务。政府通过面向社会公开招标和竞争性磋商的形式来进行选择"互联网+居家养老"服务的承办机构。具体采用何种方式是根据上级政府下拨的专项资金量来进行的选择。

③政府给予竞标成功的企业提供一定的政策优惠。课题组调查的济南市裕园社区,2016年济南市政府从社会上引进"山东乐享爸妈产业有限公司",为其提供场地和办公区域,由政府出资购买其先进的服务设施,在政策上给予该公司较大的自主权,减轻对该公司的税款征收,并且还以政府的名义联系养老服务业的周边行业,促成这些行业与"乐享爸妈"之间的合作。

④竞标成功的企业成立"互联网+居家养老"服务机构,提供养老助老服务。"互联网+居家养老"承办机构直接入驻社区,利用互联网为老人提供服务,围绕"一个平台,两个中心,三项社工服务项目"开展工作。一个平台即网络信息平台,负责整合线上和线下资源,实现线上和线下的工作串联,了解老年人的基本信息和需求,该平台是工作人员提供服务的基础。两个中心即两个城市社区养老服务中心建设,统一老人的各类需求,为老年人提供专业有效的服务,从而提高服务的针对性。三项社工服务项目即三项政府购买社会工作服务项目,涵盖了老人日常生活的方方面面,其中主要的是医疗服务、家政服务、心理健康咨询服务。乐享爸妈为老年人们提供的生活用品就是由政府联系日用品公司,直接以成本价购进,乐享爸妈再以成本价售出,这种方式减少了老年人在日常生活的经济投入,是惠民利民的表现。除此之外,乐享爸妈也会向老年人们提供家政服务,每天为老年人提供午饭。同时,还开设智能产品使用培训班,教老年人们利用手机和电脑。在了解到老年人的需求后,分类服务。

⑤政府对竞标成功的企业实行动态监管。政府对老人能不能享受到这个服务及享受到一个什么样的服务进行了全程监管,主要通过以下三种方式:电话回访、上门回访以及第三方评估。针对享受"互联网+居家养老"服务的老人,政府相关工作人员会进行相应的电话回访和上门回访,采集老年人对于该服务的满意程度;同时政府通过购买,引入第三方评估,对竞标成功的企业的服务质量进行评价,这三种方式采集的数据均作为企业第二年是否承担"互联网+居家养老"服务项目的依据(图3-4)。

（2）社区视角。

①二七新村陈庄社区

图3-4　课题组成员去往济南市二七新村街道陈庄社区进行调研

a. 社区老年人基本概况。

二七新村街道位于山东省济南市市中区中南部，因居民区二七新村而得名，下辖7个居委会。其中，二七新村陈庄社区是一个老旧社区，老年人较多，约3000人，占人口比例60%，且多为退休工人。其中，老年人有自理能力和退休金，加上儿女都在身边，多为家庭养老；部分老人身体不大好，儿女工作较忙，会到养老院。互联网在养老中的运用并不是很明显，老年人的互联网操作水平不高，对一些智能设备不够了解。社区居委会有老年人的一些基本信息，但只有那些特殊的老年人（重残、贫困、孤寡等）才会建档立卡，得到社区的重点关注。

b. 社工及志愿者队伍的招募及评价机制。

政府每年会拿出60万进行社工岗位的购买，招募的社工多是20多岁的专业毕业生，三年一任。一个社区一个全职社工，其他按情况分配。社工参加服务，走访慰问和组织参加活动等，工作较为清闲，队伍基本稳定。大学生志愿者不定时来参加志愿活动，志愿者队伍总体不稳定，服务动机不纯。

对于社工服务，社区有评估反馈机制，分为三种：服务老年人以及子女进行评估，社工本人评估、第三方机构不定时测评。整体服务评价较好，尚未出现因服务质量差而解雇社工的情况。

c. 二七润康助老服务中心的相关介绍。

二七润康助老服务中心是一家由政府建立、第三方承包服务提供的托老所，场地、房屋、水电费用都由政府承担。共有四家服务第三方，分别是众义养老、管家郎、大拇哥物业管家和乐享爸妈。其中，乐享爸妈主要提供"互联网+居家养老"服务，为此次二七新村陈庄社区的调研重点（图3-5）。

图3-5 二七助老服务中心

乐享爸妈旗舰服务中心是面向整个辖区的几百个孤寡、"三无"的老人提供服务，公建民营，政府购买，而老人只需要每年支付10元的费用，不在政府规定的条件范围的老年人如果需要服务，可以自己进行购买。服务站里有3个员工，有200多名老人志愿者，实现"以老扶老"。提供的内容主要有健康管理（一个月进行一次体检，对老年人的健康进行预警监测和动态管理，水疗康复），为老代购（提供购物、代购和配餐等服务），老年家政（通过家政专业人员和社工结对帮助，开办集中寄养和分散服务等帮助洗衣做饭等）（图3-6）。

图3-6 乐享爸妈旗舰服务中心

②裕园社区

裕园社区居民概况。裕园社区处于经四路、纬十二路和经一路延长线合围区域，是一个典型的混合型社区，面积约0.22平方公里，约有28栋居民楼，2300户，5870人。其中老年人约1034人。

图 3-7 裕园社区

a.居委会在养老方面的服务。

济南市槐荫区中大槐树街道裕园社区,共有老年人1108位,占比较大,社区居委会对老年群体,开展了很多项温暖服务,如:七彩夕阳红活动——在提升老年人优待服务、免费赠送银铃安康保险、办理高龄补贴的基础上,打造"爱心在线"特色品牌,为空巢老人提供"六送"服务,全面提升为老服务水平;阳光助残活动——以"残疾人康复指导站"为依托,为社区残疾人提供帮扶救助、就业、康复、培训、维权、志愿者助残等多项服务,深受老年人的喜爱。

裕园居委会在"互联网+居家养老"的发展方面主要是通过互联网进行网上"送餐""助洁"的服务。具体而言,"送餐"服务是指民政局联系餐饮公司,为符合要求的老人(孤寡、单亲、失独、特困、残疾)免费提供餐饮服务,每餐的标准是19元。在裕园社区,符合条件要求的老人共有37位,进行送餐服务的是社区的四位志愿者(居委会通过自媒体、社区宣传、张贴宣传栏等方式召集志愿者,一般都是退休的阿姨),她们进行志愿活动已有十几年的时间,餐饮公司将配餐送到社区,志愿者阿姨送到老人家中,让老人吃上热乎的饭菜。在这个过程中,互联网发挥的作用是每位志愿者的手机都与相应的老人进行捆绑,后台可以看到志愿者的具体位置,对志愿者进行定位,从而确保志愿者将饭菜及时送达到老人手中,并且会进行阶段性评估,主要方式就是上门访问服务对象以及第三方评估等,进行评定。"助洁"服务同"送餐"服务的模式类似,但是对于普通老人来说,如果有什么需求,也可以进行"点餐""保洁",但会收取一定的费用。

目前,社区负责人表示正在和医院进行商讨,准备为社区老人开启"绿色通道",例如免费挂号、紧急救助等服务。

b.社区养老服务中心。

裕园社区建有一个政府和社区提供的养老服务中心,主要运作模式是政府购买"乐享爸妈"服务，乐享爸妈公司进行具体的服务管理，政府提供场地、资金并进行监督。在裕园社区的1108位老人中，乐享爸妈共服务658位老人，主要有助医、助洁、助购、助行等服务项目。

乐享爸妈的负责人员介绍说，目前在"互联网+居家养老"方面，已经专门为老年群体开发出多种智能产品，包括智能手表、智能拐杖、智能床垫等，但是在实际的运用状况中，裕园社区没有一位老人实际使用，究其原因，在于智能产品性能并不是很完善，还在试用阶段。负责人同时也表示，会继续将产品进行不断完善，不断改进，争取早日投入市场使用，为老人提供一些帮助（图3-8）。

图3-8　课题组成员与裕园社区乐享爸妈工作人员进行访谈交流

③甸柳街道第一社区（图3-9）

图3-9　课题组成员与甸柳街道第一社区相关负责人员进行访谈交流

甸柳街道第一社区建于1998年5月，辖区面积0.4平方公里，有43栋楼，省市单位8个，居民2992户，11531人。社区购买济南市基爱志愿者服务中心的"居家养老"服务。参加的老人有一定的条件限制，满足条件的由历下区政府免费提供，并安排一个家庭服务员去照顾老人；不符条件的，需要自费，收费标准是济南市最低工资标准每小时19.1元。目前，社区提供的服务与"互联网+"关系较少，曾经与企业合作开展"互联网+居家养老"服务，主要服务内容是仪器报警、居家安全、人际安全和老人的紧急呼叫等方面。但由于后台设备、后续服务难以为继、宣传不到位、老人不适合等问题，企业主动退出了。

针对"互联网+"在甸柳街道第一社区难以发展下去的原因，一名工作人员谈了谈她的看法。

"目前的'互联网+居家养老'服务存在本末倒置的问题，即只注重网络，不注重底下的服务。其实，互联网只是一个手段，老人可以通过互联网了解、获得一些服务，但如果线下服务做不好，那互联网也不会发展。像我们举办了很多亲近人的活动，那老人有事就会想到我们；如果老人面对的是一台冷冰冰的机器，那老人有事的话就很难想起了，它很难成为老人生活的一部分，自然不会去找他。目前来说，'互联网+居家养老'不太好推广，老人的接受能力有限，但是如果能够提高工作效率与服务水平的话，对老人来说也是件好事。"

——甸柳街道第一社区相关负责人员

（3）居民视角。

课题组成员在以上3个社区对32位当地居民进行了随机采访，通过访谈得知，大概80%的居民并不了解"互联网+居家养老"，并持怀疑态度，主要包括以下几个方面：

①对"互联网+居家养老"的服务质量产生忧虑，担心点餐服务中的"饭菜质量"不够好、助洁服务中"服务人员工作态度"差等。

②对承办"互联网+居家养老"的机构资质不认可，希望由政府负责该项目的运营，对私人机构有一定的顾虑存在。

③大多数老人对计算机技术不熟悉，操作能力差。

④老人人身安全没有保障，可能会有"骗子"冒充服务人员上门——

"服务倒无所谓，就是担心骗子。特别是像老人自己在家，去了骗子就特别麻烦。"

⑤部分老人受制于传统观念，对该类养老服务接受程度低，更愿意接受"敬老院""养老院"等服务。

"随着社会的发展，很多老人都不愿意麻烦子女，子女都有自己的事情，也很忙，老人觉得自己不能自理了，大部分老人就会去养老院。像'互联网+居家

养老'这种也不是没有，但还是少数。按我的想法，当不能自理的时候就进养老院，少给孩子添麻烦"。（图3-10）

图 3-10　课题组成员与社区居民进行交流访谈

（4）"互联网+"角度——济南市市中区养老服务信息平台。（图3-11）

图 3-11 市中区养老服务信息中心一览

济南市市中区养老服务信息平台是由济南市市中区民政局主办，以居家养老、社区养老、机构养老、候鸟式养老、远程医疗、移动医疗等搭建养老产业服务发展平台，贯通延伸健康养老产业链，创新构建医养结合、日间照料、医疗康复、健康管理、休闲养生、文化娱乐、老年教育、专业护理、临终关怀的养老服务发展模式。

①服务宗旨。旨在运用现代化的管理推进养老服务的建设进程，提升政府服务效能，为搭建一个更好的为老年人排忧、解难、便民、利民的公共服务平台。智能化养老服务体系，建立了全方位、全天候、标准化、专业化、亲情化的居家养老服务机制，以社区为依托，以老年人和社会大众为主要服务对象，以社区养老服务设施和专业养老服务队伍为支撑，整合社会服务资源（如医疗、家政、餐饮、维修、养老等服务），为居家老人和社会大众提供紧急救助、生活照料、远程看护、电子商务、健康管理等便民为老服务，打造没有围墙的养老院与便民服务生活圈。

②运行模式。由于老年人年纪较大，操作智能设备有一定的难度，所以以电话的方式通过服务热线去提出他们的服务需求。信息中心有专门接线员通过服务平台去接打电话，根据就近原则以实际情况进行跳转。

"我们有一个就近原则，比如老年人说我想要一份水饺，因为要尽快送到老年人那里去，根据老年人和他周边服务商家的定位，我们可以看到哪个商家离老年人是比较近的，然后尽快安排订单送到老年人那里，让老年人吃上热腾腾的饭菜。"

——养老服务信息中心苏老师

平台的定位功能是通过电子2.5维地图实现的，在这个地图上可以看到市中区里面每一个街道办事处的划分，每一栋楼的位置。2.5维地图有助于接线员清晰地将每一位老年人定位在每一栋楼上。同时该定位功能可以用来追踪老年人，如果一些老年人走丢了，通过信息中心提前设置一个范围，老年人走出这个范围之后可能就会有报警和提示。

"它不像我们看见的普通的地图，你能清晰地看到普通地图和我们这个地图的区别。我们这是航拍图，航拍图需要比百度地图用的导航地图还要清晰一些。如果很多老年人都在同一个小区住，可能一栋楼上有四个老人在同一个地方，普通地图就显示不出来，但是这个2.5维地图上每一个小区的每一栋楼上都显示得很清楚，把老年人定位在他/她的位置。这样老年人需要些什么服务，我们可以通过这个地图来查找，比如说这里正好有一个老人，他说他要去买药，然后我们就会看到哪个药店位置相比较可能近一点，大约在什么街什么路上，我们可以告诉老年人最近的药店在哪，或者是帮老人去跑腿代办这种服务，因为跑腿代办的话，没有必要舍近求远，可以就近做这个服务，这个就是一个互联网+的技术。"

——养老服务信息中心苏老师

该定位功能是通过老年人的手机中SIM卡实现的，这个卡是带有定位功能的，它可以实时在网上传送它的位置信息。因为老年人出房率很低，他们受本身素质和生活年代的影响，智能机操作起来相对麻烦，但是老年人至少可以打电话过来。通过电话的方式将一些社会化的互联网技术，融入高龄老年人身上。

目前信息平台以生活照料服务，通过现实上门和网络虚拟两种形式，为老年人提供送餐、家政清洁、日常关怀等服务，其中，信息中心在其中担当中介平台的角色。

"我们作为一个中介就好像你在淘宝上买东西，那钱不会直接打给商家，而是先到一个中间的平台，你收到货之后点击确认收货，钱才打到购买商家那里，我们这个平台网上支付和淘宝一样的，这样就确保了双方的利益。这也是这个平台所存在的目的。"

——养老服务信息中心苏老师

3.济南市"互联网+居家养老"的问题分析

（1）顶层设计不足，缺乏系统性政策文件。

"互联网+居家养老"项目从推行到具体落地实施，涉及众多部门主体，行政分割、管理分治，决策权分散在各个职能部门。各主体也因地制宜颁布了各类大大小小的政策，这些政策大多内容琐碎、往往只涉及项目的某一方面，缺少部门间联动协作，显示出缺乏系统性，而且大多是概念性文字，无统一实践标准，对实践也缺乏指导意义，难以形成完整的政策体系。

从我国国务院下发的《国务院关于积极推进"互联网+"行动的指导意见》到山东省发布的《山东省"互联网+"行动计划（2016—2018）》，再到济南市颁发的《济南市人民政府关于印发济南市"互联网+"行动计划（2016—2018）》中可以看出，"互联网+居家养老"项目分别位于"互联网+益民服务""互联网+民生""互联网+社区服务"类别中，所占篇幅不大，没有较为详细的专项行动计划，对于试点地区而言，难以得到一篇实操性强的指导，试点实践十分困难，理论与实践在短时间内难以实现深度融合。

（2）规划与实际差距较大。

现阶段，"互联网+居家养老"服务模式虽然规划比较全面，但在具体实施过程中，很多方面亟须完善。比如用于监测老年人健康状况的智能产品、医疗器械使用率非常低。从大数据管理方面来说，老人的健康管理还没有形成规模和产业链，居家养老达不到规划中的结果，养老服务需求从根本上得不到满足。另外，由于缺乏深入实际的调研，不能准确地了解老人的实际需求，很多企业将服务项目定位在比较高端的项目上，仅能满足小部分人群的需求，大部分老年人的经济条件无法享受到这些服务。

（3）养老服务信息平台相对狭窄和封闭。

居家养老服务采取以部门为中心的政务信息化发展模式，民政、卫生、社保、残联等部门之间的信息系统彼此孤立运行或有限开放，没有形成完善的信息平台，如同一个个"信息孤岛"。同时，我国大多数社区养老服务信息化管理平台只搭建到区级，没有将信息化平台延伸到老年人所在的社区，这样就无法做到信息化的普及。另外，从事智能养老的各类不同企业各自研发的信息平台和服务终端互不兼容，也没有与各政府部门的养老服务信息网络平台对接，这样仍然是各个系统独立建设、条块分割。没有建立起统一的信息化管理平台，使得各部门长期积累的海量数据与信息不能彼此共享，各部门横向沟通协作比较困难。没有实现真正意义上的大数据管理，更难以从根本上实现"互联网+"与养老服务的融合。

（4）企业：承办机构体系化、专业化不强。

所谓的"互联网+居家养老"服务项目应是一个系统的网络体系。每一类服务需求下都对应着独有的运行模式，并且都具有服务保障。但是，目前就济南市试点社区下的"互联网+居家养老"的运行模式却远远达不到这一点，受各类条件的限制，目前的"互联网+居家养老"处于边缘化的状态。就"乐享爸妈"运行模式而言，在服务供给方面，大体按照衣食住行四个方面进行划分，其中体检一年一次，而且体检项目仅局限于听力、视力、血压方面，对于大病的检测少，难以做到细致入微。同时，还存在着精神方面关怀不够，服务的工作人员专业性不强，医疗设备不够先进等问题。总体而言，"互联网+居家养老"被赋予打破养老服务"最后一公里"的厚望，希望以此来突破传统居家养老的众多瓶颈。但就目前而言，尚存的"济南模式"存在较多不足。

（5）老年人：接受程度不高，存在抵触心理。

本课题组在对185名老人的调查研究中发现，大多数老年人受传统思想、自身文化程度、社会信任等影响，对"互联网+居家养老"认知度不高，对居家养老产生抵触情绪，消费欲望不强，这在一定程度上造成了居家养老推广困境。（表3-3、表3-4、表3-5）

表3-3 有无参加"互联网+居家养老"

变量名	变量值	频次	百分比	累积百分比
有	33	18	18	有
无	152	82	100	无
总计	185	100		总计

表3-4 没有参加"互联网+居家养老"的原因

变量值	频次	百分比	累积百分比
个人不符合政策规定	15	10	10
个人无意愿参加	38	25	35
了解不多	84	55	90
其他原因	15	10	100
	152	100	

表3-5 享受互联网上门服务最担心的

变量值	频次	百分比	累积百分比
不会操作	38	20.5	20.5
费用方面	30	16.2	36.7
安全方面	35	18.9	55.6
服务质量	19	10.2	65.8
其他方面	63	34.2	100
总计	185	100	

六、解决路径分析

（一）多元互动主体视角下的"互联网+居家养老"服务模式基础系统建设

从多元互动主体视角来看，"互联网+居家养老"模型是由多个相关因素组成的动态系统。这个系统主要包括一个信息服务平台、三个信息数据库和一个服务系统,即养老服务信息平台,老年人基本信息数据库、养老服务机构信息数据库、养老服务人员信息数据库这三个信息数据库和远程服务系统。该平台建设的核心是以老年人为中心,以社区居家养老服务中心为网点,以互联网平台建设为支撑的,用以保障社区居家养老服务顺利运行。

老年人基本信息数据库包含两个子数据库:老年人基本健康状况数据库和老年人需求信息数据库。一方面,老年人基本健康状况数据库主要通过社区居委会以往留存资料,获得社区老年人姓名、年龄、性别、身体健康状况、职业收入等基本信息;另一方面,老年人需求信息数据库根据以往老年人定制服务的订单情况,进行储备分析,主要分为生活照料服务(衣、食、住、用、行等方面)、医疗护理服务、精神慰藉服务(子女见面、朋友聊天等方面)、紧急救助服务。通过已有订单数据进行分析,为老年人提供更加贴心、舒适、人性化的服务。

养老服务机构信息数据库主要包括提供各类居家养老服务机构(专业养老机构、社会合作商家、非营利组织等)的基本信息和服务评价。其中,基本信息包括机构的准入资质、地址、联系方式以及提供养老服务种类的具体内容。

养老服务人员信息数据库主要包括各类服务人员(志愿者、社工、养老机构工作人员)的基本信息及服务评价。其中,基本信息主要包括服务人员的姓名、年龄、主要服务内容等方面。

平台所需的各类数据主要通过手机App、电话、互联网、各类智能终端等装置进行收集。

在平台建设前期,政府相关部门首先需要规划,制定统一的技术标准和统一的数据接口,实现数据共享;其次是引入大数据和互联网企业进行开发,获取各类便民设施的具体信息,实现技术上的可执行;最后,在平台运行过程中,相关部门应做好"守门人"的角色,监督养老服务提供机构的资质和服务质量,及时发布各类政府文件、法律法规,同时保证老年人投诉及维权渠道的畅通。

"互联网+居家养老"基础系统建设如图3-12所示。

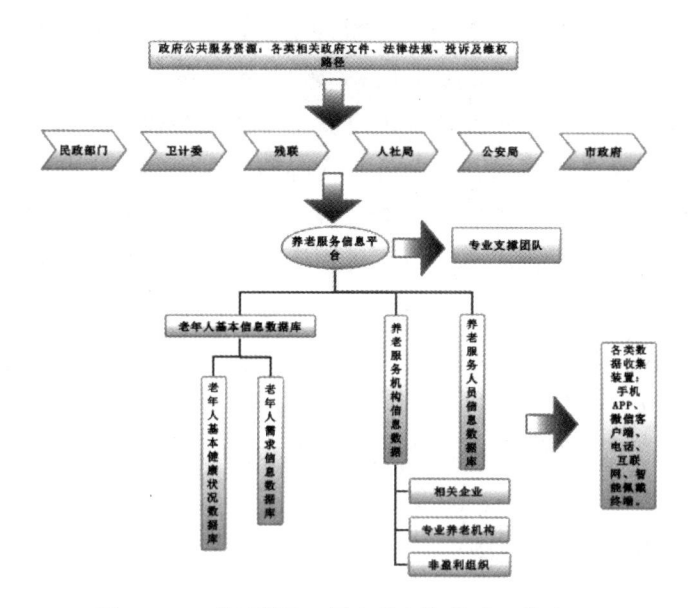

图3-12 "互联网+居家养老"基础系统建设

(二) 发展济南市"互联网+居家养老"服务的政策建议

"互联网+社区居家养老"服务模式的建立离不开资金投入、政策投入、人才投入、物质资源投入等机制，因此培育和发展"互联网+社区居家养老"服务模式，需要对社区内的人、财、物进行统一管理和安排，当然也离不开政府、企业、社会、社区和家庭五种力量的协同合作。在老龄化日益严重的今天，破解目前我国城市社区居家养老服务存在的各种困境，就必须在政府的主导和统一规划下，相关养老服务供应商积极参与并进行协同创新，社区和家庭等各方力量共同参与合作。

1. 政府责任优先

对于政府而言，应主动担责，制定"互联网+居家养老"的政策和发展规划，同时结合当地的实际情况，细化"互联网+居家养老"的服务细则，让服务有针对性地展开。另外，政府应实时根据运行状况更新养老相关政策和法律法规，健全服务质量评估机制、服务机构准入机制、监管惩处机制等，加快建立多主体之间的数据接口标准和统计口径标准体系，促进基础信息数据库在不同单位和机构间的互联互通。

2. 社会多元协助

目前，我国居家养老服务事业尚未形成成熟的商业模式，导致各地的社区居家养老服务碎片化严重,养老服务资源没有得到充分利用。"互联网+居家养老"是政府、社区、家庭、企业、社会组织多主体联合协作的项目工程,单靠政府一方,难以做到长远发展。政府应发布各类优惠政策,如场地支持、人员支持等积极吸纳社会力量来共同参与"互联网+居家养老"服务建设,加快市场培育,形成完善的产业链条。一方面,充分发挥政府在居家养老服务产业链条上的宏观调控功能,制定一系列扶持政策,促进企业加大研发力度,开发出更多适合老年人的智能产品;另一方面,企业要充分发挥自己的优势,在国家政策的大力扶持下,加强与基层社区的沟通联系,及时了解社区老人的具体需求,有针对性地完善养老产品,为社区提供帮助,谋求恰当的市场利益。同时,社区管理部门要积极和相关养老企业与政府部门沟通交流,整合周边养老资源,为社区老人提供更加全面、周到的养老服务。另外,社区管理部门和政府应担当好监管者的角色,确保企业的资质和服务质量,不断完善"互联网+居家养老"的产业链条。

3. 人才队伍保障

人才是"互联网+居家养老"中活的灵魂。目前,由于待遇和社会地位较低,社区和企业中养老服务工作人员流动性较大,职业认同感较低,社工队伍不够稳定,这些直接影响到养老服务质量。在稳定现有养老服务人员队伍的基础上,首先应扩大养老服务人才来源渠道,鼓励养老服务相关专业的高校毕业生到养老服务行业任职,鼓励退休医务工作者、低龄老人参与和提供养老服务。其次,创新养老服务人才的培养模式,一方面可以通过校企合作进行订单式培养,另一方面可以通过院校联合培养,充分利用不同院校的学科优势开展跨学科、跨领域的人才培养。最后,不断提高基层社区养老服务工作人员的工资水平,通过市场化手段吸引相关专业人才到社区工作,同时建立考评和激励机制,使有专业技能的社区工作者获得应有的职业发展前景。

4. 突破数字鸿沟

老年人由于年龄和受教育水平的原因,对互联网信息技术缺乏了解,导致老年人无法很好地使用信息技术,进而形成一种数字认知障碍——银色数字鸿沟。这种鸿沟在很大程度上影响了老年人对智能产品的认识和接受程度,阻碍了"互联网+居家养老"的发展程度。因此,要加强老年人信息技术教育,提升老年人运用互联网的水平。社区应成立专门的信息技术教育小组,针对不同类型的老人开展多样化的培训工作,使社区老年人基本具备使用互联网和利用信息技术的能力。另外，企业应根据老年人的生活习惯和使用能力，设计易于操作、安全可靠的产品，减少老年人的认知障碍。

七、项目评价

"互联网+居家养老"是对传统养老方式的改革与创新，是社会经济充分发展条件下的必然产物。"老吾老，以及人之老；幼吾幼，以及人之幼"，养老的发展涉及每个人的发展，让老年人体面地活着，"老有所依，老有所乐"是社会共同的期望，也是社会公平的应有之义。

"互联网+居家养老"在很大程度上解决了传统居家养老模式存在的问题，满足了老年人及时性、便捷性、灵活性、多样性的养老服务需求，有着传统养老模式不可比拟的优越性。但在目前，"互联网+居家养老"在我国的发展刚刚起步，是个较新的领域。以济南市为例，仅有几家社区试点，尚未大规模推开实行，而且只针对一部分符合条件的老人提供"兜底"服务。以此看来，"互联网+居家养老"的发展任重而道远。

项目三　治理创新：助力社区体育发展的"高校模式"创新项目实例

　　自改革开放以来，国民经济得到突飞猛进的发展，我国的经济总量已然位居世界第二。社会主义市场经济的发展不仅带动了居民生活水平的提高，也使国民消费意识与观点得到一定程度上的变更，恩格尔系数也呈现出下降的趋势。伴随着物质生活的满足，社会公众也更加注重自身的身体健康状况，越来越多的公众在更大程度上参与社区体育活动，以提高自身的身体素质与机能，从而进一步满足自身高质量生活的需要。社会公众参与体育活动的最基本途径就是社区，在社区内居民能够在更大程度上享受到体育公共服务。目前，在我国，无论是城市社区还是农村社区都配置了一定数量的体育健身器材，居民的基本体育锻炼的需求得到了满足。同时，国家积极号召社会公众增加体育消费，辅助相关的政策引导，使我国社区体育的进一步发展有完备的政策保障。

　　因此，在国家积极的号召与鼓励之下，我国的社区体育事业得到了较大程度的发展与壮大。然而，现实生活中我们也会注意到社区体育在发展过程中的诸多问题，社区体育的发展也可谓困难重重。社区体育作为一种纯公共行为，原则上应由公共部门提供，但公共部门在提供时存在着低效率的通病，在社区体育方面的供给方式与质量未能与公众的需求相契合。因此，寻找高效的供给服务方式成为当前发展社区体育的重要出口所在。引入社会力量，发挥社会组织的重要作用，运用公共部门与社会力量协同的方式进行社区体育的供给，优化政府购买公共服务路径，提高公共服务供给的质量与水平。

　　政府与市场相结合成为新时期发展与服务的新方式，PPP模式的探索，政府购买公共服务等，这些方式都会使我们公共物品供给与服务方式得到不断的创新与发展。我们也在紧随时代潮流，立足本身实际，在社区公共体育方面探索合适的供给与服务路径，发挥自身优势与力量。因此，综合社会组织理论、新公共管理理论、社区管理理论等经典理论，以及我们探索高校志愿服务组织的可行性，其成立存在以及运行的可行性都是我们将要探究的重点问题。现阶段，社会组织在公共物品供给方面发挥了重要的作用，不仅能够提高供给服务效率，也能够创新公共物品的供给方式。因此，有效探索高校志愿组织服务方式是顺应社会发展潮流的必要选择，是推动社区体育发展的重要供给方式。

一、理论先导——社区治理

社区治理是社区范围内的多个政府、非政府组织机构，依据正式的法律、法规以及非正式社区规范、公约、约定等，通过协商谈判、协调互动、协同行动等对涉及社区共同利益的公共事务进行有效管理，从而增强社区凝聚力，增进社区成员社会福利，推进社区发展进步的过程。自新公共管理运动以来，更加强调多主体参与社区管理，社会管理的职能不再单纯由政府一方面进行提供，更重要的是创新供给主体，提高供给质量与水平。

（一）公共管理与社区治理

公共管理的概念到目前为止仍处于众说纷纭的状态，学者们从不同角度对公共管理进行了界定。一般我们认为公共管理即对公共事务进行管理，是针对政府管理的缺陷而产生的一种管理理念和管理模式。它一方面强调管理目标的"公共性"，即公共权力必须履行公共职能；另一方面强调对公共权力（权威）的监督、制约和规范，强调运用公共权力（权威）的科学方法。公共管理的内容可以分为国家公共事务、政府公共事务和社会公共事务三个层面。在三个层面中，公共性最强的是社会公共事务管理，而社会公共事务管理中的一个主要方面则是社区管理，它是对社区这个社会基本单位的公共事务的管理，是公共管理在社会事务管理层面的具体体现，目的在于维护、增进和公平分配社区的公共利益。

之所以说社区管理是公共管理的重要体现，是因为作为社会公共事务的一个方面，社区管理活动具有很强的公共性。一方面，一个社区中的居民处于同一公共环境中，使用着社区内的公共基础设施，感受着社区内的社区文化，对社区事务承担着公共责任。任何一个居民都无法独自占有社区内的物质和非物质资源，独自享受社区内的公共利益。另一方面，对社区的管理主要体现在对社区内公共活动、公共设施、公共环境等的管理，管理的对象不是任何一个居民个人或私人活动，而是整个社区的公共活动和社区整体。因此，社区管理的内容即是那些涉及全体社区居民整体生活质量和共同利益的一系列活动，如社区基础设施的完善、社区文化的建设、社区文娱活动的开展等。

（二）"管理"向"治理"转变，突出多元治理效用

1. 改革必要性：传统社区管理的弊端和问题

生产力发展和社会的进步使我国传统社区管理模式的弊端逐步暴露出来。

首先，体现在社区管理的过度行政化。传统的社区管理模式往往是政府一家独大，市场和社会的力量极为薄弱，甚至缺席，这导致了管理的过度行政化。这种管理方式不仅降低了社区资源的配置效率，也加重了政府的管理负担。单纯依靠政府提供社区公共产品和服务既无法及时有效地满足各社区的多样化要求，也加重了政府的职能负担，增加了基层政府人员的工作量。

其次，体现在自上而下的单一方向管理。传统社区管理中政府占主导，对社区的管理往往是基层政府颁布政策、措施，社区负责命令执行。基层政府对社区居民的生活接触较少，对居民的真实需求不甚了解。因此，这种自上而下的命令式管理有时并不能体现和满足社区居民的真实诉求，反而是社区居委会更了解居民真正的需求在何处。

最后，体现在管理主体的单一化。对社区的管理，主要由政府来施行，社会和市场发挥的作用往往微乎其微。随着居民生活水平的普遍提高，居民对社区服务质量的要求越来越高，仅靠政府一方，无法针对居民个性化的需求提供合适的服务。因此，要引进市场和社会力量，充分调动社区自治组织和市场第三方的积极性，充分发挥社区居委会、社会组织的作用，针对每个社区的需求制定个性化服务，开展多样性的文化、体育活动。

2.结合新公共管理运动，剖析"管理"向"治理"转变缘由

要改变传统社区管理单一主体、单一向度管理模式的弊端，就要求我们由"管理"走向"治理"，从行政化的单一主体管理走向多元主体的合作共治，从政府对社区事务单一的自上而下的管理转变为上下互动的治理。社区治理所要求的多主体合作共治主要是在社区治理过程中，充分发挥政府、市场、社会三大部门各种组织的优势。20世纪70年代末80年代初的新公共管理运动掀起了全球化行政改革的热潮。它强调在政府管理过程中注入市场活力，借鉴商业化的管理方式与绩效考核制度，目的在于提高政府的工作效率与服务质量。对于社区治理而言，既发挥政府的指导和支持作用，又充分调动社区居民组成的社区自治组织、社区居委会、社区中第三部门以及与社区合作的企业单位的积极性，形成多方合力，共同管理社区公共事务。

综上，要实现由社区管理到社区治理的顺利转变，首先政府要转变自身的管理职能，其次社区自治组织要充分发挥自治作用，最后要建立各主体权责统一、分工明确的社区共治体系，依靠各主体的多方力量形成强大合力，共同推进社区的有效治理，推动我国城市社区的良好发展。

（三）社区治理与社区体育

1. 社区治理之社区体育

自改革开放以来，我国的经济社会得到迅速发展，社区职能处于不断完善过程中。新时期，社区治理不仅要处理社区内的基本公共事务，还需关注社区居民的精神文化需求和身心健康需求。因此，我国城市社区治理的六项内容（社区人口的治理、社区环境的治理、社区治安的治理、社区服务的治理、社区文化的治理和社区保障的治理）中很重要的一项就是社区文化的治理。在对社区文化的治理中，亟待完善的一项则是社区体育。以往社区对社区体育的发展往往只是停留在建设相应数量的健身器材，留出了一定的空余场地，更加倾向于满足政绩要求，对器材和场地进行及时必要的维修管理不够重视，对居民的健身方式也未进行合理引导，主要呈现出"粗放式"的管理状况。但社会的多样化发展使社区要转变原来对"社区体育"的粗放式治理，优化社区提供的体育服务。社区体育作为社区治理的重要一环，对于社区的长效发展具有重要影响。

2. 激发社区体育潜力，助力社区良性治理

社区体育虽然只是社区治理的诸多内容之一，但其对社区发展的贡献作用不容小觑。社区体育的作用主要体现在推动社区发展、缓解社会矛盾两个方面。

（1）推动社区有序健康发展。社区通过开展社区内的体育活动，可以有效提高社区居民的凝聚力，推动营造良好的社区体育文化环境，在社区内形成注重健康生活方式、热爱运动、热爱生命的良好文化氛围，从而促进社区体育模块的完善和发展，为实现社区各项治理活动的进步发展提供了良好的条件。

（2）缓解社会矛盾及居民间的不必要矛盾。发展社区体育不仅能缓解居民日益增长的健康文化需求和不平衡的社会体育发展之间的矛盾，还能缓解现代城市居民不断增长的健身需求和快节奏的工作生活节奏之间的矛盾。

我国社会目前的体育资源虽然在不断扩大，但相比于我国庞大的人口数量，这部分资源的数量远远不能满足我国居民的健身需求，而且社会中的大部分健身器材、场地、专业指导往往需要高额的使用费，将一部分收入相对较低的家庭拒之门外，因此根本无法实现全民健身的理想状态。社区体育可以通过在社区内建设专门的健身器材、开展社区运动会、引入以公益性为主的社会体育服务，让社区内的居民都有机会参与健身活动，并根据自身情况选择合适的时间，科学、适度地进行健身。

综合以上，本部分主要阐述了公共管理与社区治理之间的关系，以及社区治

理中发展社区体育的重要性。三者之间密不可分，相辅相成，因此我们再怎样强调发展社区体育的重要性也不为过。公共管理活动在社区内的具体体现即社区管理，而随着社区发展的需要和社区居民的多样化需求，要求单一主体、行政化管理下的社区管理活动走向多元主体共同参与的社区治理，而社区治理的一个重要方面即社区体育模块，社区体育的重要性不仅体现在它是社区治理的组成部分，更体现在它缓解社会矛盾、推动社区整体发展方面。因此，社区体育活动值得引起我国众多社区的重视。

二、政策指导——社区体育蓬勃壮大

体育事业的发展离不开国家大政方针的支持与引导以及政府部门在具体落实过程中的实际操作。当前我国体育事业的发展呈现出不均衡的状态，以国家竞技体育为主，社区（大众）体育的发展仍处于薄弱状态。全民健身浪潮下，社区体育在实际发展过程中也遭遇了重重困难与发展瓶颈，下面我们将对当前城郊社区体育发展现状进行剖析与理解。

（一）以社区为主导发展体育的必要性分析

体育事业发展至今，至少从现实呈现形式来看，针对普通大众的体育，以社区居委会——我国最基层行政单元为中心开展的观念已基本达成共识。鉴于目前社区体育开展情况的繁杂性，本书将在"现状"部分展开详细论述。但是，社区体育"现状"中存在的问题，无不印证了社区积极参与甚至作为主导参与其中的必要性。因此，本书将着手于政策法规的要求、居民需求以及和谐社会建设必要（现实生活，演化为社区之间的"评比竞争"激励机制）三大方面，站在社区居委会的角度，更为全面、多角度地分析社区主导体育事业，并以主动姿态投身体育发展的必要性，试图劝服社区居委会能够将更多的精力投入体育事业，尽管基层工作已然比较繁重，但体育仍然可以占较大分量，进而构建更加现代、服务多样化的社区。

1.现行体育政策、法规法律保障社区体育发展

以 1995 年第一部《中华人民共和国体育法》的发布为起点，国家层面关于体育建设的批文越来越多。同年，国务院为配合人大决议，协调竞技体育与群众体育发展，发布《全民健身计划纲要》，在行政方面开启了沿用至今的"全民健身"政策，首次以国家意志为代表，凸显了对体育事业的关注。针对《中华人民共和国体育法》《全民健身计划纲要》中未明确说明的社区体育的管理

和各部门的角色分工以及资金、指导人员、场地建设等问题，国家体育总局在1997年、1998年、2000年、2002年、2003年、2004年发布政策，细化社区体育的工作目标、推进社区体育工作部门联合运作、引入社区比拼争优机制，且为保证实际效果还制定、发布评优办法；在《2001—2010年体育改革与发展纲要》中，还提出更为贴近现实的目标——"经常参加体育活动的人数在现有基础上增加到占总人口的40%左右"，显示了体育工作推进的务实性。其中又明确指出，"把体育管理作为社区的一项工作职能"，并联合人事部门，对社区体育指导员的编制问题做了规定。2002年，中共中央、国务院在《关于进一步加强和改进新时期体育工作的意见》中强调支持建设以社区为重点的多元体育服务体系（王梦柔，2017）。

2008年，中共中央、国务院推行《关于深化行政管理体制改革的意见》，明确执政为民、具体行政管理下放，加之"全民健身日"的背景下，社区体育政策呈现出有修有弃、自主性加强的特征。

2008年，第29届夏季奥林匹克运动会成功举办，国家对体育事业投入更多关注，尤其以中共中央、国务院名义发布的体育文件成为主力——2009年，国务院出台《全民健身条例》，明确了全民健身活动的总则——"国家推动基层文化体育组织建设，鼓励体育类社会团体、体育类民办非企业单位等群众性体育组织开展全民健身活动"，与《2001—2010年体育改革与发展纲要》中"社区俱乐部"形成呼应，为社区体育建设指明了新出路。2011年，国务院办公厅发布《社区服务体系建设规划（2011—2015年）》，指出"50%以上的城市、城区建有'全民健身活动中心'，50%以上的街道、社区建有便捷、实用的体育健身设施"，实现体育发展目标的可操作化。随后，国务院在《全民健身计划》的连续性更新中，逐步对运动场地位置、人均面积、指导人员配备、青少年与老年活动等提出更明确、更可行、更高要求的指示，尤其以"15分钟健身圈"为代表，显示国家对基层开展体育的重视与开展决心。

纵观《中华人民共和国体育法》之后政策，伴随行政系统管理强度减弱、基层（尤其是街道办、居委会）行政扩张的趋势，政策内容稳定度一直较高，且政策有丰富社区体育专门政策的趋势，加强法制建设（刘红建，2014），强化社区体育政策理念，注重健康意识将成为社区今后发展主旋律。法规之下，社区不得不做。在此大趋势下，"先下手为强"发展社区体育，对于基层而言，或许可以在今后行政评比中抢占先机。

2.社会发展现实需求，亟待社区体育发展

遍布城市的大小公园、健身场所（尤其是开放性场所）、居民区，大小不一的自发健身组织或是三三两两的健身人群，或专业器材完备或娱乐随意性较强，这些都反映着基层对体育发展的迫切需要。居民体育意识的增强、对体育事业的投身关乎其自身生活质量与水平提高，从国家层面看，对于整体人民素质提升甚至国家竞技体育发展大有裨益。国务院发布的《全民健身计划（2016—2020年）》指出，到2020年每周参加一次及以上锻炼的人数达到7亿，经常锻炼人数达到4.35亿，无论从政策还是居民需求，体育将成为居民生活的一部分。社区作为居民生活的中心，必将迎来职能、责任上的改变。但我们不得不承认，现下的社区体育发展状况与居民的现实需求仍存在较大矛盾。

（二）城郊社区体育组织类型与发展现状

简单概括，社区体育的实现、落地主要以体育健身为主题的活动举办为体现，活动的频繁程度、参加人数、主题项目、居民满意度、身心愉悦程度等结果性指标是检验社区治理发挥作用的主要标尺。相比综合且复杂的评价指标，"结果导向"的指标对居委会、街道办甚至上级政府而言都是简便易操作的。故而，站在社区居委会的角度，围绕居民的实际健身需求，引导、帮助甚至在社区体育萌芽阶段全权承担开展活动的责任是可行且有必要的。如此，可见"体育活动"在社区体育事业中的重要性。为保证行文的通俗性、简便性，本书围绕"活动"参与主体展开对现状的描述。需要补充的是，社区的行政主体是居委会，衡量现状时，笔者选择以社区居委会为落脚点。

社区辖下居民的健身活动按照组织活动的主体可简单划分为行政组织主导与居民自发组织两类。

1.行政组织主导模式

行政主导的体育活动主要是由居委会承担。作为供给方，因居委会忙于应付上级政府或机关分派的行政事务，以致无法做到为社区居民提供足够的公共体育服务，包括体育信息咨询（如体育产品、体育消费、相关法律法规、就业等）、体育宣传、社区体育活动的组织与策划。同时，作为居民的"代言人"，居委会实际上并未真正起到为社区居民的体育权益和诉求向上级行政职能部门反映的作用，如文体设施不足，运动器材陈旧、缺少维护和管理，体育健身场地不健全且缺少有资质的教练，等等。居委会经常在处理政府与社区居民体育权利的关系时，反而充当起了政府的说客。以上两点并非出于社区居委会的主观不作为，而是由于客观人员的缺乏导致体育方面工作无法开展。

同时，完备的物质是保障社区体育治理体系良好运作的基础和关键。完备的物质尤其以经费为代表，据已搜集文献整合材料了解到，大部分社区居委会经费来源依靠党群经费体育事业，资金成为阻碍活动开展的重要因素，其还面临缺人的局面。人力资源与物质在某种程度上是互补关系，在人员方面涉及行政上编制的增减，而通过向社会购买体育服务或准公共服务可以形成有效的弥补。由于资金缺乏，政府购买社区公共体育服务的力度大打折扣。

人员流动性与因社区内部居委会、物业公司、业主委员会存在而形成的多元权力格局使原本代表国家的居委会对居民的动员和组织力逐渐被削弱（陈金鳌，2015）。经调研曾有这样的发现：拥有5 000人的社区，经过动员参与社区年度运动会的只有80余人。居民参与积极性与活动满意度可见一斑。

2.居民自发组建模式

体育事业发展既强调制度性的外部管理又与非制度性的内部自主管理形式密不可分。后者强调的是居民自发的主动性，其形式特点更加公开、透明、灵活、参与度高，且随着居民体育锻炼意识增强，居民自发组织的体育团体的空间生存能力逐渐显现。国家体育总局发布的《2014年全民健身活动状况调查公报》也有印证——20岁及以上人群参加体育锻炼主要是"自己练"。越来越多的居民倾向于参与自发组织与社会组织进行健身。这对弥补行政组织主导的活动大有益处，实现了体育事业自由、蓬勃，与《2001—2010年体育改革与发展纲要》中"社区俱乐部"建设形成本质上的呼应。

由于非正式组织自发性强，时间地点选择较为随意，尤其在前些年的社会新闻中经常出现以"广场舞'扰民'"为代表的体育冲突事件。虽然近两年各方协调与规范化建设不断加强，但扰民现象仍然广泛存在，对自发组织的合理管理、监督亟待解决。

值得关注的是，"老龄化"问题是社区体育开展中比较突出的，国务院在2014年的《关于加快发展体育产业促进体育消费的若干意见》中提出"把体育产业作为绿色产业、朝阳产业培育扶持"推动体育产业的结构优化升级将成为关键。从目前来看，无论行政主导或是自发组织的体育活动，仅数量上就难以满足老年人需求；从质量上看，活动的种类贫乏——以慢走、健身操为主，具有特色的空竹、太极、交谊舞等特色项目仍然稀少。截至2017年底，我国老年人口突破2.3亿，成为全球首个老年人口破2亿的国家，针对我国这样一个迫切而又现实的问题，引导老年人健康、科学、积极地进行体育健身，构建健康、文明、安乐的老年人体育生活方式，丰富老年人的休闲生活是十分必要的。

三、诱因剖析——社区体育发展桎梏

任海、王凯珍（2004）等学者通过对上海、北京等典型性的发达城市进行了细致地观察与了解，对我国社区体育的组织形式与管理体制机制、社区体育活动与社区体育指导员情况等方面进行了细致地实践与考察，在对问题进行分析的时候，指出社会对社区体育认识存在不足、正式社区体育组织与自发性志愿者组织间缺乏必要联系、非经常性社区体育活动与日常性社区体育活动相脱节、社区体育发展不平衡不充分、社区体育资源缺乏等问题都在制约着我国社区体育的高速健康发展之路。孙淑慧（2002）认为，制约我国社区体育发展的原因有以下几个：①对社区体育认识上存在偏颇是制约其发展的症结所在；②基层政府与社区居委会在对社区体育进行管理过程中存在职责不清，相互推诿扯皮的现象，是导致我国社区体育滞后的直接问题所在；③社区发展中固有的张力是制约我国社区体育发展的深层原因。在社区体育的具体发展过程中，缺少将社区体育的发展与社区的发展进行密切的联系，从而使得社区体育在其发展过程中出现与社区高速发展脱节的现象。

笔者根据学者观点及实地调研情况总结以下几点在社区体育发展过程中遇到的一些问题：

（一）对社区体育的具体含义界定不清、宣传不到位

社区体育是一种全新的体育形式，与传统的竞技体育有着根本上的不同，它的运行机制和运作理念与竞技体育有着本质的差别。很大一部分的社区管理者没有搞清楚社区体育究竟是怎么一回事，认为体育的事就该由专门的体育运动委员会来进行管理，而体育运动委员会在缺乏社区配合的前提下，极少会对社区体育进行干预甚至干脆不闻不问，造成了社区群众也不清楚什么是社区体育、该怎么参与社区体育。由于以上的原因，社区体育的概念并没有深入社区居民的生活，成为他们生活的一部分，而只是一个抽象的难以理念的概念。

（二）社区体育基础设施不足

拥有充足的体育健身器材是开展社区体育最基本的保障，但是由于我国社区体育器材供应量不足，体育设施管理上的缺失，社区体育发展的硬件迟迟达不到标准，在城市飞速发展的过程中，体育基础设施反而成为被落下的那一个。

（三）社区体育指导员培养滞后和岗位空缺

我国的社区体育指导员数量一直是逐年增加的，但是有相当一部分人没有从事社区体育指导的工作，而对于从事社区体育指导工作的指导员来说，缺少晋升机制和职责规范往往使他们的整体素质良莠不齐，工作能力和工作态度都有很大的差距，这就造成了社区体育活动缺乏长效性和科学性，在管理和组织上也存在着极大的漏洞。

（四）社区体育组织与政府之间的交流和合作不足

社区体育实现的情况在一定程度上反映了社区的发展快慢，它是社区组织管理成果在体育方面的缩影。目前城市社区体育有两种主要的组织方式：一是民间组织；二是半官方组织。但是，无论是民间组织还是半官方组织，都存在场地不足和活动经费短缺的问题，解决这些问题的最好的措施就是与相关政府部门积极协商，依靠政府的支持和帮助走出现在的困境。现在的两种组织都没有能与政府达成一种密切的合作关系，导致场地不足和经费短缺的问题一直得不到解决。

四、调研开展——问题反馈，指导实践

依据社会调查研究方法学科经验，笔者采取随机抽样的方式，以城郊社区为基本划分标准随机抽取济南市王官庄街道诚品苑社区、济南市崮云湖街道常春藤社区作为课题组实地调研目的地。通过对该两个城郊社区的走访，了解其社区体育发展现状及其在发展过程中遇到的诸多问题，以实践辅助理论建设。进行实证研究，采用归纳总结的方式得出济南市城郊社区在发展体育过程中所普遍遇到的问题，并综合分析其原因，试图在进一步的研究中为城郊社区体育的发展提供理论与实践方面的支持，探索符合济南市城郊社区体育发展的新型体育供给与服务方式，从而推动社区体育的发展与居民身体素质的提高、增强社区居民的幸福感与满足感。

通过对诚品苑社区的走访交谈，我们发现其体育发展过程中，主要存在以下几方面问题。因此，我们对该两个社区的问题进行总结性分析，以得出城郊社区体育发展过程中存在的问题。

（1）社区体育经费不足。

当前社区在开展体育活动时缺乏稳定充足的资金支持，体育活动经费并没能成为一项独立存在的项目，也未获得专项拨款，使体育活动在很大程度上依赖党群经费。在对诚品苑社区的党委书记的访问中，我们了解到，每年王官庄街道会

通过财政给每个社区划拨20万的党群经费，但该笔资金的大部分用于党建活动。体育活动经费仅能从其中筹拨一小部分，因此在财政方面就打击了社区开展体育活动的积极性。

（2）缺乏专业有素的社区体育指导员。

在对诚品苑社区的调研中，我们发现该社区缺少专业的社区体育指导员，仅有少数老年人在老年大学接受过较为系统的学习，其所能知道的体育项目也受到很大的限制，多为适合老年人的体育活动，影响力极其有限。在对三个社区的走访过程中，我们得知，该三个社区居民均未接受过专业体育指导员的指导，仅有部分参加健身房的居民受过专业指导。因而，增调专业的体育指导员是当前城郊社区发展体育的重点。

（3）居民时间难以协调。

居民时间难以协调是社区体育难以开展的一个重要因素，社区居委会只有在工作日才能更好地开展活动，而在工作日，年轻人要去上班、学生要去上学的原因无暇参与，老年人和学龄前儿童受年龄及生活习惯的影响不愿在白天外出活动，导致居民参与度不高。

（4）居民体育健身意愿与积极性不高。

智能科技的普及，互联网、手机的广泛运用给体育健身造成极大冲击，更多的居民倾向于选择上网聊天来消磨时间。诚品苑社区杨书记认为，绝大多数青年对体育锻炼和健身的积极性不高，有的只是偶尔参加体育锻炼和健身或基本不参加，大多数青少年基本上无锻炼和健身意识，每天忙于工作、学习或游戏。此外，社区居民对社区的归属感较低，居民与社区之间尚未建立起成熟的信任体系，这也是影响社区体育长效发展的绊脚石。对于老年人来说，体育健身意识与自身受教育水平紧密联系，受教育水平高的老年人更倾向于走出家门，参加体育活动，丰富自身的生活，强身健体。相比而言，受教育较少的老年人参与社区体育活动的积极性会明显下降，更倾向于待在家中，参与活动的意识与积极性不强。

（5）体育活动的安保措施不到位。

在走访过程中，我们了解到社区中参与体育健身活动主要以老人与儿童为主，青年人大多外出工作，因此参与程度并不高。于是，"一老一小"健身群众参与模式也成了当前社区体育开展的特色，围绕"一老一小"社区成员开展体育活动的可行性大大增强。然而，当下参与体育活动的安全性仍有待提高，我们时常会在网络上看到"不当使用体育器材,致使伤亡的事件",这无不让使用体育器材的公众感到担忧。同时,居民自组织的小团体监管不力,经常会发生冲突,也会导致打架斗殴事件的发生。

五、经验借鉴——指导创新

我们已经阐述了制约社区体育发展的诸多原因,因此如何推动构建合理有效的社区体育发展模式与打造健康发展环境是当前社区治理的重要任务。鉴于社区体育的发展,学界有诸多的反思与思考。我们需要思考的是何种发展模式是可借鉴的,在国内是可推行的,我国的社区体育应该呈现出何种状态。国内外社区体育都有诸多经验可以提供参考,这里将对中国上海以及英国、美国的发展模式与经验进行剖析,以期从中得出共识性社区体育发展经验。

(一)中国上海的社区体育保障模式

上海作为我国的金融中心,其城市发展程度一直处于较高水平,城市基础设施完善,居民的社会参与意识高。在社区体育发展方面,上海是我国社区体育发展的领头羊,其社区体育的发展模式得到了国内外的广泛认可,成熟的社区体育保障体系是保障上海市体育发展的重要因素。

在总结上海经验时,我们发现:上海市进行了理性的功能定位,将社区体育服务作为社区体育发展的中心工作,而服务的实施又必须通过制度保障和资源供给以形成良性的发展局面。根据以服务为中心,以资源和制度保障为条件的发展思路,将上海市社区体育保障体系划分为由体育经费保障系统、体育服务保障系统、体育制度保障系统以及体育人才保障系统和体育设施保障系统五类十六项构成的社区体育保障系统(图4-1),切实保障了上海市社区体育的蓬勃发展,为上海市社区体育营造一种系统化的制度环境。

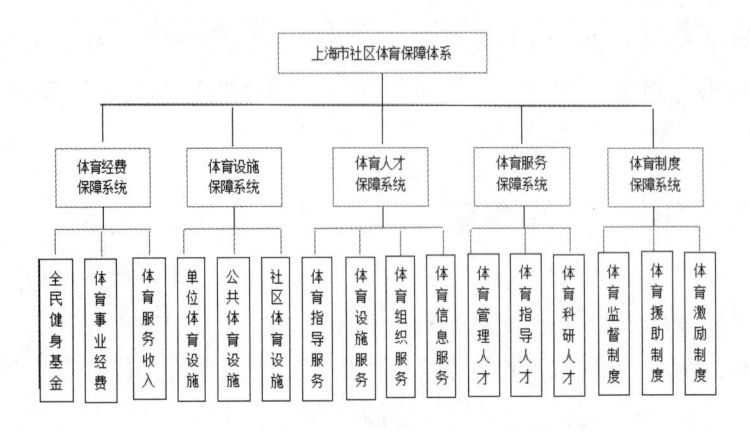

图 4-1 上海市社区体育保障体系框架

通过上述阐释，我们可以了解到上海市社区体育发展的主要特点在于完备的社区体育保障体系有相关制度进行规范约束。纵然，上海市的社区体育因其社区保障体系的建立而颇具成效，但我们在具体的效仿与落实过程中也需要注意到因地制宜的重要性，我们同样需要思考的是上海市经验在向外推广过程中所遇到的问题瓶颈在于何处，或者说，为什么这种模式在其他地区并不适用。济南市在经验借鉴过程中也要从自身城市实际出发，综合考虑自身的经济实力与居民素质等因素，在此基础上借鉴上海社区体育保障模式，以此有效推动济南市城郊体育的进一步发展。

（二）"英美"社区体育模式探究：体育政策的演变

作为公共服务的重要组成部分，公共体育服务的发展也越来越受到政府与民众的密切关注。在促进公共体育服务发展上，除了要立足于我国的现实国情外，还应积极借鉴世界上其他国家的发展经验与发展理念。基于此，我们将对英国、美国的社区体育发展经验进行概括与总结，为当前我国的社区体育发展模式提供一定的借鉴意义。

众所周知，英国作为高福利国家，在发展社区体育之初，推行"高福利"政策。然而20世纪70年代初，"福利政策"的弊端开始显现，最直接的就是国家社会福利开支的日益攀升，加之经济低迷，致使政府的财政赤字逐年增加。财政赤字的增加使政府不得不减少用在社会福利方面的财政支出，以致使公民对公共服务的满足感也持续走低。1979年，英国政府摒弃了第二次世界大战后长期以来一直奉行的扩张政府财政开支和刺激消费带动经济增长的凯恩斯主义经济政策，转而推行以货币主义和供应学派为指导的新自由主义经济政策。新自由主义经济政策支持将商业管理技巧应用于公共物品和服务供给过程,倡导公共服务民营化。在其过程中,针对社区体育的发展最重要的是引入"强制性竞标政策",即通过市场竞争增加服务者的选择,原本由政府直接提供的产品与服务转为以竞标方式向包括私营机构在内的服务提供者出售,从而有效提高社区体育产品与服务的质量与水平,以有效减少政府投入的无效浪费。

然而,商业化的供给模式也在一步步侵蚀着公共体育服务的公共性与平等性根基,在一定程度上忽视了全民性的需求。商业模式毕竟以逐利性为主,致使体育公共物品的价格不断攀升,较高的消费成本将普通公众拒之门外,从而使社会整体的体育消费减少。因此,为了在"福利制度"与"新自由主义经济政策"两者之间取得一定的平衡,以布莱尔为首的新工党政府提出"第三条道路"的发展模式。该项政策一方面强调运用商业模式管理公共体育服务,另一方面强调政府加强宏观调控的重要性,使两者有效融合,并有效结合"社区自治理论"与"新公共管理理论"提出"最佳价值"理论,从而代替"强制性竞标政策",使公开竞争更具灵活性。英国的社区体育发展的关键在于有效的、系统的制度模式安排,当前所推行的"最佳价值"政策是指将理性规划、参与和评估引入地方政府的公共服务治理中来,更加强调绩效管理评估与外部检测,更加注重社区治理过程中社区的自主参与性,也就是由单纯的"政府管理"向"政府治理"转变,试图构建政府与社区的良好伙伴关系。

综上所述,英国社区体育政策与国内推行的经济政策密不可分,在政策制定过程中更加重视顺势而变。体育政策皆围绕"减少政府财政开支,增强公共体育服务质量"这一条主线来展开。从中我们可以清晰地看到政府在发展社区体育过程中的能动性探索,始终将"民众的满意度"作为公共体育服务的第一发展理念,在发展过程中渗入"以民为本"的发展理念,从而打造出一个高效且为民众所广泛接受的公共事业。表4-1反映了英国公共体育服务模式和理念演变。

表4-1 英国公共体育服务模式理念演变

时 间	政策名称	优 势	劣 势
第二次世界大战后	"福利国家政策"	满足居民的体育需求,兼顾上下层居民	政府的财政压力大,财政赤字严重

续 表

时 间	政策名称	优 势	劣 势
20世纪80年代	新自由主义时期的"强制性竞标政策"	降低政府的财政负担与支出压力，增加公共服务主体的可选择性	公共服务的消费价格提高，社会底层居民享受不到高质量的体育服务，商业模式严重侵蚀服务的公共性与全民性
20世纪90年代末	第三条道路"最有价值"	兼顾了商业模式的优点与政府的宏观调控，建立了政府与社区高效互动的新模式，推动了社区体育的发展	平衡比重较为困难，社区与政府合作，社区自主性的有效发挥是难点，可能受制于政府

第二次世界大战后期，美国的经济得到较为迅速的发展，美国居民的生活水平得到较大程度的改善。但随着物质生活的极大丰富以及生产方式的工具化，美国居民的肥胖问题较为突出，慢性病发病率也呈现出逐年升高的态势，从而使美国在医疗保障方面的支出快速增多。基于该社会原因，美国政府在20世纪60年代开始出台相关的公共体育方面的政策，以此号召美国公众积极参与体育锻炼，提高国民健康素质。美国发展社区公共体育是出于社会发展与国家建设的需要，也可以说是被迫之举。在美国社区体育发展的过程中，共和党和民主党对公共体育相关政策因其党派利益也呈现不同的倾向，但无论是民主党派还是共和党派，政府都将提高国民健康素质和提高国民生活质量作为美国公共体育服务发展的核心理念。其中，注重相关法律的制定与组织机制的建设是美国公共体育得以稳健发展的关键所在。

在美国，受经济、政治和社会管理制度的影响，联邦政府内部并没有设立专门的部门用于管理公共体育事业。内政部或许是管理公共体育的最主要部门，但其并没有承认自身可以承担管理公共体育的职责。在美国，社区体育或者说公共体育是由多部门联合管理的。例如，在联邦政府内部大约有70个部门与公共体育事业建设有关，其中12个部门直接参与管理，各部门相互配合，联邦政府与州政府进行财政支持，从而保证公共体育事业在发展过程中既有相关政策制度的保护也有完备的资金链条，使公共体育的发展具有可持续性。

综上而言，我们初步探讨了中国上海以及英国、美国有关社区体育的发展模式。综合来看，离不开制度与政策的保障，完备的制度一直是发展的关键所在，有条理、有章可循是发展社区体育的重要保障。我们在探索如何发展社区体育问题时，应该先从政策与制度层面入手，从而打造一个系统化的社区体育发展模式，上有政策支持，兼备资金支持，灵活的服务供给主体，将商业模式引入公共服务的供给中来，使社区体育在发展过程中能够更加符合社会发展的需要，以"社会公众"的真实需求为出发点，切实提高居民的生活质量与满足感。

六、社区体育供给——高校模式

根据以上分析，我们可以看到当前我国的城乡社区体育发展仍存在较多问题。因此，作为在校大学生，我们应从自身立场出发，为改变城郊社区体育发展困境贡献自己的一分力量，切实承担起大学生的社会责任。我们根据自身实际，并结合大学生社团理念，提出高校体育志愿服务组织这一模式，利用高校大学生优势，为社区体育提供帮助，为居民提供高质量、可行的锻炼方式，从而提高居民素质与社区体育的发展质量与水平。

（一）"高校模式"：高校体育志愿组织作用发挥

从传统经验来看，社区体育的发展基本由政府主导，但我国"两级政府，三级管理"的社区管理体制使实际上应由办事处出面管辖的社区体育规划与管理的事务被层层下放落到了社区居委会头上。

居委会作为群众性自治组织，承担着众多的工作。但对于社区居委会而言，由于其工作人员较少，编制少，而社区事务众多，组织内部缺少严格的组织分工，一人兼任多职情况屡见不鲜，工作人员难以有效组织和安排社区体育活动，致使目前大多数街道、居委会没有设立专业的休闲体育管理机构，导致目前社区体育存在组织管理僵化、经费来源单一、健身设施老化无人管理、专业人才不足等问题。

即便部分社区在体育资源方面存在着广阔的空闲场地、大量的体育参与人员，但存在体育健康知识匮乏、体育健身指导员数量少等难题，以及前面讲到的制约社区体育发展的诸多因素，如社区体育经费不足、居民时间难以协调、社区体育管理不善、缺乏专业的场地与规划、居民体育健身意愿与积极性不高、体育活动的安保措施不到位等。

利用高校志愿组织进社区指导社区体育发展并未得到充分的研究与探索，有待我们进行深入的研究。比如，山东师范大学体育学院在山东的知名度较高，但到目前为止，体育学院并没有相似的指导社区的公益实践组织。因此，笔者认为创新高校体育志愿组织有其存在的必要性与重要性，"高校模式"是推动社区体育发展的重要方式。

经过前面的实地调研，我们也了解到制约社区体育发展的一个重要方面就是经费不足。当前社区开展体育活动并没有稳定充足的资金支持，因此开展体育活动并不能成为一项独立存在的项目，而且目前的社区体育资金在很大程度上来自党群经费，在党群经费本就紧张的前提下，开展体育活动所能争取到的经费远远达不到要求。在资金紧张的状况下，即使社区居委会有心开展各种体育活动，也没有足够的人力、物力、财力来开展。因此，社区体育经费的不足是制约城市社区体育发展的主要因素。

（二）大学生志愿组织的优势所在

作为大学生，拥有的最充足的资源就是高校资源。虽然与企业、社会组织相比，高校并没有特别的资金来源和专业化的组织结构，但作为聚集众多大学生的高等学府，高校有其他社会组织所没有的优势和自身特色。

高校的优势主要体现在以下两个方面：第一，高校有充足的专业人才。一般综合类大学内都设有体育学院，该学院培养了大量体育方面的专业人才，这部分学生既具备一定的理论知识，又有一定的实践经验。因此，他们可以志愿者的身份进入社区，为社区居民提供一些基础性的健康锻炼指导（如健康知识讲座、健身器材的使用、运动量和运动方式的选择），指导老年人针对自身的身体现状进行科学、适度的体育锻炼，以尽可能减少因锻炼方式不当而出现的伤亡状况。志愿者进入社区也可以促使老年人走出家门，提高参与体育活动的积极性，增加社区内老年人相互交流的机会，在一定程度上缓解老年人的孤独感，增强其幸福感。第二，高校能在一定程度上缓解社区体育资金紧张的状况。通过组织学生以志愿者的身份组建具备一定公益性的高校志愿者团队，能够在一定程度上解决社区因资金缺乏无法聘请社会上专业体育指导员的问题，从而让社区居民以较低成本甚至免费的方式就能获得较为专业、贴心的体育健康指导服务。此外，高校内的大学生有较强的社会责任感和志愿服务精神，愿意主动参与到社区的志愿服务活动中来。

因此，我们可以探索社区体育发展的新模式——社区与高校联合发展的双赢模式。具体而言，高校可以召集校内体育专业相关的有志愿服务意识的同学，组建高校志愿者团队，与本地临近社区联合开展一些社区体育活动，如健康知识讲座、社区趣味运动会等,让居民充分参与其中。通过社区和高校的结合,一方面,对社区而言,体育志愿者团队能够有力分担居委会在社区体育方面的组织与管理负担,进行专业的体育活动组合与管理,以喜闻乐见的形式为社区居民提供体育服务,不断提高居民对社区的满意度,并通过经常性活动的开展,增强社区内居民之间的交流,最终推动社区凝聚力的提升与社区的整体性发展与繁荣。另一方面,对高校而言,参与社区体育服务活动可以增强高校体育大学生的社会参与意识与责任意识,丰富其社会认知,增强其志愿服务精神。同时,社区体育志愿服务活动作为重要的社会实践方式,为大学生提供走出校门的平台,有利于体育学院学生将大学里的课程知识应用于社会实践当中,学为所用,加强体育专业的学生对专业的认知与理解,在服务过程中发现并实现自身价值,方便以后更好地融入社会。因此,为解决社区体育发展过程中存在的诸多问题,社区与高校联合发展的模式不失为一种好的解决办法。

七、高校模式——角色与功能定位

为了更好地对社区进行体育方面的指导与服务,我们需要对高校体育志愿组织进行功能与性质定位。我们需了解的是志愿者组织属于非政府组织,具有自发性和非营利性的特点,具有相当的独立性和自主性。高校志愿者组织作为当前我国志愿者组织中平均年龄最小、最具有活力和最积极的组织,一般以高校社团的形式进行组织和管理,接受共青团的领导。

(一)体育志愿组织性质定位

我们所强调的高校志愿组织模式依托于学校,更重要的是学院的支持。该组织由体育学院与公共管理学院共同进行组织与后期管理,体育专业学生以志愿者身份担任组织成员,同时会邀请体育专业任课教师进行必要的指导培训,以保证志愿团队的专业性与可操作性。体育志愿组织更加强调的是公益服务性质,与普通的社会组织的区别在于不以营利为开展活动的直接目的。

当前构建和谐社会的新形势下,社会对高校培育的人才标准也提出了更高的要求。高校学生参与志愿活动是大学生参与社会精神文明体系建设的一个重要内容,参与这种活动能够在一定程度上增强高校学生的道德修养,促进人的全面发展。

(二)高校体育志愿组织功能范围界定

高校志愿组织相比其他社会组织,拥有着得天独厚的教育优势,他们背靠着高校教育资源，具备更加专业的知识能力和素养，能够在不同的领域发挥更大的作用。高校志愿者服务团队模式作为一种全新的社会服务方式，正处于积极探索与修正阶段。针对社区体育供给主体机制的原有研究已充分论证了社区体育与高校之间的体育资源共享机制的可能性，高校的体育设施向社区公众开放，从而为社区居民进行体育锻炼提供了较为充足的锻炼场所，同时节省了社会建设用地。

但是，学校与社区进行互惠开放过程中存在诸多问题，校内体育器材的损害维修问题、时间的协调问题、责任归属等问题使中小学、高校等校内资源在向社会开放过程中面临重重阻碍。因此，作为在校大学生，针对上述突出问题，我们结合当前社区体育的发展实际，积极探索大学生社区体育服务志愿者团队模式，为社区提供体育方面的专业性服务，对社区居民的健身与锻炼进行正确且符合居民身体素质的指导。

高校体育志愿者团队作为一个大学生公益组织，由于自身学生身份的限制，在服务过程中也必然存在一些局限性。志愿者团队将与社区进行长期合作，签订合作合同，社区方面给予一定程度的资金支持，以保障组织正常运行。学校方面也对参与志愿活动的志愿者通过评选"社会实践先进个人"、给予德育分证明等方式进行适当奖励。

在指定的合作时间内向社区选派优质的志愿者对社区进行体育方面的指导。作为第三方协助社区工作人员组织与开展社区体育赛事，以及协调社区之间进行街道体育赛事的筹办活动。但由于组织性质，志愿者组织不参与社区内体育管理工作，不承担相关责任。

具体职能如图 4-2 所示。

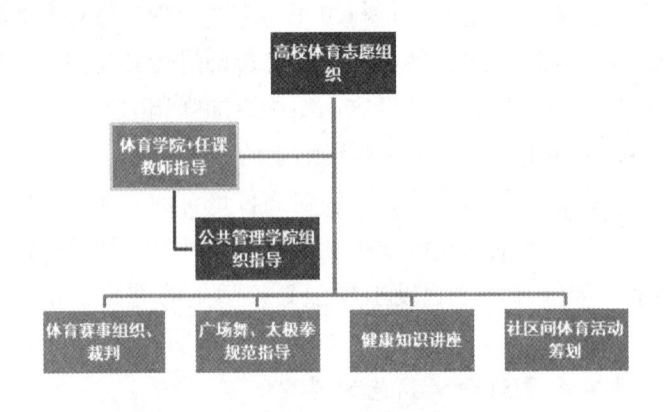

图 4-2　高校体育志愿组织具体职能

八、高校模式——试点与改进

为了检验方案的可行性，发现并弥补疏漏、删减不合理成分，以便使大学生的志愿服务项目不只是停留在理论层面，而是真正为社区体育事业带来帮助，组织了一支小型志愿服务队伍，参照已有构想思路，对济南市市中区王官庄街道某社区的居民进行了为期一个月的体育服务试点。

此次试点服务主要侧重于体育指导内容安排与指导方式，以及方案中的操作性内容的检验等，并未涉及服务费用等非教学性质活动。在服务结束期后，对服务对象（社区居委会、参与居民、未参与居民）进行满意度调查以及意见收集，在调查环节，得到来自"甲方"的积极反馈，与此同时对存在的问题提出了改进意见。

此次队伍指导员由来自山东师范大学体育学院体育教育专业的学生组成，共10人，其中4名女性教练、6名男性教练。将该社区居民的年龄构成、健身喜好结合社区已有的场地、设施资源，为各个年龄段（老年、中青年、青少年）居民专门开设体育指导的课程，并开设健康讲座。体育服务时间多集中于周四、周五午后与周六、周日。

实践活动开展情况如表4-2所示。

表4-2 实践活动展开情况

组 别	活动内容	开设次数	参与人数（均场）	课程时长
老年组	太极拳	8次	21人	2小时
	特殊健身操	6次	22人	2小时
	老年人活动讲座	3次	37人	1小时
中年组	特殊健身操	4次	13人	1小时
	瑜伽课	4次	11人	2小时
青少年组	武术	6次	17人	2小时
	篮球	6次	18人	2小时

在活动组织进行前期，志愿队伍联合居委会对社区居民进行了动员，介绍了志愿者队伍的人员来历、构成，在居民对志愿服务及人员有初步了解的基础之

上，保证了指导活动的顺利展开。尽管如此，相比活动进行的中、后期，起步阶段的参与者数量相对较少，人数还是维持在个位数水平，这对参与志愿服务的大学生稍有挫败。伴随活动次数的增加，通过维持高质量的体育教学，与居民良好的沟通、互动，加之居委会工作人员的宣传、协助，队伍在社区逐渐树立口碑，居民对志愿者的指导工作认可度提高，参与人数稳步提升。截至试点期接近尾声，参与人数达到前期近3倍。

问卷调查阶段：

为了解志愿活动开展过程中居民对此的看法以及意见、建议，并以此为依据完善体育服务组织细节。根据研究需要，以居民与居委会工作人员为对象，设计了"高校体育专业学生开展社区体育志愿服务活动现状"问卷调查表。经过问卷整合、分析，现总结了居民反映强烈的问题：

（1）体育服务配送的时间还需商榷。由表4-2可知参与人群年龄规律：老年人为主，青少年次之。时间选择既要照顾老年人午休、接送孩子、照顾家人等需求，又要保障教学质量、教学时长并且照顾参与者精力。一天之中，最好选在上午开展活动且一周内体育指导频率最好分散，以帮助老年人形成良好的"健身时间钟"，避免过高强度与低强度之间的不适应。

（2）活动项目可以更为丰富。很多老年人反映教授太极拳、健身操虽然可以达到规范动作的效果，但是他们期望能够接触更为新颖、活泼，能够增进社交的健身项目。老年人对健身的强烈需求从侧面显现了体育在"健身养老""朝阳产业"中举足轻重的地位，值得体育服务团队的特别关注。

（3）讲座内容要多样性。试点阶段健康讲座主题主要涉及老年人关心的健康问题，而忽视中年群体对全面、系统健康知识的需求，可以针对其工作、生活特性开设主题讲座。

总的来说，此次试点检验了高校志愿组织进社区指导体育可行度的同时，为高校志愿团队的长远发展提供了指导。在活动开展期间居民的接受度很高，大学生与居委会也形成良好互动，有效帮助社区居委会完善其日常的体育事业管理工作并得到其积极支持与认可，居委会表示希望在体育服务方面与本组织建立长期有偿合作。

九、高校+社区——共创"双赢"模式

高校体育志愿者组织为社区提供体育服务尽管只是当前我们的一个创新项

目，但不得不说是从大学生的实际出发。新时期，高校大学生不能只限于完成校园之内的学业，我们认为更重要的是走出校园，将自己的所学投入具体的实践中去，真切地去感受知识的力量，而不是闭门造车。

（一）角色理论——学校、家庭、社区体育一体化

角色理论认为，社会类似于戏剧舞台，每个人基于特定的社会地位和社会关系，都将在社会中扮演不同的社会角色。所谓的角色扮演，是指个体根据自己所处的特定位置，并按照角色期望和规范要求所进行的一系列角色行为。对于发展社区体育问题，我国学者提出学校、家庭、社区一体化这个概念，以充分利用学校、家庭、社会三者的资源优势，更好地发挥各种体育形态的优势，形成社区体育发展合力。学校、家庭、社区体育一体化逐渐成为当前我国发展大众体育和全民健身活动开展的重要举措和长效机制。

学校、家庭、社会体育一体化模式与我们当前探讨的高校体育志愿服务组织在一定程度上具有一致性，都强调了高校体育学生在推动社区体育发展中的重要作用。大学生正确的社会定位是更好地发挥自身优势的首要前提。在这个模式中，无论是对于高校、高校学生抑或是社区而言都是有利的。我们先从社区角度入手来举一个简单的例子：A、B、C三个社区为了丰富居民生活，准备在下个月联合组织一场体育运动会，大约有500人到场，但是在组织的过程中，这三个居委会的工作人员深感组织的难处，想要将这个活动委托给第三方进行组织，工资从村集体资金中扣除。现在有两种方案：一是请"黑骏马"这样的经验丰富的营利性社会组织，二是将该活动的组织权限交给高校的志愿服务组织，同样是给予一定的组织经费。高校相较于社会营利性组织而言，更加强调的是"公益性"理念，以公益性、志愿性服务为主，其收费一定会比营利性组织低很多，只用于维持组织的正常运行。另外，高校体育学生在校接受专业的体育知识训练与体育事业管理技巧，能够帮助社区更好地组织活动，管理相关的日常事务，从而节省社区在发展社区体育时所遇到的人员不足的问题。同时，高校学生具有高度的志愿服务精神，能够针对社区居民的基本体育需求制订较为完备的锻炼计划与方案，使居民大众广泛参与其中，而不是为特殊群体定制特殊的计划，我们所强调的是全民健身理念。这也是针对于当前城郊社会体育存在的一些问题而进一步关注的重点。

（二）增强大学生志愿服务意识，提升社会责任感

高校志愿组织的建立并不是单方面地服务社区体育的发展，而是为高校学生

提供走出校园、进入社区的途径。部分学生走出校园的意识并不强烈，甚至是根本就没有，大多是将时间浪费在日常吃喝、打游戏等无益的事情上。同时，当前社会仍然对高校的体育学生存在很大程度的偏见，很多人认为体育学生就是那些学习成绩不好的人。针对这些并不正确的观念，我们难道不需要为"无故中枪"的体育专业的学生正名吗？当我们通过高校志愿者组织，作为一名志愿者进入社区，设身处地地为社区的居民进行指导时，让他们逐步感受到我们的志愿服务精神，这难道不是在为自己代言吗？同时，我们在进行志愿活动的过程中，一方面切实提高了社会居民的身体健康素质，推动了社区体育的发展；另一方面切实提高了自身的社会融入意识，将自身的所学融入实际中，为社区体育的发展贡献出自己的微薄之力。社区体育的发展不可能仅靠社区自身的力量，还需要社会多方力量的协作努力，高校就是其中重要的一环。

十、总结反馈

综上，我们不仅从理论层面与实践层面对社区体育服务供给方式进行了探索与研究，也对国内外的优秀服务与供给方式进行了对比分析。但不难看出，我们所提倡的高校志愿服务供给发展模式仍存在诸多不足之处，需要进一步完善。在接下来的实践中，我们还需要同社会体育组织进行协商，高校是否可以同社会体育组织进行合作也是我们下一步将要探讨的重点。我们也可以借鉴商业化管理与服务方式，但始终要保持"公益性"初心，以期优化组织模式，共同推进社区体育的高效发展。另外，当前的高校志愿组织仍然处于理论构建阶段，其操作性尚处于空窗阶段。最终理想模式为构建高校体育社会组织，成为一个独立的社会组织，通过政府向社会购买"社会第三方服务"的形式对社区进行体育指导，强调突出"公益创业"性质，探索如何使社会组织具有较好的自我"造血"能力。

项目四 教育创新：学涯网络在线教育平台创业计划项目实例

如今，我国社会主要矛盾已经转化为人民日益增长的美好生活需要和不平衡不充分的发展之间的矛盾，这一矛盾在教育领域尤为突出。如何正确解决该矛盾，是当前和今后教育改革和发展的重中之重。

从整体来看，区域教育发展中的不平衡问题是教育领域中的核心问题。自党的十八大以来，中西部教育和农村教育得到明显增强，但与东部地区和城市地区相比，仍然存在差距。农村教学基础设施落后、教师队伍年龄偏大、知识结构老化、财政投入资金偏低等一系列问题处处制约着农村教育的发展。让发展成果惠及每一个人，实现社会的公平正义，教育作为社会的支柱产业之一，扶贫扶志扶智必当先行。但是，沿着旧地图一定找不到新大陆，想要解决乡村教育发展滞后的问题，仅靠沿用传统模式难以找到新的突破口。

在"互联网+"的背景下，人工智能作为未来社会的引领性技术，正在引致经济社会发展对人的发展的新要求，推进教育从数字化、网络化向智能化迅速跃升，为未来新型学校的出现和新型教育生态系统的形成提供了可能。目前，人工智能的发展，多种智能技术、平台开始深入课堂和学习过程，已经对学校教育教学和课堂产生了深刻影响。技术资源不仅可以解决教育资源和机会的不均衡，更为教育如何适应新时代及教育创新提供了新渠道。在教学实践中，人工智能可以协助教育教学，帮助学生和家长更好地判断学业水平、阶段及兴趣，这些个性化的智能评测和个性化服务能够促进教育教学过程的个性化和针对性。

学涯网络在线教育平台不忘初心，以互联网方式让贫困地区的孩子与城市地区的孩子同上一节课、同唱一首歌、同绘一幅画，打破时空界限，用一根网线、一台电脑、一个摄像头就让学校可以连接优质资源，解决了乡村学校缺少课程、缺少师资难题的同时，为国家节约了大量经费支出，逐步探索出一个低成本、大规模、可持续、可复制的教育扶贫新模式。

一、项目概述

在我国，经过长期的调查，学涯团队成员发现传统的学校教学模式并不能满足所有人的学习需求，七成以上的调查对象需要在课堂外通过各种方式来获取自己所需的额外的知识。基于这种对教育资源的需求，学涯网络在线教育平台应运而生。学涯网络在线教育平台项目包括网站（教育平台）+手机应用程序（手机App）结构，是一个真正为用户提供优质服务的在线教育应用平台。学涯以网络教育为主体，其核心功能包括在线刷题、网上授课、个人行为管理、学习计划管理、远程教学等应用。学涯的目标客户覆盖了具有发展需求、可以上网的所有大学生群体，并且可以根据不同人群的需要进行个性化课程定制。学涯整合了传统和主流的教学形式，将严肃性与活泼性、虚拟性与现实性、感性与理性融为一体，并直接延伸至用户桌面和手机终端，以推动人的现实发展为目标，超越了当前已有的互联网应用形式，形成了自己独特的用户应用发展模式，可望成为个性化学习的样板应用和学校教育的积极有益的补充。

二、创业团队

综合考虑公司规模、战略阶段、优势技术与环境特点等各方面的因素，公司在发展初期将通过减少行政管理层次，裁减冗杂人员，从而建立一种紧密联系又协调高效的扁平化组织结构（图5-1）。

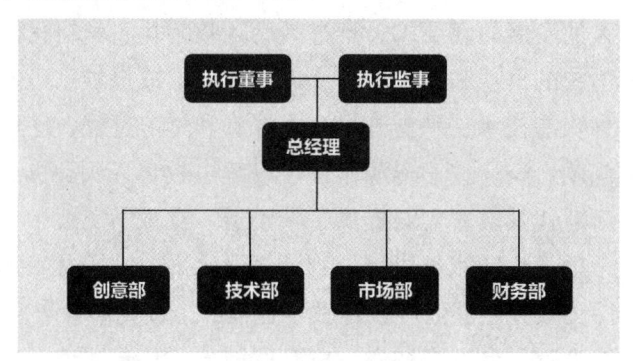

图 5-1　公司组织结构

为了适应市场的不断扩大等各种需求，公司会在不同的战略发展阶段，根据经营管理的需要，对公司结构进行调整，使公司结构及时适应市场及环境的变化。

三、市场分析

在线教育平台即在线网络的教育平台，实质是一种全新的交流方式，一种新教育学习平台，一种新型的工具的平台。网络在线教育平台利用一切工具进行教育活动皆以提高效率为前提。

（一）教育市场广阔

我国已有一些网络教学平台，如软酷网，各大重点高校的在线教学平台等都为我们提供了良好的学习平台。但由于传统教学观念的束缚，远程教育并未得到很好的推广。

中国在线教育市场规模走势如图5-2所示。由图可知，在线教育觉醒后，市场开始蓬勃发展，2010年，全国在线教育市场规模仅有485.2亿元人民币；2013年后，市场增速开始加快；2015年市场达到1482.6亿元人民币；预计2016年市场将达到1885.9亿元人民币。在线教育市场前几年的发展速度并不是很快，其市场体量虽然不小，但用户长期以来建立的学习习惯和消费习惯的改变需要时间，对一些在线学习辅导课程而言，扭转观念的不只有用户（学生），更重要的还有客户（家长）。

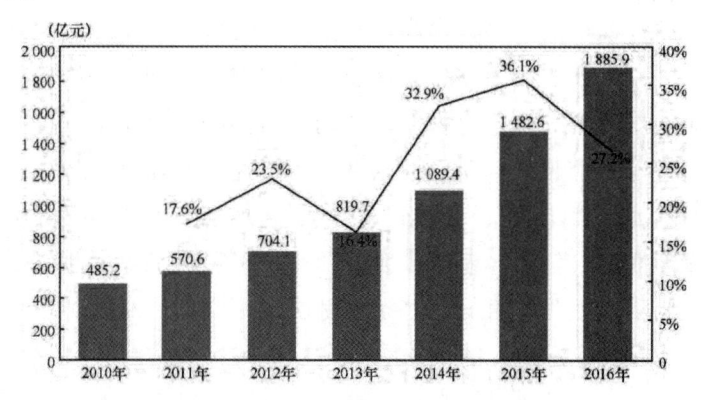

图5-2 中国在线教育市场规模走势图

中国在线教育行业用户规模如图5-3所示。由图可知，自2013年起，在线教育用户数量增速开始加快。2013年之前，在线教育用户每年的增长率都在20%以下；2013年，用户增长率仅为8.6%；2014年起，用户增长率持续上涨，预计2016年在线教育用户将突破1.2亿人。届时，传统教育机构的变革速度将逐渐加快，在互联网的发展速度带动下，在线教育方式覆盖率将快速提高，除了一些营利性机构或产品外，学校或一些官方教育机构也将在互联网的大潮下，加快进行线上教育的建设。

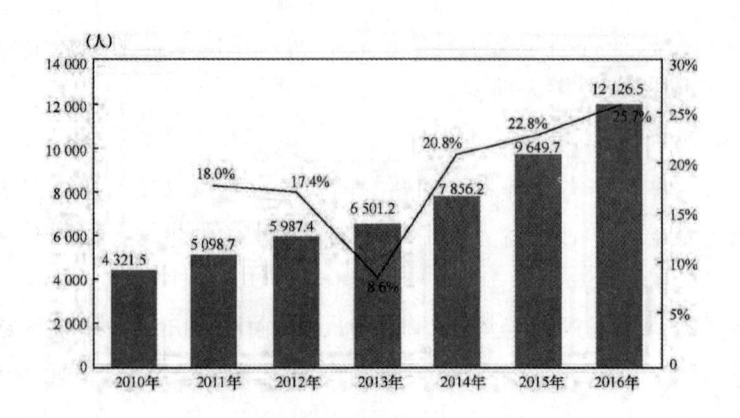

图 5-3　中国在线教育行业用户规模走势图

（二）互联网的发展和个性化教育的需要

学生、家长和社会日益呼唤个性化的教育模式，多样化的发展需求要求有新的教育形式来弥补学校教育的先天不足。此外，网络教育这种新的学习模式还大大弥补了国家教育经费的不足，提高了我国全民受教育水平，满足国家经济发展要求，得到了国家政策的有力支持。从总体情况看，中国的网络教育市场还处于起步阶段，而随着中国的信息化程度以及网民对网络教育认知程度的提高，网络教育市场规模将不断增长。同时，互联网发展迅速，互联网用户大幅度增加，网上消费市场不断膨胀，国家重视网络教育发展，加强其宣传力度并大力推广，信息安全技术逐渐成熟，信用体制逐步完善，而未来社会的竞争越发激烈，增强竞争力的一个重要手段就是教育，这些条件都决定了学涯网络在线教育平台将拥有广阔的消费群体以及稳定良好的市场前景。

四、产品与服务

（一）核心产品服务和竞争力

学涯整合了传统的和主流的教学形式，将严肃性与活泼性、虚拟性与现实性、感性与理性融为一体，并直接延伸至用户桌面和手机终端，以推动人的现实发展为目标，超越了当前已有的互联网应用形式，形成了自己独特的用户应用发展模式，可望成为个性化学习的样板应用和学校教育的积极有益的补充。

（1）引入"互联网+"与"共享"的概念：利用互联网强大的资源整合能力，整合各教学资源主体所占有的闲置资源，实现海量教学资源的共享，实现资源利用效率与资源使用成本的最优路径。

（2）服务对象进一步拓展：目标群体主要针对各个年级的大学生，对学生的学习能力、兴趣、性格等进行专业分析，明确他们的特长和不足，并基于此指定不同的方案，选择不同的题库，进行专业对接。实现服务对象的多元化，拓宽公司的业务内容，同时实现客户端用户与数据平台的双向互动，使资源的贡献与服务的提供形成双向互动。

（3）全新的战略思想：学涯真正实现多元化网络教育模式，包括教育思想多元化、教育模式多元化、教育编制多元化、教育目标多元化、教学管理多元化，涵盖教育服务全领域，积极吸取国内外教育服务领域的经验和营养，改变现在国内教育服务领域散而不专、多而不精的现状。

（4）创新的测评模式：行为跟踪，积极评价，深度测评。

针对核心的教学培训服务，平台设计了开放式的智能测试题库系统：由平台内的注册用户共同建设维护一个包括大学专业课程、考研试题、公考模拟、各类等级证书考试、社会应用技能教授评估的题库系统，由题目贡献者设置（由其他用户评议共同确定）题目所属的学科领域、课程、知识点、难易分级，系统根据学习者当前设定的目标和实际学力筛选出合适的（既能明确认定又能充分鼓励）测试试卷，测试结果作为平台教学活动的第三方绩效参考，用于教学双方费用结算。

用户在平台内的几乎所有操作行为，包括平台具体功能的使用（学习状况、自我管理状况）、平台使用习惯等都被纳入测评框架内，进行用户行为跟踪，并基于特定的发展逻辑进行积分，真正使得平台应用具有推动用户现实发展的价值和意义。

（二）核心技术

目前，学涯采用人工智能算法和体感交互技术来对现有的教育方法进行创新，所谓的人工智能算法，就是在我们的算法程序嵌入一个显示器之后，这个设备就拥有了我们想让它具有的人的基本能力，具体是观察、思考和学习。这个算法主要由两部分组成：深度学习（Deep Learning）和强化学习（Reinforce Learning）。深度学习就是我们算法中的多层人工神经网络，它主要包括三个部分：输入层、隐藏层、输出层。输入层就是机器的输入数据，比如我们问它"你今天学习了吗？"而隐藏层就是对这句话的特征提取和分析的过程，算法在思考今天到底有没有学习，然后输出层就是结果，比如算法说"学了"，就是输出层。强化学习主要分为两个部分，一个是设备，一个是环境。对于学涯算法的设计来说，环境主要包括天气、光线、温度和人物。我们在测试中，建造了一个个模拟的环境来检验这个算法的准确程度。比如说今天的天气很冷，通过我们的温度传感器，算法知道了今天很冷，于是它具象化的人物就执行了一个脱衣服的动作，然后环境知道了算法把衣服脱了，但是天冷脱衣服是一个错误的行为，于是环境就给了算法一个具有负效应的反馈，然后环境又向算法重复强调了当前的状况——冷。这时候算法吸取上次的教训，就做了一个裹紧衣服的动作，环境知道这是个正确的动作，所以给了算法一个正的反馈，所以以后环境冷的时候，算法就知道应该裹紧衣服了。学涯所有的课程都基于此算法，在学生进行视频学习的时候，人工智能算法具象化的人物会与学生产生一定的互动，这将极大地弥补线上教育老师和学生之间无法互动的弊端，增加学生线上学习的兴趣和提高学习效率。

　　为了更好地跟学生互动，学涯同时采用了体感交互技术，旨在以体感技术在教学中作为教学工具、教学内容和教学环境，同时形成情境化学习、个别化学习以及游戏化学习三类教学形式，以发挥体感技术应用在教育中具有体验优、多感官、以学生为中心和支持合作学习的优势。我们采用的设备是Kinect，Kinect的核心部件由一个特殊的3D体感摄像头构成，具有即时动态捕捉、影像辨识、麦克风输入、语音辨识和社群互动等功能。它以影像辨识为核心技术，结合了2D平面影像与3D深度影像，可精确捕捉玩家的身形轮廓与肢体位置，判断玩家的姿势动作并将这些动作映射为对游戏的操作。Kinect的基本组成部分为红外发射机、红外摄像头、彩色摄像头和麦克风阵列。红外发射机发出光源照射人体，经过反射后被红外摄像头读取，然后分析红外光谱，创建可视范围内的人体和物体深度图像，进而识别人体动作；RGB摄像头可以拍摄视角范围内的视频图像，对人体动作进行辅助校正；由四个麦克风构成的阵列可采集声音，过滤背景噪音和定位声源，或进行语言识别。和人眼下意识地聚焦在移动物体上类似，Kinect会自动寻找图像中较可能是人体的移动物体，然后对景深图像进行像素级评估，辨别人体的不同部位。在这一过程中，系统使用了优化算法缩短响应时间，采用分割策略来区分人体和背景环境，从噪音中提取出有用信号。Kinect可以主动追踪最多两个玩家，或者被动追踪最多四名玩家的形体和位置。在这一阶段，系统为每个被追踪的人体在景深图像中创建遮罩，将背景物体(椅子和家具等)剔除。在后面的处理流程中仅仅传送遮罩后的有效数据，以减轻体感计算量。过滤后的人体图像被传送入一个辨别人体部位的机器学习系统中，随后由机器学习系统判断某个特定像素属于哪个身体部位。该处理流程的最后一步是根据前阶段运算的结果，追踪到约20个关节点，生成一个人体骨架系统，以准确地评估人体实际所处位置和动作。

基于 Kinect 的功能方式，学涯将其与人工智能算法相结合，通过捕捉学生的动作及语言，交由算法进行分析，从而使得虚拟的"老师"能够在相当程度上理解学员动作和语言所表达的情感，并给予恰当的回应。在我们的教学测试中，当学生对某个题目的讲解产生疑惑从而摇头的时候，Kinect 捕捉到了摇头的动作，同时输入给人工智能算法，人工智能算法经过分析得出了该学生对这个题目依然存在疑惑，因此输出"看来你对这道题还不是很明白，让我们再来看一遍吧"的语音，同时具象化的人物会做出相应的鼓励动作，相比起传统的 Kinect 在教育领域方面的应用，学涯创造性地将其与人工智能算法结合起来，使得学涯的网络课堂能够即时分辨学员情感的变化，使得学员体验到了智能化与人性化相结合的全新课堂。

（三）市场营销

1. 市场营销组织管理

（1）营销组织的创建和管理。核心员工的组建依靠初始人才的发掘，而核心人才的培训则关乎后续队伍的培养，关于核心人员的保留有两点：一是人的保留，二是人所拥有的资源的保留，毕竟涉及商业机密即使签订了事前协议也涉及内部信息的泄露流失隐患问题，因此增强团队的凝聚力和向心力显得尤为重要。根据"二八法则"，公司80%的利益是由20%的员工创造的，留人主要是留心，创造良好和谐的公司文化氛围，追求组织与个人的共赢才是留住人才的关键，在人才的选取方面将选拔具有相同价值观取向和相同精神理念的员工是公司走得长远的基础，公司将先进行统一的业务培训，依照表现有计划地给予重点培养和阶梯式管理，从而持续有效地支持公司战略目标的实现。

（2）组织人员的评估。对于组织人员将进行多方面评估，比如个人能力、集体协作能力、市场把握能力等。争取对每一个员工进行全方面评测，从而决定进一步的选拔和提升。

（3）人员的激励。对于人员的激励主要集中在红利分成和提成上，所占百分比为25%，依据用户数目决定，当用户达到一定数量时，将给予负责该区域的团队奖励，名额按照区域市场容量结合业绩百分比折算。

2. 市场营销控制

（1）年度计划控制。为了确保年度销售、利润、市场扩展等目标的实现，将实行年度计划控制，对销售额、市场占有率、费用率等进行控制。将年度目标划分到每个月每个季度，尝试监督市场营销计划的实施情况，如若发现纰漏，采取及时行动补救和调整尽可能缩小和消除漏洞，并且第一时间分析漏洞成因。对市场营销费用分析，对各项费用率加以分析，控制在一定限度。分析市场占有率，解释企业竞争者之间的相对关系。

（2）盈利控制。将整体划分为产品、地域、顾客群、渠道，分别与订单规模方面进行细致分析，每部分分派专人负责，分别衡量其中每一项的获利能力。

（3）效率控制。效率高低起到至关重要的作用。主要分为销售队伍效率、广告效率、促销效率等，我们将成立专门的分析小组对各方面进行全面的分析确保维持高效的发展。

3. 促销策略

（1）广告促销。进行前期的广告开展，例如：公交车广告、户外广告，并且同大型商场合作，同学校合作。

（2）产品营销战略。在发展前三个月开展产品促销，站稳脚跟后将逐渐推出特色套餐活动。

（3）视频宣传。拍摄我们项目的专属短片，通过朋友圈、微博等自媒体平台进行推广。

（4）广告推广费用。在适当版面与各个有意向的公司合作，为其提供广告业务，投放适合我们的平台，让消费者能够看得到、看进去。

广告费用随用户增长而增长，当注册人数达到200万时，广告费用为30万元/季。

4. 风险控制

在平台的发展过程中，形形色色的风险会无时无刻不存在的。针对这些风险，我们应该因情治险，做出以下措施进行风险控制：

（1）要建立完善、垂直的风险控制机构体系。要重视系统安全技术、保证各部门定期列出保单清单，对一定时期内的工作进行汇总；再就是要有专家系统，对遇到的各种风险能够进行迅速、准确地识别。不仅要建立完善的风险管理体系，更要建立垂直的风险控制机构体系。

（2）减少消费者的消费金额。减少消费金额，就要从两方面着手：成本减少和利润减少。

成本减少就必须要求技术人员在技术上的熟练度高，并且在设备的完善上做到成本最小化又能达到预期的效果。要争取与其他公司合作，学习其他公司的技术，取其精华，去其糟粕，努力在成本减少这一方面上做到成本最小化。利润减少需要的是公司在其他项目的推出上增加利润。

（3）应不断引进新意。在后期的完善和发展过程极有可能走向新意匮乏的危险之中，易被其他替代品所替代。对此，应该重视不断创新，还要重视新人才的培养，注入新的活力。不断改进必然会不断吸引消费者的眼球，才不会被替代品所替代。

五、发展规划

（一）理念支撑

职业生涯是人生的重要组成部分，而且职业生涯的状况直接影响着我们人生的质量，所以，职业生涯的成功与失败不单纯是职业生活的成功与否，而是我们人生成功与否的重要参照系，如此也就决定了我们必须对自己的职业生涯进行提早准备和规划。学涯网络在线教育平台就致力于给予大学生职业生涯学习规划和指导。

（二）发展战略

为了维持稳定性发展，从整体观出发将市场营销目标划分为如下几个部分。

1. 渗透期——站稳市场，发掘用户——1到2年

在宏观方面，平台将为用户提供高水准的私人定制服务，以良好的用户体验与售后反馈赢得口碑，使得我们能够真正的站稳市场。

产品销量方面，压低课程成本，将培训课程作为红利，进行推广。

提高企业知名度方面，我们会与雨点公益社会服务组织建立合作关系，积极参与公益事业当中去，以提高企业的知名度。

渠道的建设方面，我们将主要精力投入在前期的宣传和后台扩展，在拉近新用户的同时，给用户带来更加流畅与安心的体验环境。

2. 发展期——收集用户反馈，扩大产品市场——3到5年

在宏观方面，我们将落实线下培训课程，扩大市场规模。

产品销量方面，对于价格方面我们将进行用户统计收集，选择出最受人们接受的价格体系。

渠道建设方面，增加公司员工数目，进行统一培训，完善管理体系。

3. 成熟期——融入公司文化，推出研发新产品——5年以上

在宏观方面，在全国进行区域划分，运用多种营销手段进行品牌维护产业整合。

产品销量方面，按每年十个百分比上涨。

渠道建设方面，以区域划分，迈向全国为基本目标，加大公司品牌文化的拓展，增添品牌代言，进行新项目的研发。

（三）人力资源管理

产品的竞争力来源于全新的商业模式，团队核心主要在研发和运营。人力资源规划如图 5-4 所示。

图 5-4　人力资源规划

1. 人员招募

将根据员工实际需求，市场外部供给和早起的工作分析、人力资源规划等综合考虑，确定组织结构进行职能分工，分析并制定各岗位的职务说明书，据此招聘适合的员工，招聘主要采取熟人推荐和招聘会等方式。随着规模不断扩大，临时雇佣人员主要从山东师范大学各学院吸收人才。

2. 员工培训

直接提高经营管理者能力水平和员工技能，是提供新的工作思路、知识、信息、技能、增长员工才干和敬业、创新的根本途径和极好方式，是最为重要的人力资源开发，是比物质资本投资更重要的人力资本投资。

我们重视培训需求分析，这是确定培训目标、设计培训规划的前提，也是进行培训评估的标准和基础。严格考核，注重效果，树立"培训是人力资本增值源泉"的理念，进一步提高领导对培训工作重要性的认识，真正意识到员工培训是现代企业生存、竞争、发展的基础。树立新的培训理念，建立科学系统的员工培训体系。

3. 员工绩效考核

结合行为，按照结果导向型绩效考评方法，将关键指标当作评估标准，把员工的绩效与关键指标进行量化，利用所规定的绩效因素（例如，完成工作的质量、数量等）对工作进行评估，把工作的业绩与规定表中的因素进行逐一对比打分，然后得出工作业绩的最终结果，它分为几个等级，例如优秀、良好、一般等。同时观察员工的工作行为表现,然后对获得的资料进行分析评估,它包括来自上级、同事、下属及客户的评价,也包括被评者自己的评价。通过比较全面地进行评估,做出比较公正的评价,同时通过反馈可以促进工作能力,也有利于团队建设和沟通。

4. 员工薪酬与激励

基于对员工积极性、责任感与组织公民意识的培养,我们采用薪酬奖励和非薪酬奖励相结合的薪酬政策。其中,薪酬奖励采用基本薪酬与绩效薪酬相结合的方式,同时,以合理的晋升、弹性的工作时间、责任共担与假期奖励等非薪酬奖励辅助薪酬奖励。

(1) 薪酬奖励。主要采取基本工资与绩效工资相结合的薪资政策,我们的薪资体系要在鼓励竞争、效率优先的基础上兼顾公平,认可和奖励管理人员和专业技术人员为优异业绩所做的贡献。强调薪酬和业绩之间的关系,奖励优秀员工对达到企业目标起着关键的作用。

我们对不同类型员工采用不同的薪酬政策,具体薪酬结构如表 5-1 所示。

表 5-1 薪酬结构的构成

岗位类型	薪酬主要构成
高管层岗位	基本年薪+绩效年薪+补贴+收益分享+中长期激励(股权等)+特殊奖罚+福利
技术类岗位	岗位工资+绩效工资+补贴+收益分享(仅限于高层)+特殊奖罚+福利
销售类岗位	岗位工资+绩效工资+补贴+收益分享(仅限于高层)+超额销售佣金+特殊奖罚+福利

说明:

①岗位工资可以拆分为基本工资+岗位津贴,体现了岗位价值本身给予任职者的薪酬回报保障使用。

②补贴:包括工龄补贴、学历补贴、职称补贴等,体现了对司龄、学历、职称的重视和鼓励。

③收益分享:根据公司年度收益状况,将受益的一定比例作为奖励,分配给公司的员工,原则上人人均有机会获得,体现了公司总体效益与全员的薪酬回报。

④绩效工资：完成岗位本身所预期的目标时获得的薪酬回报，和岗位工资一起构成了岗位价值所对应的现金总收入。

⑤超额销售佣金：指实际销售业绩超出预期销售目标的部分所获得的提成奖励，体现了对任职者突出销售业绩的激励。

⑥特殊奖罚：针对任职者的特殊贡献和失误给予的奖罚，体现了对重大、例外事件的激励。

（2）非薪酬激励。以合理的晋升、弹性的工作时间、责任共担与假期奖励等非薪酬激励措施，强化员工的工作满意度与责任感，使之建立一种作为高科技企业员工的自豪感；通过定期举办员工聚会、聚餐，了解员工的思想动态及生活情况，营造一种大家庭的温馨感。在公司内部形成一种努力提升自身素质、互帮互助的氛围，从而给予员工精神上的鼓励，增强员工的归属感，提高公司业绩。

六、愿景与使命

学涯网络在线教育平台是将互联网的技术优势与传统教育模式相结合，以线上教育模式为主，辅助以线下教育，打破单一传统教育模式的局限，促进学生的个性化发展和能力的全面培养。

在未来，我们将成为中国最大的高校教育产业互联网平台，以各大高校的在校生为中心，围绕尊重、发展、个性、教育四个主题，依托互联网，整合资源，构建格局、创造价值。

七、项目评价

学涯网络在线教育平台项目是公共管理学科下属的教育经济与管理专业与计算机信息技术专业的有机融合，该项目在未来将要着力解决两个问题，一是运用人工智能技术提高学生学习的积极性和效率，同时大幅降低教育的成本，二是能够在最大限度上，为贫困地区的学生，提供更多的资源支持。其显著特点是特有的教育扶贫模式，既符合国家"精准扶贫"发展潮流，又为企业自身带来了一定的社会效益，可谓一举两得。

经济效益和社会效益看上去往往是"鱼和熊掌不可兼得"的关系，两者有些时候是矛盾的，抓经济效益就不可能顾及社会效益；搞社会效益将影响经济效益。但两个效益一起抓，看似影响经济效益，但从长远来说，社会效益的结果会推动经济效益发展。学涯项目为有心为公益出力的企业做了一个很好的示范,但是,在发展社会效益的同时,企业要考虑自身经济实力,不要"眉毛胡子一把抓",否则最后反而会"丢了西瓜,捡了芝麻",得不偿失。

项目五 教育创新："校招生"创业实践项目实例

求职择业是每个人都会面临的人生重大课题，也是每个大学生最关注的主要问题之一。随着我国高等教育步入大众化阶段，高校毕业生的就业形势日益严峻，他们面临着空前的就业压力。其中，导致大学生就业难的问题有很多，如学生择业观与人才市场需求错位、企业用人观念与实际工作需要错位等。但从高等教育的角度来讲，大学生缺乏必要的职业生涯规划和有效的求职择业技能，是造成大学生就业难不可忽视的重要因素。

成功的人生需要科学的规划。但我们发现相当多的在校大学生对自身的定位和未来的职业方向并没有清晰的目标和计划。大学生活本来就很短暂，如果不利用有限的时间来做最重要的事情，那无疑是一种极大的资源浪费。因此，加强大学生职业生涯教育的实效性，增强大学毕业生的就业核心竞争力，理应成为全社会为之努力探索并付诸实践的工作。

校招生团队成员以自身经历为立足点，从职业素养、职业咨询、求职服务、职场社交、实习服务、职后提升等方面对大学生求职进行线上、线下相结合的针对性指导，帮助劳动者获得符合自身职业的各种服务和指导，打造大学生、高校、企业三方生态圈，通过全程陪伴式学习，提升大学生职业能力。

一、校招生——激活你的人生

（一）项目概述

山东校聘信息技术有限公司（以下简称"校招生"求职）于2015年在济南市历城区登记成立，是济南市首家具有独立从事人力供求信息发布、人力资源咨询、人事服务、企业管理咨询服务等业务资格的综合人力资源服务公司。

"校招生"团队历经多年磨砺，不断开拓创新，为企业、校园求职者、高端求职者提供以信息技术为支撑的专业人力资源服务，重点打造了三大业务模块：校园求职就业培训业务、企业高端猎头业务、创业人力资源服务。

目前，总部位于济南市历城区，并在北京、天津、青岛、保定等地设置了事业分部，业务范围已覆盖山东、江苏、福建、吉林、河北等全国重要省份，涉及26个重点城市。2017年总收入达422万元，毛盈利269万元，净盈利102万元。

（二）核心优势

1. 技术性

（1）Career Planning Analytics 数据库。Career Planning Analytics 数据库实现了人才职涯全周期的数据积累，百万级人才大数据个性化生成多维度数据报表，提供了丰富的人才管理洞察视角。同时，该数据库具备强实操性的内容更新，对学员进行选、育、用、留、存生涯全周期的管理，对人才全数据进行整合与分析，为后期学员提供丰富的人才管理实践范例，持续优化改善业务，让职业测评业务完美落地。

（2）职业测评建模系统 1.0 版和职业规划电子导师。"校招生"求职团队与心理学、行为学、社会学等领域的专家，利用人工智能构建三维评价矩阵模型。同时，融入经典测评，对人才的职业能力进行多维评价。通过对每个人的职业素质和职业综合能力的测评，为学员提供一套适合自身发展方向的职场成功宝典，让学员在未来的职场世界里自由翱翔。

2. 生态圈

人脉如同金钱一般，也需要管理、储蓄和增值。"校招生"团队成员在创业之前，曾在多家世界 500 强企业担任 HR，为"校招生"搭建起知名企业 HR 人际交流圈。依托人脉资源，公司建构了"校招生"生态圈。"校招生"与求职者、高校、企业达成双向合作，使人才快速融入企业，实现多方获益。"校招生"回聘进入企业的优秀学员，以"人才反哺"保障"校招生"人脉资源的广泛性与拓展性。

（三）团队概述

核心团队成员主要来自行政管理专业、劳动与社会保障专业、计算机科学与技术专业、经济学专业，背后依托由中国移动、可口可乐公司、民生银行、联合利华、华硕电脑、新东方及浪潮集团等世界知名 500 强企业 HR 组成的教师团队，建立起了一支具有互联网宣传推广技术、组织管理能力强大、教学教师资源丰富的创业队伍。

（四）盈利模式

主要盈利点为线上、线下相结合的大学生求职培训套餐，占总营业额的85%，其中金榜全程保过服务占到收入的50%。采取以线上、线下销售相结合为主，4P（产品战略、价格战略、渠道战略、促销战略）为辅的综合性营销战略。

（五）市场分析

2018 年，全国普通高校应届毕业生 820 万人，并呈现逐年增加的趋势，但就业市场需求却没有同比例增长，求职者自身素质与企业岗位需求也形成"剪刀差"，导致大学生就业困难和企业难觅人才的现状并存。各地庞大的毕业生队伍展现了广阔的市场，为"校招生"求职提供了"生长土壤"。

同时，在高校招生人数的逐年增多、事业单位的招收能力十分有限的情况下，越来越多的毕业生将求职目光锁定在企业上，未来市场的成长性较强，昭示着"校招生"求职团队此次创业的美好前景。

（六）财务分析与发展战略

公司总部设在济南市历城区，属于国家大力支持的大学生创业企业。前期运营状况良好，2017 年总收入达 422 万元，毛盈利 269 万元，净盈利 102 万元。未来三年，公司以稳固山东市场为主并逐渐扩展到整个华北地区、江浙沪一带及湖北武汉；目标群体从应届毕业生逐步延伸到大一、大二等低年级大学生，增强大学生就业意识，提高大学生职业规划水平；同时，继续进行产品的研发升级，根据学员特点，逐步开发新的产品套餐，并升级专利系统，利用前沿科技发展出职业测评建模系统 2.0 版。

（七）风险分析

公司运营发展过程中，主要面临两大风险。首先，面临规模扩大带来的成本（师资成本、租赁成本、营销成本、系统维护、升级成本等）急剧增长的风险，其次是应对市场同质化竞争的风险。公司决定通过回聘优秀成员、充分与高校对接、聘请专业营销师、形成技术壁垒等方式应对风险。但总体而言，由于政府政策的大力支持，风险较小。我们采用一边发展一边完善的战略，相信"校招生"一定会走出自己的成功之路，帮助到更多需要帮助的人。

（八）项目背景

1. 创业环境

应届毕业生人数增加趋势如图 6-1 所示。

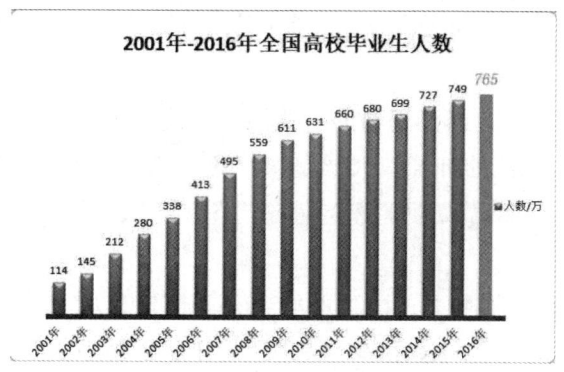

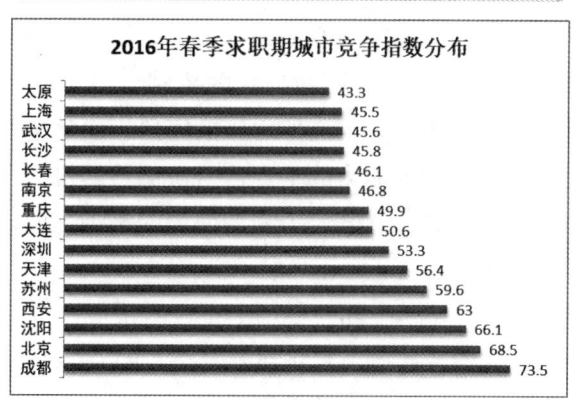

图 6-1 应届毕业生人数呈逐年增加的趋势

高校招生人数逐年增加，而就业市场需求没有同比例增长的情况下，毕业生的就业竞争日趋激烈。但是当前大学生普遍对于未来的职业生涯缺乏长远的规划和有针对性的准备，致使学习目标不明确，而企业在应届毕业生中也无法挑选出优秀人才、补充大量新鲜血液，造成大学生就业困难和企业难觅人才的现状。

2016年，教育部发布《关于做好全国普通高等学校毕业生就业创业工作的通知》、人力资源和社会保障部发布《关于做好全国高校毕业生就业创业工作的通知》；2017年，十九大报告指出要优先发展教育事业，完善职业教育与培训体系，深化产教融合，构建终身教育体系；2018年，全国两会期间，政府工作报告更是提出，加强全方位公共就业服务，大规模开展职业技能培训，运用"互联网+"发展新就业形态。要促进多渠道就业，支持以创业带动就业。一系列国家相关政策的出台和"互联网+"时代的到来昭示着团队此次创业之举的美好前景。

山东校聘信息技术有限公司正是在就业需求迅速增长、互联网技术快速发展、大学生创新创业扶持力度大等背景下建立起来的，目前在全国求职领域居领先地位，团队成员致力于帮助大学生快速成长、找到适合自己的好工作。

2. 创业启发

当代大学生，正是这浩浩荡荡的就业浪潮中的一员，就业形势的不容乐观时时刻刻挑动着大学生们的神经。大学是座"象牙塔"，住着不谙世事的学生们，如何在毕业季时脱颖而出成为理想企业的"那盘菜"，是学生心中迫切想要知道的答案。

2015年，带着这份疑问，几位同学希望辅导员可以为学生指明未来的方向。但是，辅导员工作主要面向校内学生管理，对于校外就业大环境的具体情况不甚了解，无法针对学生提出的问题给予有效指导。为了给自己找一条出路，学生们找到了像 BOSS 直聘、100offer、58 同城、智联招聘、中华英才网等网站，但是这些网站只是提供了一个与招聘公司岗位对接的窗口，而学生们想要的是一个能提供设计规划、提供指导、锻炼能力的平台！一次偶然的机会，学生接触到一个职业培训机构，急切地报了名，并开始了为期两周的培训，但效果并不理想。培训结束后，他们开始思考：

为什么我们能获得一等奖学金却获得不了企业的认可？

为什么我们能斩获各类竞赛奖项却斩获不了企业的 offer？

为什么会连年出现企业缺人而大学生找不到工作的矛盾状况？

我们意识到，在这个时代，不为自己充电，注定被这个快节奏时代所抛弃。

3. 创业愿景

正如俞敏洪所说，教育是一种情怀，热爱教育的我们真诚地希望以教育的方式提供给更多的在校大学生一个自我规划、自我成长、自我发展的舞台，接受到优质的教育资源，分享我们心中因为教育而带来的快乐。"愿每个学员都活得丰盛，愿每个愿望都矢志达成"是我们创业团队真诚的愿景。在岗前职业培训教育领域，拥有朴素的初心，崇高的理想，我们一直在路上。

4. 创业定位

在疯狂收集信息并进行系统分析后，我们接触到 E-learning、B2C、B2B、O2O 等诸多互联网时代的概念和 Career Planning、Pre-job Training 等岗前培训的前沿理念。E-learning 代表着电子化的学习、高效率的学习、拓展性的学习。为何不把这种延伸性的学习融入我们的岗前职业培训教育中来，开拓出在"互联网＋教育"这一业态中的全新领域，创造出 E-Career planning？

目前，一些英语口语、对外汉语及考公考研等类型的培训机构比比皆是，但是在职业培训这一领域却鲜有人涉足。市场需求的巨大缺口需要有人来弥补，因此，我们创业初期的定位就是在求职者与企业之间增加岗前培训的环节，提高人职匹配的成功率。

5. 创业初期

由于这一领域在近些年来刚刚起步，我们团队经过市场调研，发现在很多方面还存在不足：机构小而分散，往往以牺牲培训质量来保证盈利；一个教师面对着几十个不同基础、不同性格、不同天赋的学员，进行"一刀切"式的粗暴教育。这也是团队自创业以来所极力避免的，我们认为这有悖于教育的本质，它已经不再是知识的分享与输出，更像是利用一项技能进行敛财。

在创业近一年的时间里，我们接触到一些名企 HR 和大量在求职路上不知方向的大学生，在反复经历了招生失败、课程设计分歧以及 HR 教师队伍危机等重大考验之后，终于真切地对职业教育培训这一行业有了更深的认识。

老罗曾不止一次说："我不觉得我们正身处一个'普遍缺乏工匠精神的时代'，因为'工匠精神'在我们国家的文化里一直都是缺失的。""工匠"意味深远，代表着一个时代的气质，与坚定、踏实、精益求精相连，把做的事看成有灵气的生命体。作为创业者，如果缺失了工匠精神，又如何完成我们的"创业梦"呢？

于是，我们的团队在经历了之前的一系列挫折后，下定决心要以一种近乎偏执的认真，精益求精地做好每件事，让每一位学员都能感受到不同于传统的精细服务。针对当前毕业生找工作存在的五大"关口"——职业规划、招聘信息、简历、面试、求职执行力，我们分门别类设置相应课程，力求"精雕细琢、精益求精"，见证成长。

6. 创业发展

创业发展阶段如图 6-2 所示。

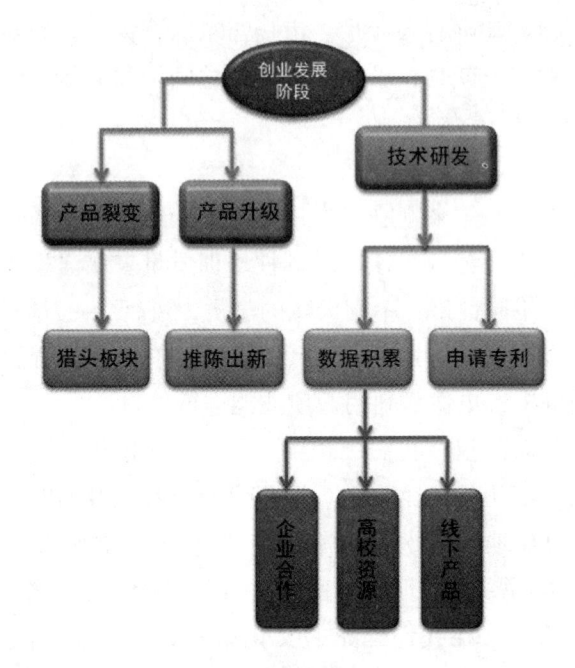

图 6-2 创业发展阶段

（1）产品的裂变、升级。在创业发展阶段，公司根据市场需求，推陈出新，促成了产品的裂变与升级。

裂变：新增猎头板块，满足企业高素质人才需求，同时将获得的企业方的人才需求信息，及时反馈给"校招生"咨询、培训板块，据此设计课程，邀请知名HR针对性地培养优秀学员，送入知名企业。

升级：由于2016年推出的及时雨业务和简历制作网课的收入所占比例较低，所以公司在2017年年初对产品进行更新与改革，并做出以下决策：1.将及时雨业务改成免费向顾客提供的业务，以此来增加公司的知名度，拓展顾客量；2.将简历课程改为网课+1V1精修形式，对顾客的经历进行有针对性的挖掘，将一份普通的简历精修成让招聘公司眼前一亮的简历。

（2）技术研发。"校招生"团队基于积累的Career Planning Analytics数据库，外聘心理学、行为学、社会学等领域专家合力研发"职业测评建模系统1.0"并成功申请专利，在专利基础上，"职业规划电子导师"成功申请计算机软件著作权。同时，"校招生"团队与浪潮集团达成合作，购买其云计算技术。

Career Planning Analytics数据库主要来自三方面：

第一，在线下、线上产品推广的过程中，不断积累学员数据，扩充Career

Planning Analytics 数据库的库容，更好地为学员制定个性化的服务课程。

第二，与合作企业共享数据。利用调查问卷的形式采集员工数据，进行数据对比、分析与整理，塑造出每一类职业的职业特点、要求、标准，为每一类职业设计出标准化、专业化、新颖的模型。截止到 2018 年 4 月 15 日，公司数据来源分布占比如图 6-3 所示。

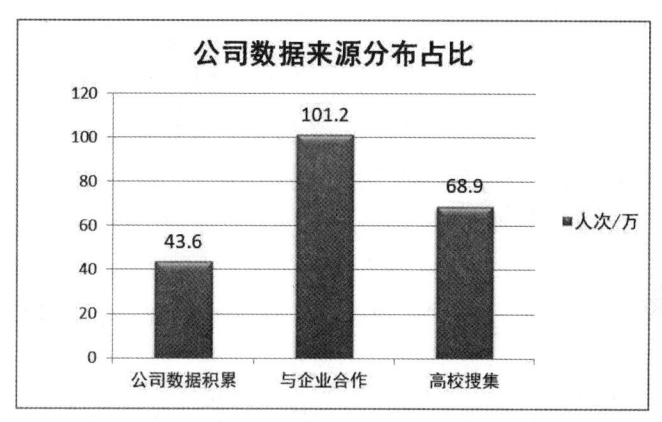

图 6-3　公司数据来源分布占比

第三，利用周边高校资源，"校招生"团队通过举办公益讲座，以调查问卷的形式采集大学生求职意向、个人能力等数据，并进行分析，依照分析结果，设计课程，研发新产品。

二、核心竞争力和产品服务

（一）专利介绍

在创业之初，公司团队把握时代潮流，利用当下科技热点——人工智能，研发出职业测评建模系统 1.0 版和职业规划电子导师。

该系统是基于公司技术积淀和行业实践经验，利用云计算和大数据技术打造的一套综合性的测评云平台，它为测评人提供在沟通风格、做事风格、思维模式、价值驱动、团队角色等方面的详细分析报告，为企业在招聘选拔、职业发展、团队建设、胜任力模型建构等方面提供快捷、综合的评价服务。

职业测评系统是"校招生"团队与人工智能专家合力开发，基于心理学、行为学、社会学等综合学科原理而设计出来的。研发人员结合专业技术，运用有关人的全息职业能力画像理论，有关岗位的"人-组织"胜任力 3.0 理论，有关组织的用人 ROI 理论、机器学习理论等，构建三维评价矩阵模型。同时，在系统中融入经典测评,其中包括智力、情商、职业敏感性、压力承受度等多种测验,自主开发定制化、个性化测试产品,精准呈现学员职业能力的 X 光画像,对人才的职业能力进行多维评价,并动态更新。通过对每个人的职业素质和职业综合能力的测评,为学员提供一套适合自身发展方向的职场成功宝典,让学员在未来的职场世界里自由翱翔。

(二)技术支撑

在数据方面,公司从开始做线上、线下教育结合时,就成立了自己的数据统计团队,通过与合作企业共享数据、调查问卷采集数据、积累学员数据三种方式,有关学员和企业的双向需求数据不断积累,目前达到 200 万次数据以上,形成了"校招生"求职独享数据库——Career Planning Analytics 数据库。

Career Planning Analytics 数据库实现了人才职涯全周期的数据积累,千万级人才大数据个性化生成多维度数据报表,提供了丰富的人才管理洞察。同时,该数据库具备强实操性的内容更新,对学员进行选、育、用、留、存生涯全周期的管理,对人才全数据进行整合与分析,为后期学员提供丰富的人才管理实践范例,持续优化改善业务,让职业测评业务完美落地。

此外,公司主动与 IT 集团进行对接,开展深度合作,拥有 IT 云计算的技术支持,利用 AI 人工智能最大限度地为学生制定合理可行的职业路线,并链接相应的企业资源,最终形成学员专属职业规划模型,做到个性化定制。

(三)系统运行

学员将个人信息输入到职业测评建模系统 1.0 版(图 6-4)中,一方面,对比、匹配数据库中的已存数据,并借助云计算技术,对学员的个人信息进行处理、分析;另一方面,对比学员进入理想企业的招聘要求(宏观要求:员工需要尊重、认可、学习、发扬企业文化,为企业软实力的增强贡献力量等;微观要求:填补岗位空缺,听从上级指挥,执行所分配的任务等)。最后,得出学员职业测评报告,电子规划导师会相应为其定制个性化培训课程,同时,公司导师也定期与学员交流,发现学员身上的优缺点,针对性地提供个性化指导服务。

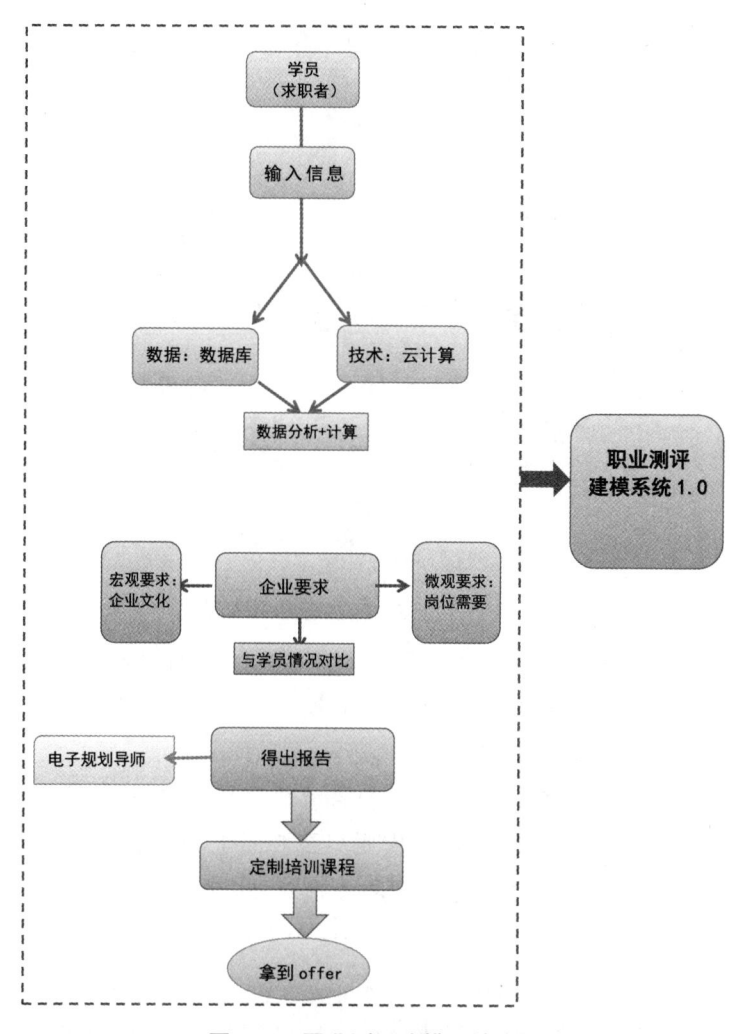

图 6-4　职业测评建模系统 1.0

目前，我们的产品已经处于比较完善的阶段，专利的申请使我们的产品具有不可替代性、不可复制性，最大限度地排除了市场竞争，形成自身行业壁垒。

（四）良性生态圈

"校招生"生态示意图如图 6-5 所示。

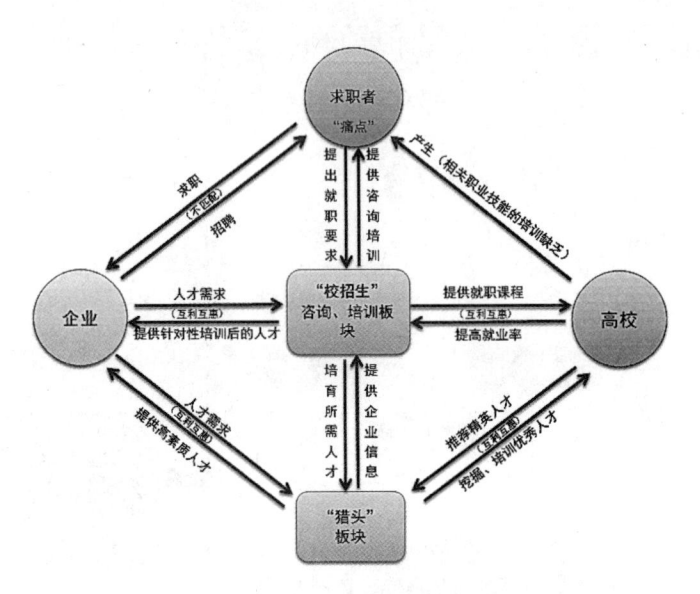

图 6-5 "校招生"生态圈示意图

"校招生"求职通过构造企业、求职者、高校三方桥梁，搭建起大学生职业发展生态圈，圈内学生、高校、企业信息对接良好，有效弥补供给、需求之间的差距，形成互利互惠、多方共赢的良好态势。

在高校招生人数逐年增多、就业市场需求却没有同比例增长的情况下，毕业生的就业竞争日趋激烈。求职者自身素质与企业岗位需求也形成"剪刀差"，最终造成大学生就业困难和企业难觅人才的现状。

"校招生"咨询、培训的板块一方面与就职需求者对接，"校招生"为其提供咨询培训，提高求职者自身职业所需技能；另一方面与企业对接，根据企业所提出的人才要求，设计培训课程，对求职需求者进行专业培训，使其符合企业的要求，从而顺利进入企业，填补职位空缺。

同时，在"前程无忧"进行的为期一个月的在线调查中，6成以上的职场人不满意现状，想要转行或者跳槽。这显示"猎头"在人才市场中拥有的巨大商机。于是，在"校招生"咨询、培训板块之外，公司进一步推出"猎头"板块，通过个体和岗位绝对匹配分析，像看病一样去发现不利因素，并出具报告，提供解决方案。

在良性生态圈中，"校招生"猎头板块将为知名企业提供具有丰富经验的高级人才，并且对高校中有潜力的优秀学生进行挖掘及前期的人脉投资，做出口碑、推广品牌，积累下更广阔的人脉资源。

"校招生"的咨询、培训板块和猎头板块相辅相成。猎头板块将获得的企业方的人才需求信息，及时提供给"校招生"咨询、培训板块，据此设计课程，邀请知名HR针对性培养优秀学员，送入知名企业。凭借着公司提供的产品和服务平台，进入企业的高素质人才可以回聘到两个板块，充当导师的角色，并与"校招生"形成合作的关系，以达成"人才反哺"的理想效果。

通过"校招生"，学员们找到了理想的工作，有效提高高校的就业率，吸引高校目光。高校可以通过公司两大板块购买相关职业技能培训的课程，进一步形成良性循环，解决高校老师缺乏市场就业实践经验进而难以传授职场教育的难题，真正帮助学生提高综合素质，提高高校（特别是普通一本、二本高校）的就业率。

最终，在生态圈中，各个平台互相联系，互利互惠，真正建成企业——校招生——高校——求职者，多方共存共赢的良性生态圈。

（五）产品与服务

根据学员特点，公司现提供线上、线下两种模式共计13种产品及服务，具体情况如表6-1所示。

表6-1 线上线下两种模式具体情况

线下	雏鹰计划套餐	线上	"校招生"职业培训社交类移动互联网App
	线下训练营		
	春招杀手锏		
	及时雨		直播平台——导师线上公益大课堂
	源动力套餐		
	100天offer		
	小灶计划		
	校招生求职金榜计划		综合利用各种宣传平台
	名企参观学习		
	求职一本通		

注：围绕着每一位学员的情况进行职业规划、课堂教学、课后体验、培优补差、设问答疑等。

三、套餐计划——线下满足不同年龄阶段消费者的个性化需求

（一）雏鹰计划套餐

课程对象：主要针对迈入大学校门不久的大一、大二在校生，通过"菜鸟"训练营，使学员产生从懵懂到新锐的蜕变。

课程内容：

（1）明确目标：利用专业的国际测评工具，使学员对未来自身发展规划进行全方位的了解，避免迷茫和盲从。

（2）解答疑惑：采用跟踪服务的形式，导师一对一为学员答疑解惑，并在训练营期间赠送大量内部资料，从各个方面为学员提供贴心服务。

（3）高端实践：带领学员到国家级组织参观，与"职场人"零距离接触，到北京游学，与名校学子进行思想碰撞，组织各类跨校活动，拓展学员社交圈，参加大咖晚宴，与业界精英深度交流。

（4）证书颁发：颁发结业证书和各类社会实践证书，证明学员精彩蜕变。

（二）线下训练营

学员到中粮可口可乐饮料有限公司参观学习现场，如图6-6所示。

图 6-6　学员到中粮可口可乐饮料有限公司参观学习

课程对象：主要针对大四、研三即将毕业的学生，通过新人训练，初识职场，完成从菜鸟到达人的转变。

课程内容：

（1）职业初测：利用职业测评建模系统，出具职业测评报告，确定未来职业发展方向。

（2）职业规划：秋招始于每年九月，但真正开始于十月中下旬，持续到十一月中下旬，这一阶段招聘企业的数量和质量相当高，所谓"金九银十"就是这个道理。在这一阶段，通过导师对秋招企业、形式、求职经验的分析，帮助学员在秋招中顺利求职。

（3）简历+群面+单面：引导学员制作简历，对简历格式、文字、内容加以推敲，帮助学员做好求职的第一块"敲门砖"。同时，带领学员了解各种面试类型，包括无领导小组讨论、群体面试、单人面试以及压力面试等各方面，探讨各类面试技巧，进行模拟实战。

（4）名企 HR 面对面：开展线下集中训练，针对每个学员问题，进行跟踪式服务，500 强高管陪练，无限次名企陪练。

（三）源动力套餐

课程对象：主要面向大二、大三、大四学生，为新人踏入职场，竞聘高端职位，提供动力之源。

课程内容：

（1）职业初评：通过职业测评建模系统，打造个人测评专属诊断报告，为下一步求职提供奠基石。

（2）高端实践：通过线下沙龙、酒会、下午茶，与企业内部高管面对面交流，帮助学员获得知名企业内推机会和一线资料。

（3）双管齐下：开拓职业规划线上课程，定制学员专属辅导实战训练。

（4）导师交流：开展跟踪式服务，导师答疑解惑，直面世界 500 强高管。

（四）100 天 offer

课程对象：主要面向大二、大三、大四学生，让新手踏上求职之路，100 天斩获 100 分 offer。

课程内容：

（1）专属职业测评报告，简历纠错（非修改）。

（2）招聘信息实时推送，简历托管+代投。

（3）笔试真题模拟+HR导师讲解，世界500强招聘经历分享。

（4）求职答疑，企业HR+自身就业指导老师专业指导。

（五）小灶计划

"校招生求职"小灶计划如图6-7所示。

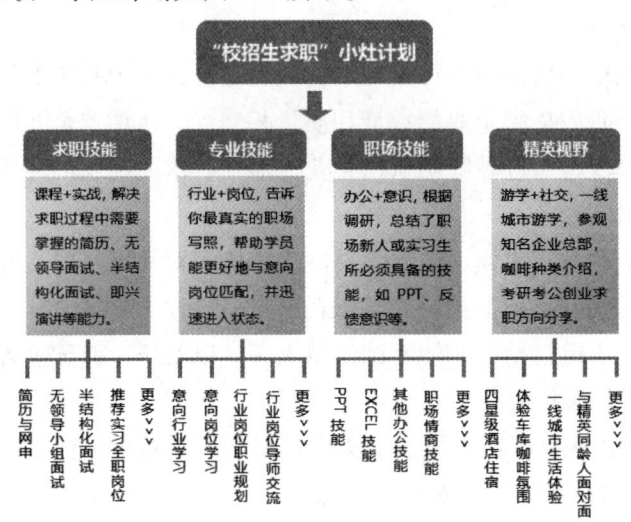

图6-7 "校招生求职"小灶计划

计划服务：

1. 服务导师

导师来自世界500强企业，拥有丰富的人力资源经验或专业招聘经验，不仅能为学生提供全方位的求职指导，而且提供相关行业、企业人脉资源。

2. 服务流程

专属导师1V1交流→出具诊断报告→四项技能服务→拿到offer。

项目	学习方式
简历与网申	1V1修改+课程讲授
无领导小组面试	课程讲授+实战演练+导师分析
半结构化面试	课程讲授+实战演练+导师分析
实习、全职推荐	定向推荐实习、全职岗位

3. 服务内容及解析

（1）求职技能。

服务内容：以线下训练营为主，训练营预计每月1～2期，学员可根据自身情况参加。

服务解析：以训练营服务解析为准。

（2）专业技能。

服务内容：将线上学习与线下学习相结合，高效率地了解一个行业和岗位。

【目前开放行业】房地产行业、快速消费品行业、互联网行业、零售行业、金融行业、制造业、医疗行业、咨询行业（人力资源/法律/会计/教育等）、贸易类行业、文化传媒行业等。

【目前开放岗位】人力资源、行政、财务、销售、市场、法务、运营、招采供应链等岗位。

项目	学习方式
意向行业学习	行业导师1V1沟通+课程讲授+学习资料
意向岗位学习	岗位导师1V1沟通+课程讲授+学习资料
行业岗位职业规划	职业规划测评+职业规划导师1V1沟通+课程讲授

服务解析：选择意向行业、岗位后，导师将安排培训计划；"校招生"求职会安排意向行业学习、意向岗位、行业岗位职业规划，在学员积极参与下，导师1V1沟通不少于4次；课程学习不少于10次。

（3）职场技能。

服务内容：以线上课程、线下实战交流为主，对学员办公硬技能和职场交流软技能进行提升。

项目	学习方式
PPT技能	课程讲授+实际操作+学习资料
EXCEL技能	课程讲授+实际操作+学习资料
其他办公技能	课程讲授+实际操作+学习资料
职场情商技能	课程讲授+解疑答惑

服务解析：导师将在培训期限内至少安排2次线下培训，5次线上培训，学员可以根据自身情况参加培训。

（4）精英视野。

服务内容：开拓学员视野，培养学员精英思维，同时也为精英社交提供平台。

项目	学习方式
详见未来精英训练营流程	

服务解析：详见未来精英训练营流程。

（六）春招杀手锏

平台"杀手锏"——优质服务项目，具体课程如下：

表 6-2　平台优质服务

课前服务	职业性格测试	利用职业测评系统，进行职业性格测试
		出具一份职业性格测评报告
	专业简历挑错	专业导师挑错
		给出修改意见，并在简历上做好批注
	学员交流群	学员加入学员交流群
	导师交流	导师 1V1 交流
		时间是 30 分钟~40 分钟
		仅提供线下交流
课程服务	《2018 年春招分析》	如何准备春招？
		秋招时间准备考研考公，缺乏实习经验怎么补救？
		如何能在不到两个月的时间上尽快定下 offer？
		2018 年春招的特点是什么，还有哪些比较好的企业招聘？
	《2018 年校招的行业岗位分析》	对大学生求职、实习的行业和岗位进行分析
		分析行业、岗位的工作环境和薪酬发展优势
	《简历、网申那些事》	公司对大学生简历的基本要求与筛选方式
		简历结构分析、格式和内容撰写分析
		简历常见错误问题分析
		没有相关实习经历，简历如何才能打动 HR？
		简历投递方式与技巧，网申流程指导

续 表

课程服务	《单面专项分析》	面试前的准备，面试基本礼仪
		电话面试内容与技巧
		自我介绍攻略
		结构化面试和非结构化面试
	《群面专项分析》	群面的标准流程和特点
		群面中的不同角色的概述和特点
		如何在群面中寻找合适自己的定位
		群面中可能遇到的困境与破解技巧
		群面的主要类型和分类解读
	《职场思维和学生思维——思维大于实践》	我只是个实习生，公司就不会重视结果？
		我很努力了，结果和过程哪个更重要？
		我是来学习的，公司凭什么给你学习机会？
		没人安排工作，我就可以玩手机？
	《第一份工作前你应该知道的一切》	offer、三方、报到证都是什么鬼？
		offer 好几份，怎么选？
		接受 offer 后还能反悔吗？
		从象牙塔到职场，你需要做好哪些准备？
课后服务跟踪	每日一问，每周一答	小招老师跟踪服务，整理问题，每周预约最新的导师给大家解答
	名企招聘信息一手推送	小招学姐会在学员群里每天发布最新的求职信息
福利		精选简历、"面经"大礼包一份
		职场小白必备书单一份
		往年笔试真题一份

（七）校招生求职金榜计划

校招生求职金榜计划，如图 6-8 所示。

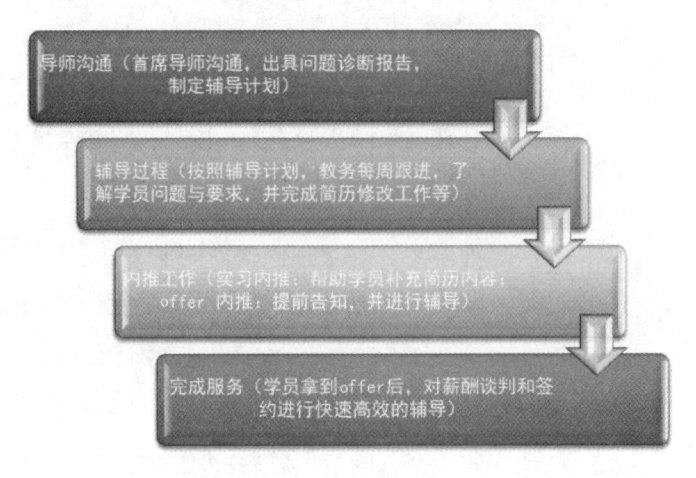

"项目主导 专创融合"的教育实践与探索

```
导师沟通（首席导师沟通，出具问题诊断报告，
         制定辅导计划）
              ↓
辅导过程（按照辅导计划，教务每周跟进，了
         解学员问题与要求，并完成简历修改工作等）
              ↓
内推工作（实习内推：帮助学员补充简历内容；
         offer 内推：提前告知、并进行辅导）
              ↓
完成服务（学员拿到offer后，对薪酬谈判和签
         约进行快速高效的辅导）
```

图 6-8　校招生求职金榜计划

（八）及时雨

与企业 HR 积极对接，获取第一手招聘信息，及时通过各类多媒体平台进行推送，使用户感受到方便、快捷的岗位资讯服务，如图 6-9、图 6-10 所示。

图 6-9　"校招生"求职招聘信息发布微信公众平台

图 6-10　校招生招聘信息发布网站

（九）名企参观学习

为响应国家号召，充分发挥我们的优势，更好地发挥平台的作用提高服务能力，提高培养就业素质，提供更大空间，我们多次进入名企参观学习。与企业名师领导面对面交流，听取行业优秀者的经验分享，为我们更好的发展做好准备！

（十）求职一本通

名企 HR 精心编写，求职者的应聘宝典（图 6-11）。

图 6-11　应聘宝典

四、运用互联网思维，拓展职业教育培训线上服务

建立互联网基地，包括官方网站、微信公众平台、App，上述平台都具有在线交易功能，可以随时发布新产品课程、新闻动态、企业招聘信息等。同时，公司紧随时代潮流，跟踪消费群体，充分利用现在的新兴媒体——火山小视频、抖音短视频、奇秀直播等，并拥有自己的论坛和圈子，进行企业宣传，扩大企业影响力。总而言之，公司综合运用自媒体、新媒体、传统媒体多方平台，吸引消费群体目光，扩大市场。

（一）"校招生"职业培训社交类移动互联网App

经过不断升级，形成稳定的移动互联网职业培训学习社交平台。

1. 校招小课堂——为您量身打造微课堂

提供公开课，将画面精良、入门级别的职业技能培训小视频作为免费学习资料，上传至"校招生"App及"校招生"官方网站，吸引粉丝关注。同时公司充分利用网络营销渠道，引报道、做体验、玩口碑，利用互联网优势，使人们随时随地都可以学习，玩转自由时间。

（1）为参加线下训练营的学员提供线上专属课程，发挥线上教育"时间地点自主选、反复听课无限学、投入产出很划算"的优势，引入金币、学分、打卡概念，优秀学员赠送相应的课程优惠、名企实习机会等；为优秀学员录制精美成长视频上传至门户网站，邀请部分学员参与到教学视频录制、海报设计中来。

（2）将高质量或专业化课程设计成具有差别服务、提供用户等级的进阶模式，通过微课堂免费课程的赠送刺激用户消费需求，然后按课程种类、时间收取线上订购费用。

2. 课间小憩——玩转社交、打造专属职业圈

利用SNS圈子概念，发挥"用户即资源"的优势，让用户可在自己的圈子里分享职场见闻趣事、经验阅历，为其他体验者提供更多观察职场的视角。

3. 职业测评——摆脱迷茫，规划职业生涯

利用职业测评建模系统1.0版和职业规划电子导师，进行职业性格测试，为每一位用户打造专属个人的职业测评报告。

（二）线上直播——导师公益大课堂

邀请世界500强企业知名HR做客直播室，通过分享自身工作经历，减少与用户之间的距离感，让HR带用户充分了解真正名企的日常。

（三）综合利用各种宣传平台，提供各类求职服务

利用微信公众号、微博、网页头条、火山小视频、抖音等多方互联网媒体，提供各类实习、招聘信息，传授面试经验。

自媒体时代的到来，使得人人有了属于自己的发言权，这也为众多中小型企业带来不少发展的契机，为企业提供了一个自我宣传的机会，极大地节省了广告成本，促进公司企业发展。

五、市场与竞争分析

（一）目标群体需求分析

1. 消费者个人分析

目标消费群体主要为高校应届毕业生，并逐步扩大"校招生"生源范围。"校招生"求职针对其求职能力、职业能力、求职信息、经验交流四方面的需求来研发产品、开展业务（图6-12）。

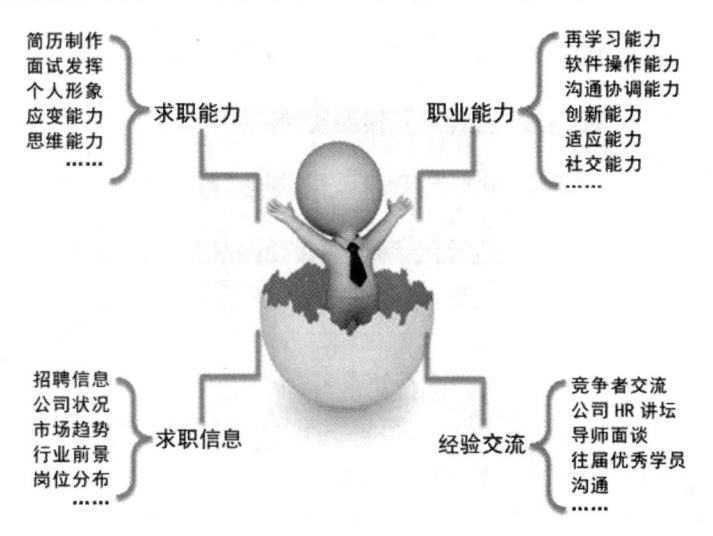

图6-12　消费者个人分析

针对公司提供的各项产品与服务，统计出其所占总量的比例（图6-13）。

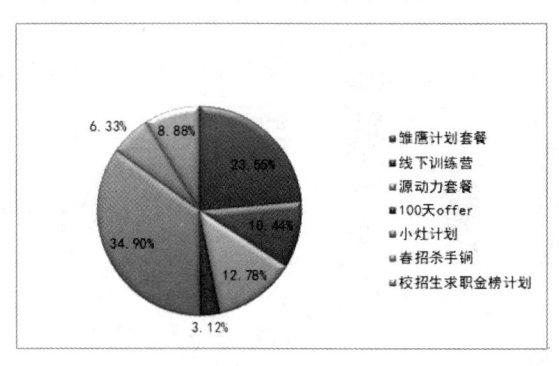

图6-13　项目设置

"小灶计划""校招生求职金榜计划"成为公司最受欢迎的项目，"源动力套餐""线下训练营""春招杀手锏""雏鹰计划套餐""100天offer"分别占12.78%、10.44%、6.33%、23.55%、3.12%。

2.产品与服务类别偏好调查（多选）

产品与服务偏好类别如图6-14所示。

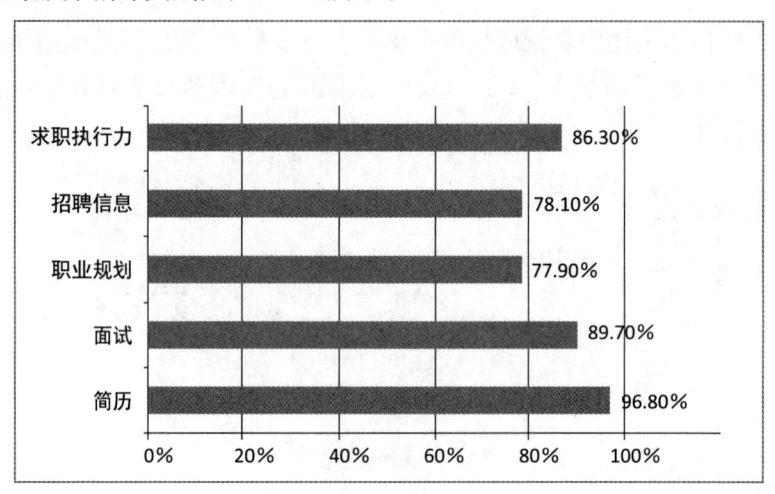

图6-14 偏好类别

调查显示，希望通过公司提供的产品和服务，来提高自己简历制作水平以及面试能力的占比最大，分别为96.80%和89.70%。

3.机构偏好调查

机构偏好调查如图6-15所示。

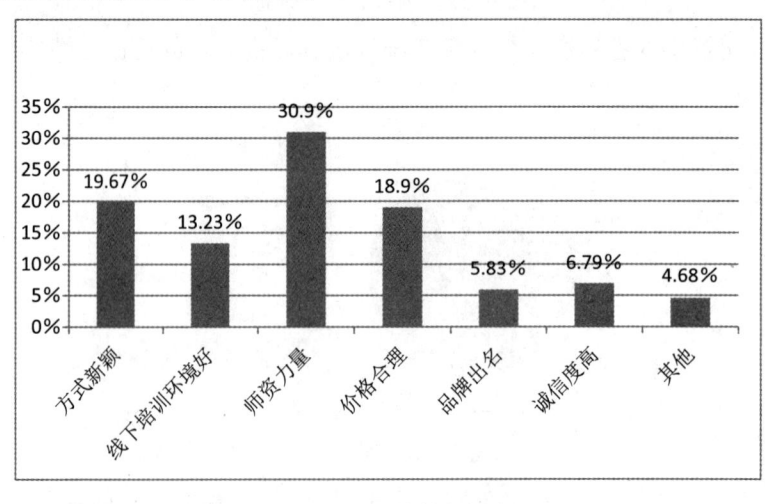

图6-15 机构偏好调查

调查显示，30.9%的消费者选择"校招生"是因为人力资源优势突出（师资力量），18.9%的消费者认为价格比较合理，19.67%的消费者认为公司所提供的产品和服务内容、方式新颖，具有创新性。

4.群体花费调查

群体话费调查如图6-16所示。

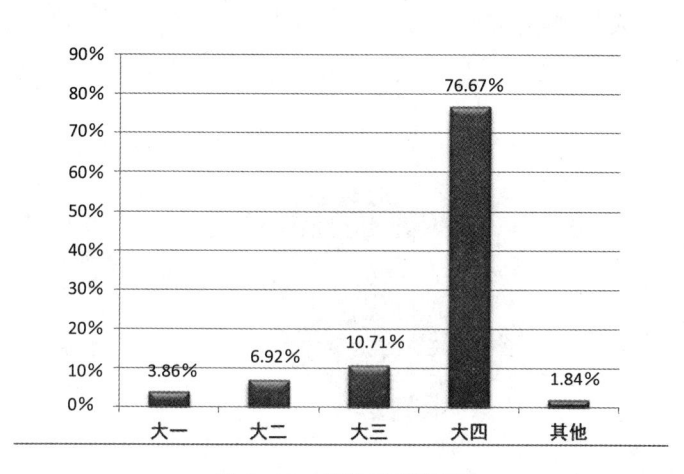

图6-16 群体花费调查

公司的产品和服务多面向应届生这个群体，占比76.67%，大三、大二、大一依次递减，分别占比10.71%、6.92%、3.86%。

5.群体目标调查

目标调查如图6-17所示。

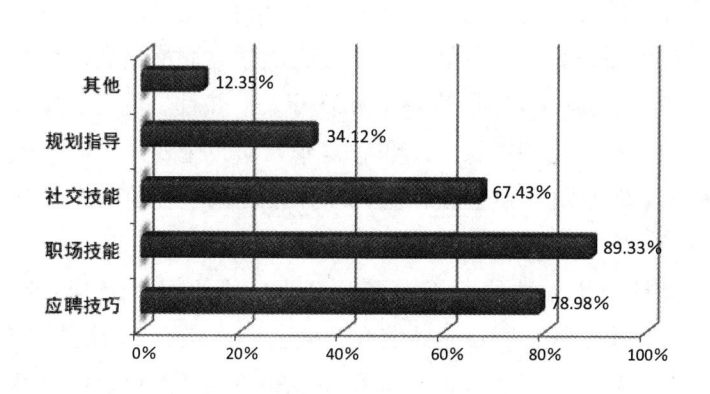

图6-17 目标调查

调查群体分别有 89.33%、78.98%、67.43% 想提高职场技能、应聘技巧、社交技能，有 34.12% 渴望获得规划指导。

6. 初期市场调研

初期实地市场调研的调研对象主要针对目前在校大学生（重点是应届毕业生），调研目的是充分了解参加此类培训的意向（图 6-18），38.09% 的大学生表示希望学习，30.67% 的表示曾经参加过，25.76% 的持观望态度，3.03% 的表示没有兴趣。

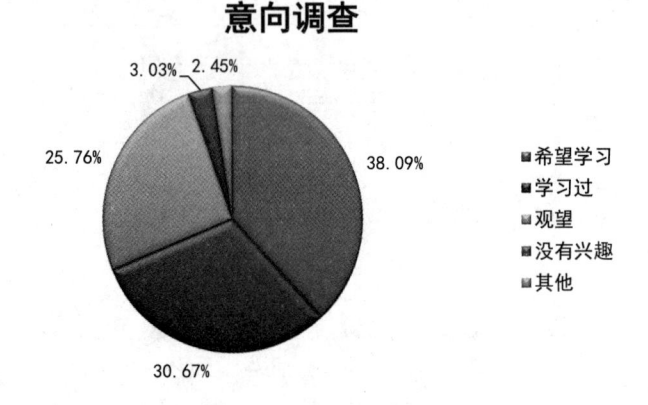

意向调查

3.03%　2.45%
25.76%
38.09%
30.67%

■希望学习
■学习过
■观望
■没有兴趣
■其他

图 6-18　意向调查

（二）市场需求分析

近年来，教育作为服务业中最重要的组成部分，呈现旺盛的增长态势，成为我国经济领域的市场热点。同时，21 世纪是经济全球化、服务国际化的时代，职业培训市场的规模也是日渐壮大。

在职业教育市场中，资格证考试培训、就业型技能培训等类型企业已遥遥领先，大学生职前培训企业崭露头角。2017 年，大学生职前培训规模约为 30 亿。

2018 年，全国普通高校应届毕业生 820 万人，并且呈现逐年增加的趋势，但就业市场需求却没有同比例增长，求职者自身素质与企业岗位需求也形成"剪刀差"，导致大学生就业困难和企业难觅人才并存现象。各地庞大的毕业生队伍展现了广阔的市场，为"校招生"求职提供了"生长土壤"。

同时，在高校招生人数的逐年增多但事业单位的招收能力十分有限的情况下，越来越多的毕业生将求职目光锁定在企业上，未来的市场成长性较强。

岗前职业培训教育是国民教育体系和人力资源开发的重要组成部分，是广大青年通往成功成才大门的重要途径，肩负着培养多样化人才、促进就业创业的重要职责，必须高度重视、加快发展。

（三）竞争分析

表 6-3 为 SWOT 分析表。

表 6-3　SWOT 分析表

	（S）优势		（W）劣势
市场优势	山东校聘信息技术有限公司地理位置优越，潜在消费者数量多，消费潜力巨大，市场竞争力强，具备一定的先天优势。并且大学生的竞争意识越来越强烈，进入机构进行职业生涯规划与培训成为一种选择，这一行业蕴含着巨大的消费潜力。	消费水平	山东校聘信息技术有限公司的目标群体主要为大学生，大部分学生还没有独立的经济能力，或受家庭条件的影响，支付能力不足，这可能会导致公司的消费动力减弱。
政策优势	近年来，国家一直在鼓励大学生创新创业，并不断出台相关优惠政策，这为公司的创立和发展提供了更多机遇。山东大学生创业优惠政策：可获得各类创业补贴。	1．一次性创业补贴 2．一次性创业岗位开发补贴 3．社会保险和岗位补贴 4．创业场所租赁补贴	资金投入	公司运营需投入大量资金，在运营时会出现资金不足、运转困难的情况。
团队优势	"校招生"团队成员不仅具备专业素质，而且思路开阔、富有创新精神、执行力强，这为企业的发展注入了源源不断的活力。并且，公司紧随时代发展潮流，在大数据、人工智能方面也达到了较高的水准。	学生身份	创业团队多为在校大学生，社会经验略有欠缺，若宣传方式出现不当，会导致学生对公司产生不信任感，或出现依赖公司产品服务的想法。
产品优势	1.Career Planning Analytics 数据库与心理学、行为学、社会学等领域专家共同支撑"职业测评建模系统 1.0"的科学性。 2.依托人脉资源，公司构建出"校招生"生态圈。其中，求职者、高校、企业双向联系、彼此互相影响、互利互惠。		

续 表

	（O）机会		（T）威胁/风险
时代趋向	智能化产品的兴起和市场消费习惯的转变，正在为在线教育带来下一个风口，而先势而动的企业无疑将成为智能教育普及大旗的扛旗人，并在这片战场迅速经纬交错，建立起一个新的教育生态。创业之初，公司团队把握时代潮流，利用当下科技热点——人工智能，研发出职业测评建模系统1.0版和职业规划电子导师，并成功申请专利。	成本风险	公司成本风险主要来自面临规模扩大带来的成本（师资成本、租赁成本、营销成本、系统维护成本等）急剧增长的风险。
痛点指向	当前大学生普遍对于未来的职业生涯缺乏长远的规划和有针对性的准备，致使学习目标不明确，甚至失去了对未来的追求，而企业在大学应届毕业生中也无法挑选出优秀人才、补充大量新鲜血液，造成大学生就业困难和企业难觅人才的现状。对于公司来说，是一个发现问题的机会。	市场竞争风险	在发展过程中，我们必然将面对同质化竞争，在开拓校招培训的市场同时，要应对同一类系列的不同品牌的产品，在外观设计、理化性能、使用价值、包装与服务、营销手段上，以及产品的技术、使用价值的模仿。

六、公司战略

（一）公司概述

山东校聘信息技术有限公司是一家专注于大学生就业、关注大学生成长、启迪求职思考，为大学生的就业发展奠定基础和搭建平台的公司。"校招生求职"在全国求职领域居领先地位，致力于帮助大学生快速成长、找到一份适合自己的好工作。团队合作成员来自绿地集团、可口可乐公司、民生银行、恒大集团、华硕电脑、滴滴出行、新东方及浪潮集团等世界500强知名企业。

我们依托雄厚的师资力量、成熟的课程研发团队、特色的个性化指导，运用颠覆传统产业模式的大数据、人工智能，推动传统职业教育培训模式向E-Career

Planning 2.0新模式靠拢，使消费者能够充分利用这个平台，使学生、学校、企业三者之间进行有效地沟通交流，使信息能够趋于共享。同时运用职业测评、职业生涯规划建模、简历修改、远程面试、培训微课程等具有创新精神的新模块，引入众筹、分期付款、阶梯定价、合约租赁等概念，致力于提供给消费者最独特、最新鲜、最灵活、最实用的E-Career Planning 2.0"校招生"体验。

公司以"工匠精神"为企业精神的核心：

（1）精益求精。注重细节，追求完美。

（2）严谨，一丝不苟。

（3）耐心、专注、坚持。不断提升产品和服务品质，真正的工匠在专业领域上绝对不会停止追求进步的脚步。

（4）专业、敬业。工匠精神的目标是打造本行业最优质的产品和服务，其他同行无法企及的卓越产品和服务。

（二）企业形象

1.徽标（logo）

2.商标

3.服装

企业员工统一着装。

将企业商标和徽标融合到文化衫中，打造企业形象，员工始终秉持"专业、专注、用心、用新"的服务态度，始终以消费者需求为第一导向，注重创新，强调提升自己所缺失的能力，与岗位做好对接，不断探索和更新方法模式。

（三）发展战略

1.前期战略

主要面向济南市各大高校的学生群体，吸纳一批较为稳定的消费人群，培养潜在客户群。针对不同群体（大一、大二、大三、大四），从职业素养、职业咨询、求职服务、职场社交、实习服务、职后提升等方面进行线上、线下相结合的针对性指导。以线下的培训与指导引入，打造大学生、高校、企业三方搭建的社交化职业竞争力成长的平台，通过全程陪伴式学习，提升大学生职业能力。

2. 后期战略

以济南市为核心向周边地区辐射，逐步稳定山东市场，并将目光放在整个华北地区、江浙沪一带及湖北武汉，在每个事业部构建大学生职业发展生态圈。圈内学生、高校、企业信息对接良好，有效弥补供给、需求之间的差距，通过学生主体职业力构建、实习推荐、职业规划、求职培训、定制服务、职业咨询、线上学院；高校主体产教融合、课程输出；企业主体人才推荐、校招执行、雇主品牌、定制人才培养；充分利用政府的创业帮扶政策，形成良性生态圈。

注意不断完善财务分析系统，控制产品和服务的成本，尽可能地使其趋向合理化和科学化，同时注重公司的文化建设和管理团队的建设，时刻关注市场的变化与指向，不断更新产品和服务，并保障产品和服务从始至终的高质量。

七、营销策略

（一）定价策略

定价策略如表6-4所示。

表6-4 定价策略

	校招生产品定价及销售					
	2016—2017			2017—2018		
	定价（元）	销售量	营业额（元）	定价（元）	销售量	营业额（元）
金榜计划名企保过服务（2016年含职业定位、培训、岗位信息、直推实习等；2017年囊括公司所有已推出项目）	1,999	478	955,522	4,999	426	2,129,574
精英职前培训（线下7天）	999	214	213,786	1,199	368	441,232
及时雨（招聘信息推送）	129	201	25,929	不再单独推出		
源动力(含线下实习一份)	799	252	201,348	999	402	401,598

续表

校招生产品定价及销售						
	2016–2017			2017–2018		
	定价（元）	销售量	营业额（元）	定价（元）	销售量	营业额（元）
春招杀手锏（2016年线上网课；2017年线上+线下1V1）	399	270	107,730	699	464	324,336
雏鹰计划（一年）	999	205	204,795	999	386	385,614
公司定位咨询（每小时）	300	267	80,100	399	401	159,999
简历制作及修改（2016年只含网课；2017年含1V1精修）	199	309	61,491	299	412	123,188
名企参观学习（3天）	未推出			299	538	160,862
求职一本通	未推出			39	2,564	99,996
合计			1,850,701			4,226,399

价格优势：

（1）由于消费群体主要是应届毕业生，大部分无独立的经济能力，可支付能力比较弱，公司主要靠规模效应，相对压低个人成本。面向大一、大二群体，开设平价课程，并通过分期付款，阶梯定价，以适应该群体的经济状况，使其购买产品和服务。

（2）与山东师范大学"雨点公益"社会志愿组织、"留声映像"传媒文化公司建立合作关系。团队通过远低于市面的价格，购买其服务。

因此，公司的产品与服务成本较低，具有价格优势。

（二）渠道策略

与已达成合作的世界500强企业加强合作力度，做好信息的接轨工作，使人才有用武之地，逐步加强与其他世界名企合作，扩大业务规模。

不断扩大合作高校的范围，通过举办公益讲座、校企合作等形式，加大与高校合作力度。

（三）品牌策略

确保服务质量，打造过硬的"个性化"品牌。运用"个人档案式"评估法和"课程进阶式""跟踪式"教学法，针对每一位学员的实际情况开展培训。

为每一位学员制定时间灵活、内容合理的课程安排与实时推送，建立细密的学员追踪记录制度，确保每一次的授课都能让学员有所收获，并通过对学员学习路程的记录，了解学员的特长和劣势，及时调整方案，争取做到对学员的统筹兼顾与个性化辅导。

（四）促销策略

1. 特价活动

课程宣传期采用报名折扣、高级会员折扣以及赠送内部材料等活动形式，吸引用户报名，争取有限名额。

2. 免费体验

提供公开课，将初级阶段培训课程做成高质量免费网课进行课程宣传，课程最后建立反馈机制，了解用户需求以及时调整。

3. 有奖活动

节日、纪念日展开线上分享抽奖、线下答题抽奖等活动，并赠送现金红包、代金券、配套课程等，以刺激消费。

（五）网络策略

1. 利用自媒体平台

把以往传统的发传单、LED广告等大幅度转化为互联网宣传，在"人人都是自媒体"的时代，小小的微信朋友圈里就有千千万万的潜在客户群。

在朋友圈分享的小视频，对于朋友圈里的潜在消费者来说是直观且具有诱惑力的，他们会点击感兴趣的网站链接进入到推荐的App里浏览相关项目设置、收费标准等，远比传统咨询电话要方便。

同时，计划举办各类公益讲座，设置关注公众号赠送门票、公众号投票等环节，增加公众平台粉丝阅读量，达到更好的宣传效果。

2. 利用互联网情感

如小米手机的"青春发烧"，360的"挑战强者"都引起了消费者的巨大的共鸣。职业规划也有情感，要找准市场目标群体的情感定位。互联网把无数孤立的灵魂、思想连接起来，跨越地域上的阻碍，在互联网上完成交汇，我们要做的，是形成自己的品牌人格。

我们的思路其实很简单：

（1）对消费者有利。

（2）让消费者少花钱。

（3）让消费者更加便利。

我们相信，当一种透明的利益分享机制充分建立起来，E-Career planning2.0 时代也真正到来了。

八、创业团队

创业团队结构如图 6-19 所示。

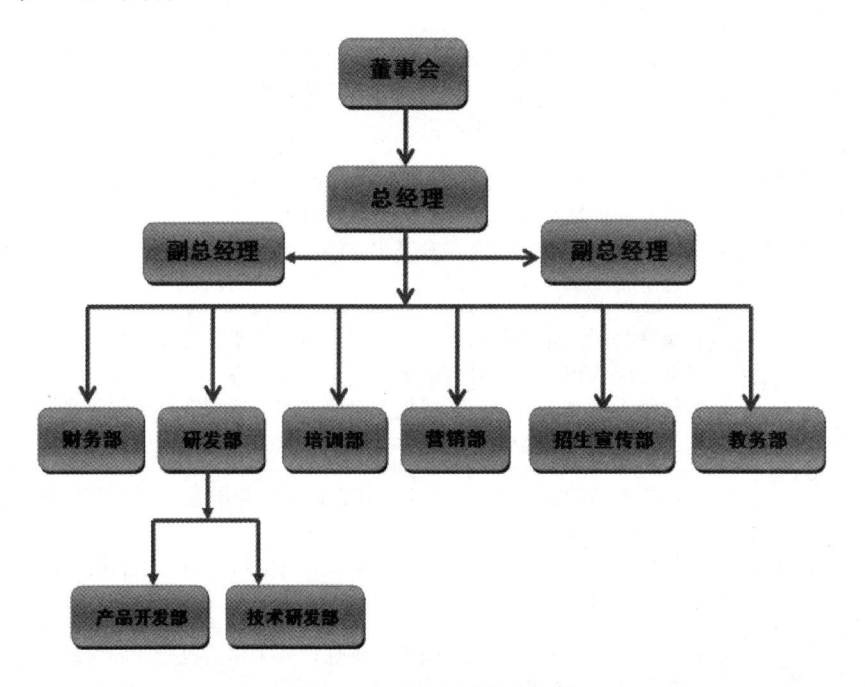

图 6-19 创业团队结构图

（一）公司的组织架构

该公司的主要架构最高层为董事会，下设总经理一职，总经理下设副总经理，共同管理其下分设的各部门，其中研发部又分为产品开发部和技术研发部两部分，各部门各司其职，相互协调共同发展。

（二）部门职能

部门职能如表 6-5 所示。

表 6-5 部门职能

组织架构			职能
总经理			整体把握培训中心发展方向，决定各部门负责人的选拔与任免，协调各部门之间关系，以实现企业总体经营目标。
副总经理			协调总经理各项工作，与知名企业 HR 进行沟通、合作，统筹各地事业部业务工作，推动公司经营目标的实现。
分支	财务部		1. 负责公司的财务控制、会计、金融、投资活动，并定期向决策者提交财务报告，分析财务状况并提出建议。 2. 公司资金的筹措、经营和调度，负责全企业系统的资产评估，固定资产的管理和核算。
	研发部	产品开发部	1. 根据用户反馈意见，改善现有项目，打造"最优"产品。 2. 实时进行市场调查，把握市场流行信息，及时开发新型产品，满足用户需求。
		技术研发部	1. 做好职业测评建模系统 1.0 的维护工作，定期清理 bug、填补漏洞，不断满足用户需求。 2. 继续开发、升级职业测评建模系统，定期发布已更新的版本。
	营销部		1. 负责公司总体的营销活动，决定公司的营销策略和措施，并对营销工作进行评估和监控，包括市场分析、广告销售等。 2. 组织人员深入市场，了解相关企业的市场行情及有关的信息资料，了解公司用户的基本情况，及时反馈用户意见及需求信息。
	招生宣传部		1. 统筹公司的宣传工作，决定公司宣传策略和措施，对公司的宣传途径、渠道进行分析、评估。 2. 吸纳学员，组织安排人员进行深入挖掘与创新，扩大公司的品牌效应，增强吸引力。
	教务部		1. 执行公司教务上的工作安排，确保教务工作的执行，确保教学安全以及良好的学风建设。 2. 负责讲师授课效果评估和反馈工作的统计，制定教务相关的制度并监督实施。
	培训部		1. 制定培训工作计划，明确培训工作目标，保证培训工作有计划、有步骤、有条不紊地运转。 2. 建立和健全培训管理系统，明确职责范围，发挥管理机构及人员的作用。

（三）管理层关键人物

1. 董事会领导决策者，领导公司的事务和业务，做出公司的重要决策和管理。

2. 总经理、副总经理，总经理是公司的业务执行的最高负责人，副总经理协助总经理制定并实施企业战略、经营等政策方略，实现公司的经营管理目标及发展目标。

3. 部门分支各负责人，部门负责人主持该部门人事工作等事务，各司其职，总领部门总工作。

（四）团队组建特征

1. 目标清晰

把自身利益和社会利益相结合，作为一个创业团队，时刻清楚自身的目标，实现打造一流职业培训机构的创业梦。

2. 相互信任

"校招生"求职崇尚开放、诚实、协作的办事原则，同时鼓励员工的参与性和自主性，组织内部容易形成信任的环境，因为同一个梦想走到一起，知根知底，亲如家人。

3. 能力突出

"校招生"求职核心团队成员熟练掌握管理学、经济学、信息技术、会计学、组织学、人力资源管理等专业知识，拥有计算机二级证书、会计从业资格证书和人力资源师证书。

"校招生"团队成员具有丰富的管理工作经验和极强的工作能力，沟通表达能力优秀。其他核心成员在具备共同兴趣爱好的基础上有各自的优势，时间和能力上都相互配合，并掌握各自的人脉基础和社会资源。同时积极吸纳各类名企HR优秀人才，发展管理队伍和教学队伍，至今在管理层面已形成完整的人员配备，分工明确；在教学层面积极吸纳一大批世界名企HR建立教师团队，师资力量充足且强大。

"校招生"背后不仅是一群激情飞扬的创业人，更有着强大的技能人员的支撑。创业团队成员的互补性强，具备良好的个人技能来出色地完成工作。

（五）团队人力资源政策

1. 薪酬制度

"内部公平与外部竞争"原则：个人收入水平与绩效表现相关；保障薪酬的行业与地区的竞争力，结合公司战略定位，薪酬总体水平与行业内中高水平企业相比。

2.员工培训

依据战略目标及个人的职业发展需要,并秉承"抓准需求、清楚目标、找出差距、务求实用"的培训原则来指导公司的培训工作。培训内容包括业务技能、管理技能、公司文化、个人提升等诸多方面。

公司希望每位学员都带着创新的动机和发展的愿望来参与互动式的学习,然后再回到实践中,在新的平台上进行更高层次的创新,从而形成不断循环、螺旋上升的过程。

3.员工职业生涯管理

公司与新加盟的员工共商职业发展规划,辅之相应的培训并在适当的时候给予施展才华的舞台,激励并发挥员工的积极性,以提升员工的综合素质,促进员工的快速成长。公司目标的制定是自上而下的统一与自下而上的对齐,职业生涯管理充分考虑了每个员工的不同情况,将员工的个人目标和公司目标结合起来,促进员工和公司一体共赢,在实现公司目标效益的同时,为员工实现自己的个人目标创造条件,探寻适合每个员工发展方向的道路。

4.员工绩效管理

公司支持多种绩效管理模式：KPI（关键绩效指标）、MBO（目标管理）、360（360度绩效考核）、PBC（个人绩效承诺）等,支持多种评估方式：单人评估、多人评估、矩阵评估等。秉承"目标驱动、快速反馈、激发潜能、一体共赢"的理念,通过移动端进行目标进展状况的更新,并及时沟通反馈,使员工、团体、公司向同一方向努力；支持绩效流程的灵活定义,制作灵活绩效指标看板,激发员工的潜能。

5.奖励制度

根据学员反馈、个人绩效等制定HR评价体系,为优秀HR讲师颁发"金牌HR""金牌讲师"等荣誉称号,并给予更加优厚的待遇。一方面,扩大HR讲师的知名度、提高讲师的工作积极性；另一方面,增加公司的美誉度、影响力,吸引更多的消费者。

九、财务分析

（一）运营状况

山东校聘信息技术有限公司成立至今,一直致力于为企业和校园求职者提供以信息技术为支撑的专业人力资源服务,公司教师团队是由一群来自世界500强公司的 HR 创建而成，吸纳了最专业的目标定位师与岗前培训师，自成立以来，经公司培训打造后入职世界 500 强公司的学员已有数百人。

（二）相关报表

（1）资产负债表。

（2）利润表。

（3）现金流量表。

（三）资金来源与股本结构

该公司成立以来运营状况良好，2016 年公司总营业收入达到 185 万；2017 年营业收入以 2.3 倍的速度上升，已达到 422 万，净利润率也有了明显的提升；公司知名度的不断扩大、学员的良好反馈以及市场业绩的节节攀升成功吸引了新东方教育科技集团的合作意向，双方已达成协议，确定在 2018 年 6 月份"校招生"出让 10% 的股权融资 400 万来扩大公司的规模，由于此次融资，预计公司 2018 年的营业额将突破 1 000 万。

（四）销售收入及利润的具体分析

公司在 2016 年至 2019 年销售收入呈快速上升趋势，并且净利润上涨速度超过销售收入，使净利率也呈增长之势，由于公司这四年加大了对线上培训业务的投入力度，净利率超过一般行业。公司 2016 年的销售收入构成图，如图 6-20 所示。

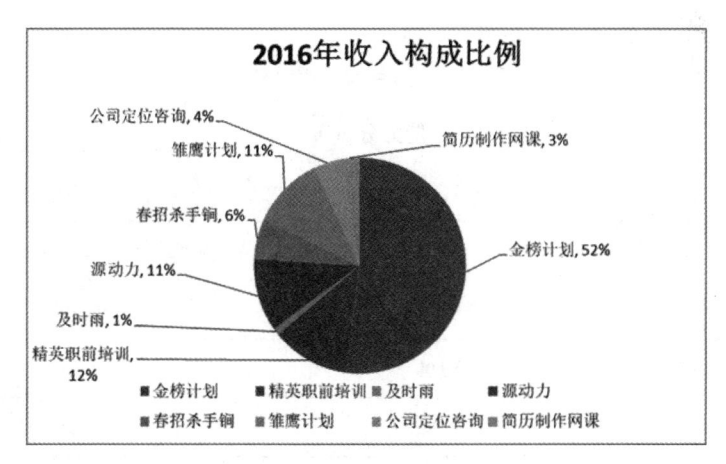

图 6-20 2016 年销售收入构成图

由于 2016 年推出的及时雨业务和简历制作网课的收入所占比例较低，公司在 2017 年年初对产品进行更新与改革，并做出以下决策：①将及时雨业务改为免费向顾客提供的业务，以此来增加公司的知名度，拓展顾客量；②将简历课程改为网课+1V1精修形式，对顾客的经历进行有针对性的挖掘，将一份普通的简历精修成令招聘公司眼前一亮的明星简历。经过产品改革后，2017年的业务收入比例图如图6-21所示。

2017年收入构成比例

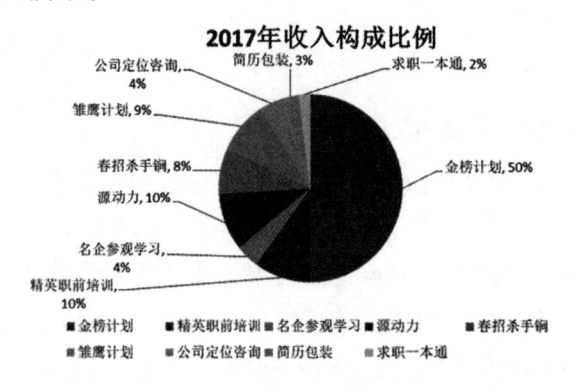

- 金榜计划，50%
- 精英职前培训，10%
- 名企参观学习，4%
- 源动力，10%
- 春招杀手锏，8%
- 雏鹰计划，9%
- 公司定位咨询，4%
- 简历包装，3%
- 求职一本通，2%

图6-21　2017年销售收入构成图

由上图得知，公司的改革具有显著成效，简历业务从只含网课到包含1对1精美打造，销售收入从2016年的占比2%提升到3%，新推出的名企参观学习业务的销售收入也达到了4%，除了公司的核心业务"金榜计划"外，其他业务占比相对均衡。

（五）财务报表指标分析

公司财务报表分析如表6-6所示。

表6-6　财务报表指标分析

能力分析表		
项目	2016年	2017年
盈利能力		
资产报酬率	33.8%	36.3%
销售净利率	19.1%	24.2%
权益净利率	35.4%	47.2%
偿债能力		
流动比率	1.98	2.13

续表

速动比率	1.77	1.86
资产负债率	38.62%	48.1%
资产管理能力		
流动资产周转率	—	1.92
总资产周转率	—	1.40
发展能力		
销售增长率	—	2.56
总资产增长率	—	2.88

1. 盈利能力

盈利能力是指企业获取利润的能力，也称为资本增值能力，通常表现为一定时期内企业收益数额的多少及其水平的高低。通过过去几年能力分析表中资产净利率、销售净利率、权益净利率的分析，可以看出公司连续盈利，而且资产净利率、销售净利率、权益净利率均处于比较高的水平，公司的各项指标良好，说明其具有较好的盈利能力。

2. 偿债能力

由能力分析表可以看出，公司两年来的流动比率和流动速率较高，偿债能力较强，利于未来的发展，但是公司当前闲置资金较多，可以进一步加大投资，减少流动资产占用，使其发挥更大的效益。由于第二年新增一笔长期借款，2017年的资产负债率略微上升，但这笔借款对公司的发展利大于弊。

3. 资产管理能力

由能力分析表可以看出，公司流动资产周转率和总资产周转率都比较高，说明公司具有良好的资产营运能力，在公司成立初期，这是一个较好的表现。

4. 发展能力

由能力分析表可以看出，公司的销售增长率、总资产增长率均处于较高水平，说明公司保持了较快的发展并且规模扩大，同时表明公司具备较强的风险抵抗能力。

（六）投资决策分析

公司在过去几年里经营业绩良好，为了给下一步的投融资计划提供参考，接下来将从 NPV、内含报酬率 IRR、投资回收期、盈利能力指数 PI 等方面对公司的经营情况进行分析。

1.NPV

2016 年和 2017 年银行短期借款年利率约为 4.35%，长期借款利率（3～5 年）为 4.75%，考虑到目前资金成本较低，以及资金的机会成本和投资的风险等因素，r 取 8%，远远大于长期借款利率，计算投资净现值，首先需要计算 OCF（经营性现金流量）

2016：OCF= 净利润 + 折旧 =405 056.58+26 560=431 616.58

2017：OCF= 净利润 + 折旧 =1 016 479.55+56 880=1 073 359.55

再结合净营运资本的变动和项目的资本性支出，得到净现值如下：

NPV = 投资未来现金流的现值 − 成本的现值

= C1/(1+r) + C2/(1+r)^2−C0

= 405 056.58/1.08+1 016 479.55/1.08^2−500 000

=746 519.77 元

计算结果可得 746 519.77 元，其远大于 0，证明公司盈利能力良好，值得投资。

2. 内含报酬率

内含报酬率，是指能够使未来现金流入现值等于未来现金流出现值的贴现率。若内含报酬率大于资金成本率则方案可行，且内含报酬率越高，方案越优。

根据现金流量表，计算内含报酬率如下：

$$\sum_{t=1}^{n}(C_t - C_o)(1+IRR)^{\wedge}(-t) = 0$$

计算得 IRR=72.3%，远大于资金成本率 8%，原因在于公司经营的场地由公司股东入股提供，使成本大大减少，培训导师一开始由主要股东担任，在创业初期所要工资较少，因此利润空间较大。

3. 投资回收期

投资回收期是使累计的经济效益等于最初的投资费用所需的时间。

计算公式如下：

$$回收期 = 累计计净现值出现正值数 - 1 + \frac{未回收现金}{当年现值}$$

通过净现金流量、折现率、投资额等数据用内插法计算，用以上公式可得公司的投资回收期为 1 年零 3 个月，投资方案可行。

4. 盈利能力指数 PI

盈利能力指数亦称"利益/成本比率"，用于衡量每投资一单位货币所创造的价值，一般而言，如果投资项目的盈利能力指数大于1.0，该投资项目就是可以接受的，投资项目的盈利能力指数越高，该投资项目的盈利能力也越大，其投资可行性也越大。

PI = 未来现金流量现值 / 初始投资 =746 519.77/500 000=1.49

获利能力指数大于1，投资项目可以接受。

（七）未来三年预期

公司目前已在山东市场逐渐站稳脚跟，并在北京、天津、河北保定开始试营业。未来三年，公司将把目光放到江浙沪一带以及湖北武汉。

十、关键风险与退出

（一）成本风险及应对策略

成本风险是某种可预见的危险情况发生的概率及其后果的严重程度这两个方面的总体反映，是对提高成本后的发生情况所带来的危险和后果的一种综合性的认识。组织提高成本的情况是经常的、多方面的。所以，成本风险也是经常存在的、多方面的。

1. 师资成本

公司与世界500强、中国500强等公司进行合作，可以向学员提供最新的人才需求信息，并聘请知名HR为我们提供职业规划、职场发展等专业课程的讲授，成本高且难降低。

应对策略：将进入世界五百强企业工作的优秀学员回聘为我们的导师，能够降低师资成本并且有利于实战经验的传授。

2. 租赁成本

房屋租赁成本高。创业初期，公司的总部办公区由股东入股提供，创业中后期，必将不可避免地应对事业部拓展的办公区、教学区租赁成本高昂的问题。

应对策略：充分利用高校资源，入驻高校，降低教学成本。

3. 营销成本

营销成本是指企业由产品最初所有者到最终所有者的营销过程中支付的费用，其是企业利润的必要投入，包括信息成本、设计成本、谈判成本、契约成本、运营成本、税收成本、协作成本与诉讼成本等。所谓营销成本预算是企业营销收入及各项营销费用支出计划的统称。

应对策略：控制营销费用，运用网络营销的模式，借助微博、直播、小视频、朋友圈等自媒体平台，让优秀学员做口碑，引报道。

4.系统维护、升级成本

公司线上运营很大程度上依赖移动互联网App的研发和网站日常运营的维护，同时，职业测评建模系统和职业规划电子导师尚处于1.0版本，系统的再升级需要一定的资金支撑。

应对策略：基于"校招生"良性生态圈，与企业、高校进行深度合作，利用内部资源的优势，降低公司研发成本。安排技术人员做好系统维护工作，定期清理系统运行bug、填补漏洞，不断满足用户需求；强化过程监控，让技术人员在职业测评建模系统和职业规划电子导师运行的过程中，实时监控并继续开发和升级，紧随时代潮流，定期发布已更新的版本。

（二）市场竞争风险及应对策略

竞争者的预期利益目标并不是总能实现的，实际上，竞争本身也会使竞争者面临实现其预期利益目标的危险，甚至在经济利益上受到损失。这种实际实现利益与预期利益目标发生背离的可能性，就是竞争者面对的风险。风险是由不确定性因素而造成损失或获益的可能性。

在发展过程中，我们必然会面对同质化竞争，在开拓校招培训市场的同时，要应对同一类不同品牌的产品，在外观设计、理化性能、使用价值、包装与服务、营销手段上，避免产品技术、使用价值的模仿。

应对策略：开发核心竞争力，不断积累Career Planning Analytics数据库，持续优化、改善业务；继续研发升级职业测评建模系统1.0版和职业规划电子导师，定期发布已更新的版本；依托人脉资源，建构"校招生"生态圈，最大限度地排除市场竞争，形成自身行业壁垒。

十一、评价

加强对高校毕业生的职业规划和就业指导，帮助他们顺利就业，舒心从业和有序创业是维护社会正常的生产秩序、工作秩序和生活秩序的需要，是促进社会安定团结的需要。高校毕业生的就业工作做好了，青年大学生就能够安定心思、尽心尽力地在祖国的大地上施展着自己的才华，为社会主义现代化建设事业贡献自己的智慧和力量。

校招生团队从团队成员自身经历出发,通过新奇的创意、团队的协作、完善的产品设计迎合了市场需求,解决了社会就业难问题,成为大学生创业又一精彩的案例,展现了当代大学生昂扬向上的精神风貌。其项目技术书逻辑清晰,思路完整,可以供诸多大学生创业项目参考。

项目六　治理创新："精准扶贫中分级分类统计系统"创新项目实例

（注：本项目开发基于全面脱贫以前。）

我国扶贫开发始于20世纪80年代中期，通过30多年的不懈努力，取得了举世公认的辉煌成就，实现了从普遍贫困、区域贫困到全面贫困的转变，为世界反贫困事业做出了突出贡献。

互联网技术的普及与发展是当下社会生产力发展的主要动力之一，而信息化、数字化同样是推动社会治理规范化、科学化的重要方向，尤其是在贫困治理领域。随着扶贫开发的逐步深入，贫困问题更加复杂多变、扶贫开发难以得到有效推进；随着对精准扶贫的进一步阐释，精准机制的要求更为具体细致。由此，大数据技术因其数据化、网格化与动态化等特点与精准扶贫的机制要求相契合，数据扶贫成为实现精准脱贫目标的可行路径。

因此，如何为大数据技术在扶贫开发领域的全面应用营造坚实的现实基础与制度环境，从而最大限度地发掘大数据技术在精准扶贫工作中的价值成为当前精准扶贫的核心所在。

一、项目简介

随着大数据信息技术的发展，传统扶贫开发模式面临着众多难题，如现有统计系统不能全面满足精准扶贫需要、落后的技术导致难以进行有效的精准扶贫信息对比分析、数据失真导致难以形成有效的精准扶贫治理参考、资源分散导致难以产生精准扶贫的整体性治理成效等显著问题。我国精准扶贫工作已经由攻坚阶段转向常态化、长效化阶段，而分级分类系统的建立是精准扶贫提高质量与效率的必要手段。

本项目从大数据技术与精准扶贫有机结合的视角来探讨精准扶贫绩效提升机制，采取分级分类的方法，保证大数据扶贫的减贫绩效。该系统主要是一套信息采集系统和数据分析系统，未来可以和其他移动应用相结合，让更多机构和个人参与到扶贫行动中来。通过数据平台实现数据集中化，并利用和依据大数据建立集数据录入、统计、分析、反馈于一体的电子化平台，实现信息的自动匹配与传送。从而真正贯彻落实"六个精准"要求，坚持分类施策，健全精准扶贫工作机制,并确保政府各级部门均可在保证数据隐私和安全的前提下使用数据。

二、研究思路

首先,建档立卡信息系统、因需施策已经基本实现,为实施分级分类统计、动态随机调整、系统全面可控奠定了基础。结合当前研究条件和优势,确定了精准扶贫中分级分类统计系统的建立与应用这一选题。

其次,在查阅大量有关"大数据+精准扶贫"的文献和权威政策文本等理论研究成果的基础上,了解国内外研究现状,奠定了课题研究的理论基础。

再次,选取了"大数据+精准扶贫"方面有成功经验的理念观点、体制机制、系统模式,如甘肃精准扶贫大数据平台,贵安新区精准扶贫"1+N+8"云平台等,对先进的经验和做法进行了总结和借鉴,为分级分类统计系统的研究提供了参考。

在此基础上,探索"大数据+精准扶贫"长远发展的体制机制。通过实地调研、调查等方法研究精准扶贫的现状和存在的缺陷,同时弄清分级分类系统对精准扶贫的影响,在充分占有数据的基础上,分析调研成效。针对调研中出现的问题,提出提高扶贫成效的新对策并在实践中修改完善,从理论和实践两个层面为推动"大数据+精准扶贫"的发展提供支持。

研究框架如图7-1所示。

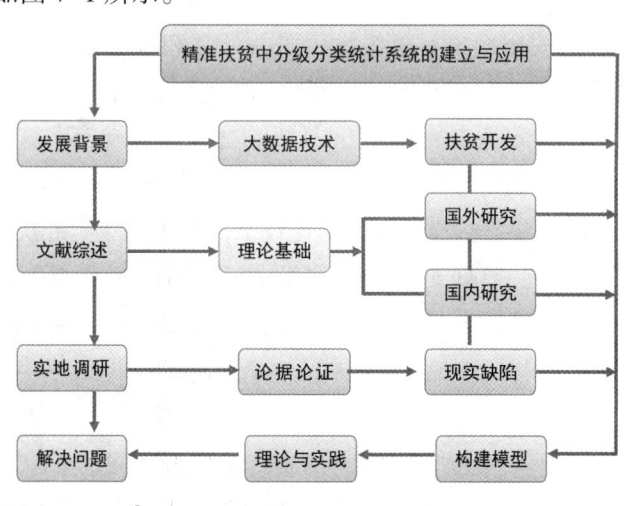

图7-1 "大数据+精准扶贫"研究框架

三、研究背景——精准扶贫概念的提出与内涵

精准扶贫是指针对不同贫困区域环境、不同贫困农户状况,运用合理有效程

序对扶贫对象实施精确识别、精确帮扶、精确管理的治贫方式。精准扶贫的内涵是"六个精准",即扶贫对象精准、项目安排精准、资金使用精准、措施到户精准、因村派人精准、脱贫成效精准。

2013年11月,习近平在湖南考察时提出,"切忌喊大口号,也不要定那些好高骛远的目标",这是国家领导人首次提出"精准扶贫"。2015年6月18日,习近平在贵州调研时再次强调,扶贫开发贵在精准,重在精准,成败之举在于精准。"精准扶贫"的内涵可以概括为"六个精准和五个一批"。"五个一批"是指发展生产脱贫一批、异地搬迁脱贫一批、生态补偿脱贫一批、发展教育脱贫一批、社会保障兜底一批。

改革开放以来,我国社会生产力得到了极大的提高,但是贫富差距也随之进一步扩大。在解放生产力、发展生产力的基础上,精准扶贫、精准脱贫是共同富裕得以实现的必要途径,是打赢脱贫攻坚战的基本方略。因此,我们必须以更大的决心、更明确的思路、更精准的举措、超常规的力度,众志成城实现脱贫攻坚目标。习近平指出,打好脱贫攻坚战是党的十九大提出的三大攻坚战之一,对实现全面建成小康社会和我们党第一个百年奋斗目标都具有非常重要的意义。

精准扶贫的前提在于弄清扶贫对象,因地制宜、因户施策、分类扶持;精准扶贫需要精准的监督、指导;要兼顾精神与物质两方面,使"口袋"与"脑袋"同时富起来。习近平的精准扶贫思想是中国共产党和政府今后一个时期对贫困治理工作的指导性思想,将对中国扶贫成败起到决定性作用。

明代林希元在《荒政丛言》中提出:"极贫之民便赈米,次贫之民便赈钱,稍贫之民便转贷"。只有摸清贫困人口的生活状况、致贫原因等因素,才能因地制宜、因户施策、充分发挥自身通信与信息化技术优势。建立精准扶贫大数据平台系统,为扶贫提供了基本的数据支撑。目前,分级分类系统主要是一套信息采集系统和数据分析系统,未来可以和其他移动应用相结合,让更多机构和个人参与扶贫。

四、文献综述

随着精准扶贫的不断发展,对精准机制有了更加严格的要求。大数据技术的数据分析、网格管理、动态调整等特点与精准扶贫的要求相匹配。大数据技术成为精准扶贫的重要手段。尽管"大数据+精准扶贫"得到了发展,但系统化、网格化、动态化的精准扶贫大数据平台尚未建立,大数据在精准扶贫中的效能还需进一步发挥。

（一）"大数据+精准扶贫"的内涵

陆康强（2007）认为，扶贫工作要精准地测量贫困，对贫困指数进行构建。任志锋（2014）指出，大数据与精准扶贫的结合，关注"循数管理"，实现了由"数据"到"大数据"，由"信息网络平台"到"大数据管理平台"，颠覆了传统扶贫工作中对数据的管理、处理方式。获取数据、分析数据与处理数据的方式运用大数据思维，革新了我国的精准扶贫模式。将这一技术运用于扶贫主体行为、扶贫对象行为和扶贫路径的精准选择，有利于提升扶贫数据的质和量。

严俊乾（2016）指出，推行大数据扶贫管理模式，就是通过综合运用多种数字技术，分析数据整合信息，精准定位、动态管理与预测帮扶对象，以数据化的信息作为决策参考，从而满足扶贫对象的实际需求和利益诉求。

杨颖（2016）认为，在互联网时代，建设省级大数据精准扶贫平台，利用大数据技术对贫困户信息进行精准分析，实现各级政府部门扶贫数据的共享，进行立体化、全过程监督，只有这样才能真正实现"精准识别、精准帮扶、精准管理和精准考核"，进而产生示范效应，带动"大数据+精准扶贫"在全省乃至全国扶贫攻坚工作中的落地。

汪婷（2017）认为，在大数据时代，利用大数据技术准确储存、动态维护各个贫困人口的资料，通过典型的特征和条件，搜寻最适合贫困户的解决方案，进行精准脱贫。

综上，在经济发展新常态的背景下，脱贫攻坚挑战愈来愈大，扶贫资源的利用成效不明显，资源投入方面和瞄准效率方面运用大数据理念和技术为精准扶贫注入活力。大数据技术具有着眼现在、预测未来的扶贫思维，以及精准化、网格化、动态化管理特点，与精准脱贫的发展方向相契合。

（二）精准扶贫存在的缺陷

1. 从技术的角度

莫光辉（2016）认为，技术落后制约着精准扶贫的开展，扶贫信息难以精准化。首先，落后的技术不能对数据进行科学分析，导致数据失真，降低了数据分析的效度和信度，很容易将部分符合贫困标准的群体排除在外，难以形成可靠的评估结果；其次，传统扶贫信息系统的静态性导致缺少动态监测，难以形成有效监督。因此，技术落后让扶贫工作开展受阻，难以对贫困人口制定有针对性的方案，难以有效预测方案实施状况，削弱了扶贫治理的精准化和时效性。再次，开发大数据精准扶贫信息管理系统所需投入的固定成本高昂，贫困地区难以独立承担。

2. 从贫困人员识别的角度

王国勇（2015）指出在识别机制方面，我国精准扶贫存在以下问题，如贫困人口底数不清楚、情况不明白、针对性比较弱、扶贫资金和方案指向性不明确等。也就是说，贫困人口有哪些、贫困程度怎样、贫困原因是什么、脱贫对策有哪些、帮扶主体是谁、帮扶效果如何等问题仍需解决。

汪三贵（2016）认为因为收入和消费数据是动态的，而且人具有自利的观念，往往瞒报自己的收支情况，导致政府无法根据收入和支出数据来确定贫困对象，又或是说识别出来的贫困对象不精准，难以达到精准扶贫的效果。

王茜（2016）指出在扶贫治理的工作中，贫困区域的贫困情况十分复杂，贫困村和非贫困村交织在一起，在很大程度上增加了识别贫困人口的难度，从而导致扶贫对象识别不精准。一方面，存在多种社会排斥和精英捕获、扶富不扶贫现象，造成不符合贫困标准的人员被列入扶贫对象名单，如政府工作人员、小康生活水平以及水平以上的人员等。另一方面，由于贫困人口数量多，难以精准地识别贫困人员的致贫原因，对症下药、有的放矢、因需施策等方面仍需进一步完善。

3. 从数据共享的角度

冷志明（2017）认为，扶贫信息的不对称会造成各级政府部门与贫困帮扶对象之间的"道德风险"、社会公众群体与贫困帮扶对象之间的"供需脱节"、多主体难以形成协同而导致的"碎片化扶贫"，被视为精准扶贫工作中的三大难题。

章昌平（2017）指出，应用"烟囱"和数据"孤立"是精准扶贫中存在的问题之一。造成信息基础设施建设过度，经济资源浪费，降低了服务效率。在扶贫攻坚中，各个政府部门间存在信息壁垒，掌握各自所分管的贫困数据，扶贫信息系统之间彼此孤立，共享性低；其次，扶贫工作者没有将独立的"条数据"整合为具有内在联系的"块数据"。上述负面因素不利于大数据技术在精准扶贫领域的运用，扶贫工作难以协调开展，从而造成扶贫成效低，缺少对贫困人口的致贫原因、帮扶项目、实施流程以及成效反馈之间的动态归纳。

4. 从帮扶方案的角度

盖宇希（2016）指出，针对贫困户应采用差异化、针对性帮扶方案。只针对表面浅显的致贫原因制定帮扶方案难以助力彻底脱贫，必须深入挖掘深层次的有价值的信息进行分析，才能达到精准扶贫的成效。

黄开腾（2018）认为，按照贫困户的贫困情况如贫困程度、原因以及性质来划分贫困类型这种方法偏于宏观，缺乏实际性，操作性差，难以指导实践，无法着重解决贫困问题中的重点，不利于扶贫工作的实际开展。

综上，传统扶贫模式在技术、贫困人员识别、数据共享以及帮扶方案等方面存在不少问题。究其原因可分为经济上、政治上、文化上、生态上、自然环境上、社会上以及政策制度上等多维度的共同约束。这些维度牵扯精准扶贫的全过程、全方面，体现了精准扶贫工作中问题的复杂性、综合性。

建立精准扶贫分级分类统计系统，着重于对扶贫数据的识别，将致贫原因逐一细化，确保扶贫措施的精确到位，提高扶贫工作的质量和效率。

（三）"大数据+精准扶贫"研究动态

在实践方面，杨龙（2014）指出，贵州、广西、四川等省份陆续把大数据技术运用在扶贫治理工作中。同时，总结以前精准扶贫工作中关于建档立卡方面的经验，对其中贫困群体的数据进行定量分析。杨爱芬（2016）指出国家扶贫办将甘肃省设为试点，建设了精准扶贫大数据平台，探索大数据管理模式。

在理论方面，陈全功（2011）指出，应搭建大数据精准扶贫信息化平台，建立第三方监测评估模块，构建贫困人口和贫困村空间地理信息系统，利用GIS等技术工具，结合人口普查和建档立卡数据资料，绘制我国贫困空间分布详细地图，完善贫困村资源享赋信息，提高贫困地理识别、资源利用和政策干预的精准度。任亚杰（2016）认为，首先应建立贫困户识别系统和扶贫数据库，对贫困人口的基本资料进行系统掌握和管理；其次，进行动态调整管理，保证扶贫对象有进有出；最后，根据收集的贫困人口数据进行分析，预测扶贫需求。季飞（2017）指出以贫困人口为中心设计反贫困治理系统模式，通过大数据技术来整合处理贫困人口信息，提高扶贫治理决策的科学化、项目实施的透明化。

国外采取的扶贫模式大致分为三类：以巴西为代表的"发展极"模式、以印度为代表的"满足基本需求"模式和以欧美国家为代表的"社会保障方案"模式。但是，国外尚未采用精准扶贫的模式，中国特色的精准扶贫模式需符合我国国情，精准扶贫结合大数据技术仍需自身进行探索并继续发展完善。

五、实地调研

该市共有12个乡镇街道（8个乡镇、4个街道办事处），建档立卡贫困户

9 494 户,共 19 400 人。①本次调研采取入户问卷访谈的形式,对该市 2 174 户贫困户进行了调查,占建档立卡贫困户的 22%,访谈对象覆盖该市的 189 个村庄,调研村庄占该市 400 个村庄的 47.25%。回收有效问卷 2 174 份,图 7-2 至图 7-5 是对部分问题的相关展现。

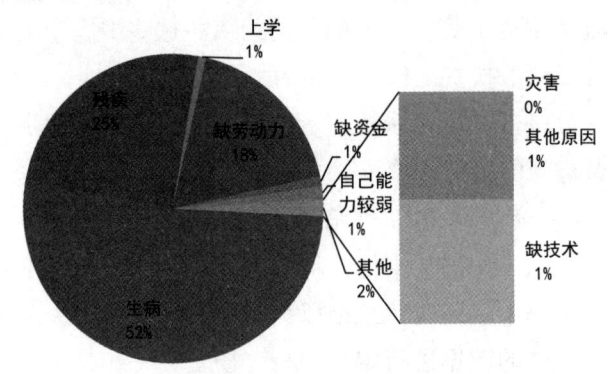

图 7-2 致贫原因统计图

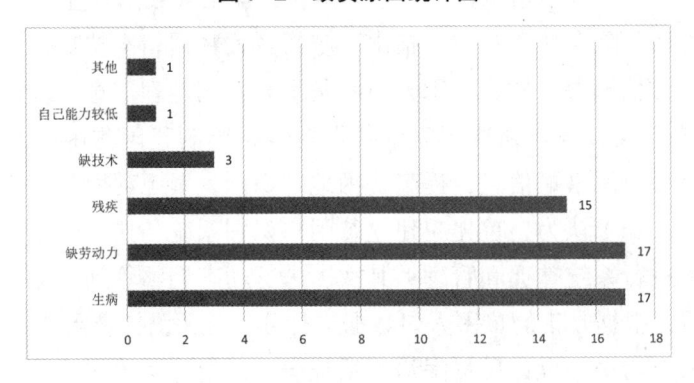

图 7-3 未脱贫户致贫原因统计图

---

① *调研材料取自我校公共管理学院课题组对山东省 JN 市做出"贫困户脱贫成效和扶贫工作情况"第三方评估,因涉及保密信息,具体区县名称等相关信息不予透露。

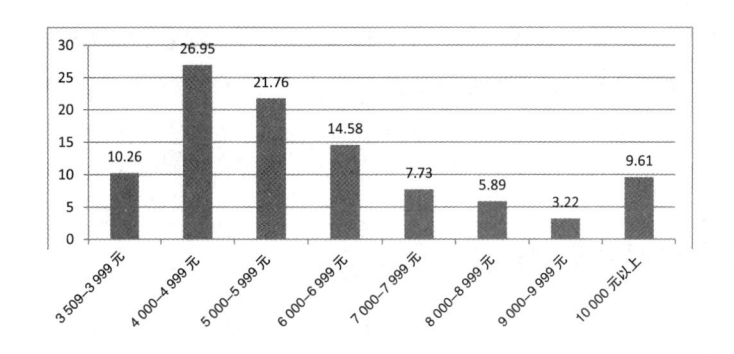

图 7-4　贫困户人均收入情况统计图

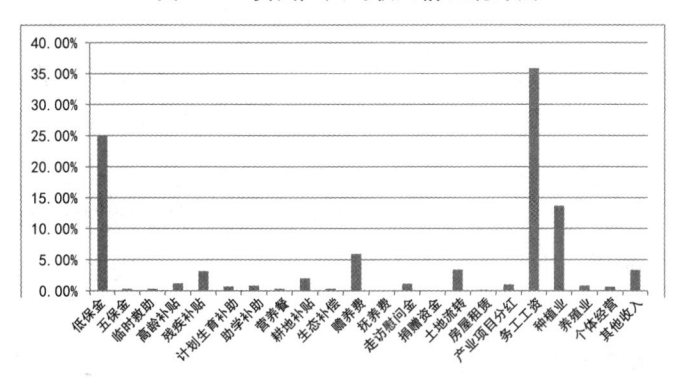

图 7-5　贫困户人均收入结构图

从择取的具体问题的相关图表分析可以直观地看出，无论是贫困户致贫原因、未脱贫贫困户未脱贫原因，还是贫困户人均收入情况、贫困户人均收入结构，都是从整体入手，致贫原因"一把抓"、补贴归类"一揽子"，从宏观层面可以清晰地看到区县与区县之间贫困人口数量比较和大致致贫原因归纳，以便更好地制定针对性政策来促进区域发展。但从微观上讲，贫困户作为群体中单独的个体，致贫原因也具有差异性，此时数据的归纳、整理、分析则缺乏针对性、准确性。从不同的角度分类分级，做到精细化、个性化，使之成为系统建立的出发点和落脚点。

从精准扶贫调研中遇到的问题来看，分级分类统计分析可以为相关问题的处理提供辅助。做到真正回答"谁是贫困居民""致贫因子是什么""帮扶效果怎么样"，建立统一的扶贫信息系统。通过互联网数据对接和大数据挖掘，对扶贫信息管理平台上聚合的海量贫困信息进行数据分析，精准确定致贫原因，准确了解贫困人口的自身发展能力和扶贫需求，选择精确的帮扶者和帮扶措施。补齐扶贫资源结构单一、社会扶贫资源比例较低等短板，改善农村精准扶贫信息管理系统建设中存在的若干问题，使供需双方信息对称，消除扶贫工作中的信息孤岛现象，使贫困人口在现有扶贫资源基础上结合自身的条件及偏好选择脱贫方式以实现精准脱贫。

六、分级分类系统建立的必要性

自精准扶贫思想提出以来，习近平总书记在各地调研时曾多次提及分批分类理念。分批分类理念是精准扶贫思想的基础工具。分级分类系统以该理念为指导，在精准扶贫领域全面创新管理机制，对贫困户进行分级分类统计，实现动态监测数据平台、实时更新扶贫信息，实现系统全面可控。分级分类统计系统可以使扶贫工作真正实现精准化、可视化，并为扶贫工作后续进展提供有效数据和依据。

（一）精准识别扶贫对象

扶贫要精准，必须要弄清谁是真正贫困户，哪些人需要真扶贫。不进百村、不访千户，对象就摸不准，扶贫就可能"水土不服"。解决这一问题的核心是摸清家底。

分级分类系统在运用大数据技术处理扶贫对象信息的基础上，改变传统的统计方法，采用分级分类统计方法，对贫困户进行多尺度、多维度的分级分类。该系统依据多种贫困视角分析扶贫对象的致贫原因（因病、因残、因学、因灾、因婚等），并将扶贫对象的身体状况、住房状况、劳动力状况、子女赡养情况、子女教育状况、收支状况等纳入参考范围内。通过全方位、系统化地评估定位，将贫困者平等、无遗漏地纳入扶贫体系，精确到村、户、人，实现对扶贫对象的精准识别，避免出现识别标准朝令夕改而导致核实人员难以对其界定的现象。

分级分类系统在对贫困户的信息加以数据化的基础上，构建不同类型的贫困人口动态信息库，打破地区、部门之间的"信息孤岛"，让分散在不同地区和部门的碎片化信息"牵手"、联网，实施数据对比分析与综合评估，减少人为因素的影响和失误，把真正的贫困户筛选出来。

（二）精准实施帮扶措施

精准帮扶要求通过挖掘、满足贫困者的真实需求，有针对性地进行按需差异化帮扶，刺激其内在脱贫动力与创造力，实现由输血到造血的转变。

分级分类系统对贫困人口进行精准识别后，在精准识别致贫原因的基础上，进一步整合扶贫数据，具体问题具体分析，制定具有针对性的扶贫方案，对不同类型、不同级别的扶贫对象采取差异化、具体化的帮扶，避免了扶贫方案过于宏观、实践性差状况的发生。针对不同的特点确定具有针对性的扶贫措施，派驻精准扶贫工作队。

一方面，分级分类系统对扶贫信息实时更新，通过动态分析扶贫对象需求，对汇总的信息进行分析、评估、预测，及时了解扶贫对象的动态，因需施策、针对性强。另一方面，分级分类系统建立，实现了数据共享分析。有助于政府不同部门之间的联动，打破信息壁垒，彼此保持紧密联系，分享先进的扶贫经验并相互借鉴。分级分类系统可以层层落实责任，通过"责任链"监控，把结对帮扶落到实处。通过调度监控"任务链"，做到了户户都有帮扶措施，"一把钥匙开一把锁"，有利于为不同等级和类别的贫困户进行分类指导、精准决策，做到真扶贫、扶真贫，建立一个统一全面的贫困者信息管理系统。

（三）精准使用扶贫资金

分级分类系统能够直观地反映出财政专项扶贫资金的使用情况，真正实现财政专项资金利用的公开化、透明化。利用系统数据，对脱贫的地区效率情况加以比较，淘汰费时费力的扶贫方式。在现有建档立卡、项目资金、遍访等内部数据的基础上，分级分类系统还可以充分利用民政、卫计、公安、人社、房管等各行业数据、网络视频数据及互联网数据，保障扶贫项目精准到位、合理开发，保障财政专项扶贫资金安全有效地运行。

强化扶贫项目资金管理，提高资金使用效益。衡量贫困地区扶贫工作绩效最直接的途径，就是看扶贫资金的运作与管理是否有效。所以，必须对扶贫资金运行中的每个环节进行全过程监管，完善相关体制机制，切实提升职能部门管理水平。调整专项扶贫资金的应用方向和地区，坚决避免资金分配的随意性。实现扶贫资金的透明化管理，有助于抑制贪污腐败行为的发生，提高干部的竞争力，切实加强基层组织建设。

（四）精准显现脱贫成效

习近平指出，"扶贫工作必须务实，脱贫过程必须扎实，脱贫结果必须真实"。精准扶贫的目的就是要使现有标准下的贫困人口到2020年全部脱贫，并且要保证扶贫成果真实可靠，具有可持续性。如何评估精准扶贫的成效，需要将评估具体化为各类指标。

分级分类系统能够保证各项指标的获得真实、准确、及时，以确保每一阶段扶贫工作的得失能够被有效分析，从而确定下一阶段的工作目标、工作方法、工作重点以及资金投入等具体内容。此外，分级分类系统还可以为各贫困地区提供信息服务，对扶贫工作和区域社会经济项目的结合进行可视化分析，以便当地政府根据各地实际情况，因地施策、对接帮扶，增加地区特色，确保脱贫取得实效。

分级分类系统在分析扶贫数据中实行动态分析、进程监管、脱贫成效反馈。符合贫困标准的纳入，不符合贫困标准的排除，对满足脱贫条件的对象着重管理，控制返贫率。利用该系统动态调整各贫困户的扶贫措施，建立精准扶贫长效机制，采用更加精细化、可视化的工作方法。上级部门可以迅速掌握下级部门扶贫业务的运转状况、实时动态、脱贫成效等信息，实现不同层级扶贫部门工作成效的量化考核，以充分调动和激励各级干部扶贫工作的积极性，保持扶贫工作的必要压力和动力。同时，聘请第三方机构就脱贫成效进行实时跟踪评估。

分级分类系统的数据真实、全面、准确，相比传统的扶贫方式如开展核查、明察暗访、抽查来讲，该系统具有快捷、全面、准确、主动等多种优点，大幅提高了扶贫的效率，也有利于及时发现问题，暴露各职能部门在扶贫领域存在的深层次问题，总结出一些突出问题的发生规律。

《大数据时代》中谈到："大数据开启了一次重大的时代转型。就像望远镜能让我们感受宇宙，显微镜让我们看清微生物一样，大数据要改变的是我们生活的方方面面以及理解世界的方式。"身处"大数据时代"的我们，应该运用"大数据"思维，用全体数据代替随机样本，让数据"发声"，利用大数据、物联网、云计算、移动互联网等信息化手段实现精准扶贫。分级分类系统利用大数据技术，扩大信息采集的渠道，提高数据加工能力和效率，深度挖掘数据的价值，为扶贫工作提供真实可靠、及时全面的决策数据，实现因户施策的精准扶贫，最终达到精确到人的精准脱贫。

七、模型的建立

（一）贫困户信息分级分类模型

以年龄为标准，将贫困户信息进行分级分类。

表 7-1　贫困户信息分类模型

年龄	劳动能力	配偶情况	子女情况	患病情况	分类
70岁及以上	无劳动能力	无配偶或配偶无劳动能力	无子女或子女无赡养能力	长期患病	一级一类
				非长期患病	一级二类
			有子女且子女有赡养能力	长期患病	一级三类
				非长期患病	一级三类
		有配偶且配偶有劳动能力	无子女或子女无赡养能力	长期患病	一级二类
				非长期患病	一级三类
			有子女且子女有赡养能力	长期患病	一级三类
				非长期患病	一级五类
	有劳动能力		无子女或子女无赡养能力	长期患病	一级二类
				非长期患病	一级三类
			有子女且子女有赡养能力	长期患病	一级四类
				非长期患病	一级五类
60～69岁	无劳动能力	无配偶或配偶无劳动能力	无子女或子女无赡养能力	长期患病	二级一类
				非长期患病	二级二类
			有子女且子女有赡养能力	长期患病	二级三类
				非长期患病	二级三类
		有配偶且配偶有劳动能力	无子女或子女无赡养能力	长期患病	二级二类
				非长期患病	二级三类
			有子女且子女有赡养能力	长期患病	二级三类
				非长期患病	二级五类
	有劳动能力		无子女或子女无赡养能力	长期患病	二级二类
				非长期患病	二级三类
			有子女且子女有赡养能力	长期患病	二级四类
				非长期患病	二级五类

50～59岁	无劳动能力	无配偶或配偶无劳动能力	无子女或子女无赡养能力	长期患病	三级一类
				非长期患病	三级二类
			有子女且子女有赡养能力	长期患病	三级三类
				非长期患病	三级三类
		有配偶且配偶有劳动能力	无子女或子女无赡养能力	长期患病	三级二类
				非长期患病	三级三类
			有子女且子女有赡养能力	长期患病	三级三类
				非长期患病	三级五类
	有劳动能力		无子女或子女无赡养能力	长期患病	三级二类
				非长期患病	三级三类
			有子女且子女有赡养能力	长期患病	三级四类
				非长期患病	三级五类

由上述分级分类模型可知：

（1）以70岁以上为一级，60～69岁为二级，50～59岁为三级等。

（2）统计指标根据对贫困人口生产生活状况有主要影响的致贫成因，如家庭结构、收入结构、消费结构、身体状况进行设计。

（3）可对子女及其赡养能力、长期患病的具体情况如药物使用需求等指标，依据实际情况进行更为细致的分类。

（4）根据不同级别、不同类型的贫困户，确定扶贫措施，派驻精准扶贫工作队，聘请第三方机构进行实时跟踪了解，动态调整扶贫措施。

（二）分级分类系统数据处理流程图

分级分类系统数据处理流程图如图7-6所示。

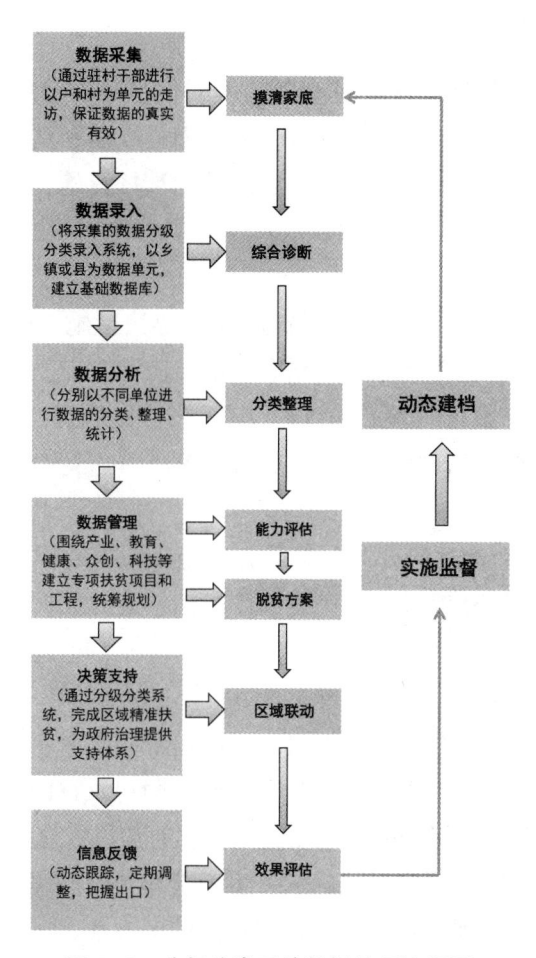

图7-6 分级分类系统数据处理流程图

1. 数据采集

以"大数据"为依托，采取自上而下和自下而上两种办法，以村和户为数据采集单元，通过数据采集小组成员走基层和参与基层民主评议，进行自我监督、自我调查，在充分发挥基层积极性和主动性的基础上，录入贫困户信息，尽最大可能保证录入数据的真实性和客观性。

2. 数据录入

将采集的数据分级分类录入系统，以乡镇或县为单元，建立基础数据库，在完成初步整理与筛选后，预先进行综合诊断，选择合适的分级分类指标条目，保证进行数据分析时的科学性。

3. 数据分析

对数据进行分级分类整理。将整理录入的信息进行分级归类整理，按照年龄、收入状况、身体健康状况等主要致贫原因划分级别和类别，并以此模型明确致贫原因及各贫困户家庭状况，制定有针对性的帮扶措施，提高扶贫的效率，获得更好的扶贫效果。

4. 数据管理

根据本地区的实际状况，制定有针对性的帮扶措施，围绕产业、教育、众创、科技等，以"大数据"为依托，培育新的经济增长点，最大限度为贫困户提供自食其力的途径，"授之以鱼不如授之以渔"，让贫困县自产自销，在国家资金的支持下，实现自我经营，达到自主脱贫的目的。

5. 决策支持

依托"大数据"而建立的分级分类系统为决策提供支持。基于地理信息系统、GIS定位系统、大数据分析系统，完成区域精准扶贫的数据融合，为政府治理提供决策支持体系。

6. 信息反馈

运用"大数据"进行全程动态监管、实时监管，实时了解贫困户的需求，随时进行动态调整。并且，基于"大数据"了解贫困户及贫困县的脱贫情况，定时进行存档及数据的更新，保证扶贫的动态性、实时性以及有效性。

总而言之，在今后对扶持对象的进一步识别和动态调整过程中，需要在中央和地方两个层面改进识别。首先，考虑到贫困的多维性，以及收入和消费收据的缺失，国家对贫困人口数据的估计应该转向多维贫困，利用多维贫困的测量方法来估计总贫困人口。其次，要识别更多贫困线以下的收入和消费贫困户，有必要扩大建档立卡的规模，增大覆盖面。再次，在基层民主评议中需要更加重视收入和消费因素，同时用严格的否决性指标排除掉不合格的人群，大幅度降低人为操控的可能性，杜绝建档立卡过程中存在的一些明显造假行为。

同时，我们应该看到，现如今随着大数据价值的日益彰显，大数据扶贫治理人才呈现出供不应求的现状。在此，我们建议国家应大力培养大数据扶贫管理人才，坚持将人才培养与可持续发展理念相融合，一方面筛选出具备大数据知识基础和扶贫治理工作经验的人员，通过强化培训为建设大数据精准扶贫管理平台输送高质量人才；另一方面则面向有发展潜力的应届生，深化其对大数据理念和技术的认知与应用，避免大数据扶贫治理人才之间出现代沟。

最后，"大数据"时代的到来，为精准扶贫提供了更加便捷的平台。我们应扩大精准脱贫的成果传播。充分发挥信息网络平台的传播功能，结合新媒体平台的信息传播优势，通过建立精准脱贫成果信息发布网站、微博及微信等形式，把精准脱贫成果信息以最快捷、最方便的方式传递给公众，实现精准脱贫成果信息传播渠道的公开化，使更多的社会大众关注并了解精准脱贫成果，形成精准脱贫成果信息传播舆论，搭建"人人知晓扶贫、人人关注扶贫"的互帮互助社会氛围，扩大社会参与精准扶贫的覆盖面。

八、分级分类系统助推精准扶贫升级

建立精准扶贫智慧管理大数据平台，主要涉及扶贫对象信息录入系统、扶贫对象分级分类诊断系统、帮扶措施系统、帮扶成效系统、技能培训服务系统、大数据分析系统、平台基础运维管理系统七大系统。从宏观意义上看，系统能够记录和分析各贫困村、贫困乡镇、贫困县区的基本信息，并制作出脱贫轨迹、可视化大数据图表跟踪分析等。就微观意义而言，系统从底层扶贫数据统一录入、统一存储、统一管理着手，确保扶贫信息真实可靠，这有利于结对帮扶工作人员准确掌握扶贫对象的信息、采取最佳的帮扶措施，真正并有效地做到精准扶贫。

（一）运用"大数据"精准定位帮扶对象

运用"大数据"精准定位帮扶对象主要分为向下的数据收集和向上的数据反馈。一方面，成立专门的数据录入小组，自上而下，根据不同地区划分区域，因地制宜，由小组成员沉入基层，综合运用各调查研究方法，了解帮扶对象的具体情况，并录入数据。与此同时，基层相关负责人需要协助数据录入小组成员了解相关人员及家庭情况，最大限度保证客观、公平、公正以及数据录入的真实性和准确性。

另一方面，由国家相关部门制定并公示贫困家庭及贫困人员认定标准，该标准的认定应是多元的，根据各地不同的情况，各地基层政府可根据本地区具体情况因地制宜灵活处理。根据此标准，采取向上反馈原则，发挥各基层的积极性和民主性。各基层政府在收到"贫困认定申请"后，成立专门的调查监督小组，对所上报的家庭情况进行摸底，进行如实调查和监督。

（二）详析数据并进行分级分类诊断

根据自上而下及自下而上两部分最终整理确定的录入对象，按照年龄、家庭人口数、家庭经济情况、致贫原因等条件进行分级分类统计，分为一般贫困、中

级贫困及特殊贫困等几个不同的等级。归类统计后，按照普遍性和特殊性相结合的原则，利用数据分析，准确找出最适合他们的帮扶措施。

（三）对扶贫对象进行动态管理

实施项目编号、受益户标识牌、贫困人口扶持证、贫困户档案内容四个应管理方式，扶贫工作相关人员可通过这些确定且固定的"扶贫身份证"进行抽样调查，如电话联系贫困户了解当前扶贫情况、监督帮扶干部的工作是否到位、了解贫困户对帮扶负责人帮扶工作的满意程度等。

通过将大数据技术应用到精准扶贫动态管理体系中，对已经脱贫的贫困人口进行动态退出，对返贫的贫困人口及时给予精准帮扶，建立长效持续的动态脱贫管理机制，避免出现"富人继续戴穷帽或返贫无人问津而更贫困"的现象。运用"大数据"进行动态管理，一方面，是了解扶贫的成效。随着扶贫工作的进一步深化，必定会有一部分贫困者的生活条件得到一定的改善，此时，帮扶人员根据贫困者的实际情况调整帮扶计划和帮扶措施，有针对性地实施帮扶措施，实现"靶向精准"。

另一方面，则是为了动态管理扶贫资源，根据贫困者的需要调整资源配置，合理分配扶贫物资和扶贫资金，实时掌握建档立卡贫困户数减少及贫困县退出情况，以调整专项扶贫资金的应用方向和地区。分析地区脱贫效率情况，进行对比，淘汰事倍功半的扶贫方式，推广地方特色经验。通过此系统，可直观反映出财政专项扶贫资金的使用情况，使贫困资金的利用公开透明化，根据各地实地情况，灵活利用财政资金，通过数据研究，实现资金投入成果的最大化，提高资源配置效率。

（四）预测扶贫对象的未来脱贫情况

根据分级分类系统，将扶贫对象的信息进行精准录入，并且进行归类整理。利用"大数据"，记录各级各类扶贫对象的致贫原因、家庭经济状况、身体健康状况等，同时将扶贫对象的扶贫措施进行一一对应，将扶贫工作进展即扶贫成效进行录入。通过"大数据"，预测各层级各类扶贫对象需求的变化情况，并及时制定有针对性的帮扶措施，提高扶贫及脱贫的效率。同时，运用"大数据"精准预测即将脱贫的人数，有计划地进行信息录入的调整和信息存档，为预期的扶贫措施调整提供数据支持。

（五）统筹经济社会发展项目

"授之以鱼不如授之以渔"，如果单纯地依靠国家财政拨款进行扶贫，将会使贫困资金的投入越来越大。因此，我们需要变"普惠式"扶贫为"适度竞争式"扶贫，不单纯依靠国家政策的扶持，而是调动贫困人口的积极性和主动性。我们必须创新传统的帮扶措施，加强贫困人口的培训教育。创办各类技术服务示范基地，引导和鼓励电商龙头企业、能人大户、专业协会和贫困户对接，以电脑视频、现场指导、结对帮带等形式，手把手传授农业技能、农产品种植技术等，使农民看得懂、学得会、能操作，提供脱贫致富的手段和途径，在扶贫项目上下功夫。

对有一定网络基础的青年贫困户，可以通过手机App、在线课堂，实施技能提升培训，解决好"扶贫先扶智"的问题。借助分级分类系统，将具有类似或相同技能的贫困户集聚起来，真正培育新的增长点，努力让贫困人口成为自食其力的劳动者。同时，充分发挥先锋榜样作用，增强贫困户的脱贫信心和决心。

当然，培育新的经济增长点也不是照搬其他地区的成功经验，而是根据本地区的实际情况，因地制宜，探索出适合自己地区的经济发展方式，带动本地区人民发展经济，实现真正的脱贫。

下面则是根据调研情况，我们探索出的以"大数据"为支撑的分级分类系统支持下有可能成为新的经济增长点的几种经济发展方式：

1. 探索实施"合作社+基地+农户"等生产经营模式

以农民专业合作社为契机，使贫困户和园区、企业、合作社三方有机协作，通过合作社的带动和抱团发展，开辟新的合作机制，与当地龙头企业结成利益链，以农民专业合作社统一组织当地农产品的生产、加工、运输、储藏、销售等环节，同时打造特色品牌使农产品更具市场竞争力，促进贫困户加快脱贫。

2. 鼓励发展农村电商

通过电商平台对接市场，发布供求信息，拓宽农产品订单渠道和农资采购渠道，提高农业合作效率，使贫困农民从根本上解决"种什么、怎么种、种多少、如何卖"的问题，减少三农产品买卖"剪刀差"，从而从根本上杜绝盲目生产，形成稳定的生产模式，实现长久增收与脱贫。

3. 打造地方特色

因地制宜，深度发掘当地的文化底蕴，将精准扶贫与社会主义经济建设、精神文明建设、社会建设巧妙结合。打造属于地方精品的文旅项目，并通过大数据统计分析市场中的买方所偏爱的文化产品，生产适销对路的文化周边产品。充分利用"品牌效应"打造地方特色。

九、总结与评价

建档立卡分级分类系统的建立与应用为大数据技术在扶贫开发领域的全面应用营造坚实的现实基础与制度环境，在最大程度上发掘大数据技术在精准扶贫工作中的价值。贫困户信息分级分类表以及数据处理流程图直观形象地构建出大数据技术在精准扶贫中发挥的关键作用，顺应时代潮流，契合时代主题。

大数据技术具有高度的专业性、抽象性，项目立足于精准扶贫，依托于大数据技术，从技术层面来看，项目设想具有科学性且处在该领域的前沿位置，但是真正使大数据技术满足于精准扶贫工作的需要可谓有一定的难度，如何使两方完美对接与吻合成为又一大问题。系统应用同样面临着普及、管理、维护等问题，精准扶贫作为全国性的政策趋向，系统的普及、基础数据库的建立、信息壁垒的打破、成效经验的互联互通等实现后固然大大提高了执行效率、整体成效，但将理论落实于实践往往任重而道远。

问卷截取：

（一）家庭收入状况

我们想了解您家庭的收入状况，您根据您的实际情况回答就可以。

QA1.您家户口本上有__人，共同生活的有____人，共同生活的无户籍家庭成员有____人（没有写0）。

QA2.您家是否有以下收入？【多选】（注：此处的收入指家庭收入）

收入类型	有/无	收入情况（拍摄相关存折金额或收入补贴证明）	年收入/元
低保金		从____年__月开始享受低保，家中有__人享受低保，每人每月__元	
五保金		从____年__月开始享受五保，家中有__人享受低保，每人每月__元	
临时救助		今年享受____次临时救助	
高龄补贴		从____年__月开始享受高龄补贴，家中有____人享受补贴，每人每月____元	
残疾补贴		家中有____人享受补贴 享受残疾补贴的家庭成员1：____级残疾，每月____元 享受残疾补贴的家庭成员2：____级残疾，每月____元 享受残疾补贴的家庭成员3：____级残疾，每月____元 享受残疾补贴的家庭成员4：____级残疾，每月____元	
计划生育补助		从____年____月开始享受补助，每月补助金____元	
助学补助		从____年____月开始享受助学补助，家中有____人享受补助，每人每月____元	
营养餐		从____年____月开始有营养餐，家中有____人享受，每人每月____元	
耕地补贴		从____年____月开始享受耕地补贴，家中有____人享受补贴，每人每月____元	
生态补偿		从____月____月开始享受耕地补贴，家中有____人享受补贴，每人每月____元	
赡养费		户外有____个子女，每月给赡养费____元 （注：赡养费是成年子女给父母的钱）	

（二）两不愁三保障情况

QB1. 您家是否已能做到不愁吃？【单选】

是	1	否	2

QB2. 您家是否已能做到不愁穿？【单选】

是	1	否	2

QB3. 您家庭住房的建筑面积是_____平方米。

QB4. 您家的房子以前是不是危房？【单选】

是 –【顺序答题】	1	不清楚 –【跳答至QB6题】	3
否 –【跳答至QB6题】	2		

QB5. 政府有没有对您家的危房进行危房改造？【单选】

进行了危房改造	1	没有进行危房改造	2

QB6. 您家目前的住房状况是？【单选】

状况一般或良好	1	没有认定，但属于危房	3
政府认定危房	2		

QB7. 您家最主要饮用水源是？【单选】

经过净化处理的自来水	1	收集雨水	5
受保护的井水和泉水	2	桶装水	6
不受保护的井水和泉水	3	其他（请注明）	7
江河湖泊水	4		

QB8. 您家是否存在饮水困难？【单选】

单次取水往返时间超过半小时	1	今年连续缺水时间超过15天	3
间断或定时供水	2	无上述困难	4

QB9. 您家庭成员中有医疗保险的有_____人。（家庭成员指共同生活的户口本上的人）

项目七　政策调研："延迟退休政策下大学生就业风险及应对"调研项目实例

当前我国人口老龄化问题日益加剧，劳动力呈现出紧俏态势，众多学者、专家针对我国老龄化问题进行了全面且深入的专项研究，诸多关于延迟退休的政策呼之欲出。渐进式退休政策成为当前我国社会保障领域研究的重点问题，在新时代宏观经济的大背景下，延迟退休年龄的重点不再是讨论是非的价值判断问题，而是日后政策制定及政策评估的有效性问题。本文基于政策对就业影响的视角，提炼出以下三个基本问题，即延迟退休政策在制定及推行过程中面临的阻力与困境是什么？渐进式退休政策在制定过程中应该采取何种方式将大多数人的利益纳入决策过程之中？渐进式退休政策正式出台实施后对青少年就业会产生哪些正效应和负效应？针对以上问题，课题组深入山东省济南市天桥区人力资源与社会保障局进行调研，立足于青年学生就业角度给出一些见解与思考，以期为进一步的政策制定、理论研究与政策实施提供新的分析思路。

一、研究背景

（一）渐进延迟退休政策发展历程

我国目前退休年龄的一般性规定为男性 60 周岁，女性干部 55 周岁，女性工人 50 周岁。基于当前我国人口结构变动的现实情况，决策层与理论界对我国的退休机制进行研究并反思现行的退休年龄政策。其实，早在 20 世纪 90 年代，学术界就已经对渐进式退休政策进行了较为深入的研究。2014 年，中国社科院也从预期寿命、人口年龄结构、退休制度等角度论证了适时推行延迟退休政策的重要性。同时，官方政府部门在对延迟退休政策保持严谨的同时做出了较为积极的行动，2012 年国家出台的《社会保障"十二五"规划纲要》中明确提出，为应对人口老龄化，应研究弹性延迟领取养老金年龄的政策。按照人社部部长尹蔚民 2015 年年初对外公开的时间表，人社部会争取 2015 年完成延迟退休方案制定，2016 年报经中央同意后征求社会意见，2017 年正式推出。方案推出至少五年后再渐进式实施。当前，我国的渐进式退休政策仍处于"纸上谈兵"的阶段，使具体改革的实践长期落后于理论研究，而且政府相对于学者的研究热情又始终保持较为严谨的态度，因此在正式政策的出台前仍会有较长时间的观察与酝酿期。

(二) 青年就业高风险现状

(1) 据国家统计局官方数据，我国每年的高等学校毕业生数量呈持续上涨趋势，2016年已突破700万大关（图8-1）。如此严峻的就业形势，使当前青年的就业压力与日俱增。青年的高就业风险与渐进式退休政策之间的相互作用与影响，是当前学术界理应研究的重点。延迟退休政策的规划与制定，是适应当前我国人口老龄化与少子化趋势的必然之举，它将在一定程度上缓解我国目前用工难的困境。

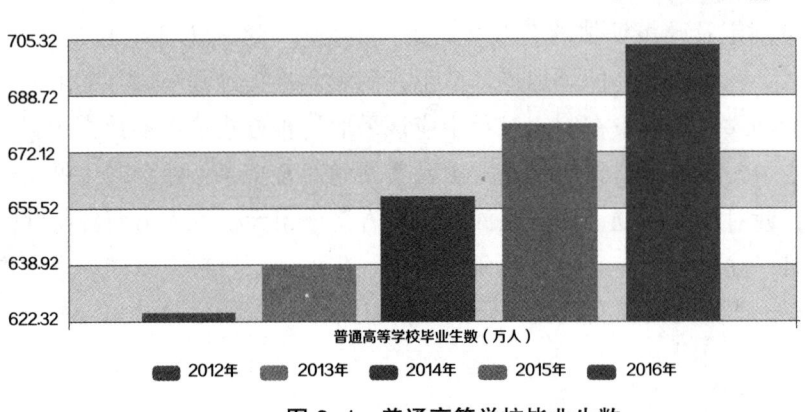

图 8-1 普通高等学校毕业生数

(2) 延迟退休对青年人就业的影响与行业有关，对金融、科技等"高端行业"以及批发零售、住宿餐饮等体现较大的消极影响，对"低端行业"消极影响较小。青年人和老年人的就业偏好与就业分布存在行业差异。根据图8-2结果显示，老年人集中分布在农林牧渔业、制造业等几个行业，青年人就业分布相对分散，分布最多的行业是制造业、批发和零售业、住宿和餐饮业、建筑业、居民服务和其他服务业。国家劳动和社会保障部在2013年第一季度对全国101个城市的劳动力市场监测数据分析表明，目前我国劳动力市场的岗位空缺与求职人数的比率约为1.1，83.4%的企业用人需求集中在制造业、批发和零售业、住宿和餐饮业、居民服务和其他服务业、租赁和商务服务业、建筑业，劳动力供给与岗位需求存在结构性失衡，职位空缺与失业并存。从调查结果来看，除公共管理和社会组织（业）外，老年人集中分布的行业正面临着劳动力供不应求的状况，这些行业的老年人延迟退休，可能对青年人就业影响较小。

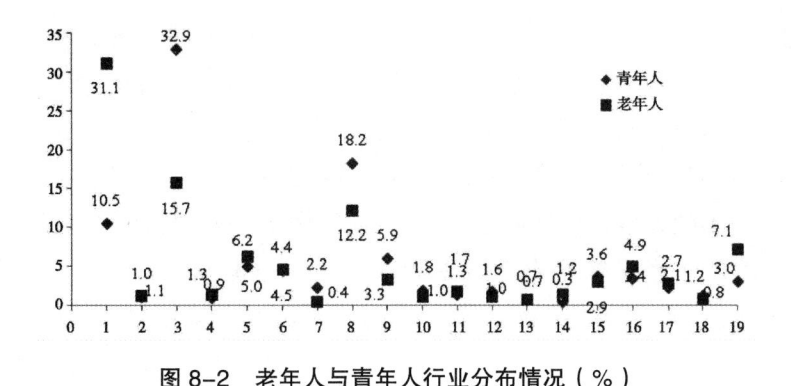

图 8-2　老年人与青年人行业分布情况（%）

二、文献综述

关于渐进延迟退休政策对青年学生就业的影响，我国学术界对此存在激烈的讨论，其观点众说纷纭，主要集中在如下四个方面：

（一）延迟退休政策因行业不同而对青年学生产生不同的影响

该观点的支持者相对较多，卢建平认为，青年就业过程中存在着严重的结构性矛盾，这是导致青年就业问题的重要原因，其次他认为青年人就业与老年人就业之间并不存在绝对的替代关系，在零售批发业、住宿餐饮业等低端的行业中老年人就业几乎对青年人难以产生影响，但在青年人热衷的行业领域，老年人延迟退休会对青年人就业产生影响。岳立持有与卢建平相似的观点，他通过建立总体就业模型分析，在老年人的优势行业，老年人就业比例每提升一个百分点，青年就业率就下降远远超过一个百分点，而在电力、建筑、文化、教育等行业中，老年就业比例每提升一个百分点，青年就业比例就下降少于一个百分点，在交通、金融等行业中老年就业比例提高反而会促进青年就业，所以行业差异在延迟退休政策对青年就业方面有一定影响。在不同行业对工作人员有不同要求的同时，青年在自身性格特点、知识构成、经验阅历方面与老年人有较大差异，所以延迟退休政策对青年就业影响应把行业差异作为重要参考对象。

（二）延迟退休政策对青年学生就业产生消极影响

老龄劳动力增加在岗年限对青年劳动力的替代效应已经成为现如今正式延迟退休政策出台的重要阻碍，对于其消极影响，王聪利用 2006 年至 2014 年的时序数据进行双标分析和回归分析，印证了延迟退休会对青年学生产生消极影响，老龄的四个阶段（50～54、55～59、60～64、65+）就业，均会对青年就业产生消极影响，50～59 岁这个年龄段就业对青年就业的挤出效应尤为明显。刘妮娜等对于我国 29 个省份、18 个行业进行老年人、青年人就业分析发现，延迟退休对青年人有显著负影响，但是影响较小，并且影响主要集中在教育科技等高端行业上。影响青年就业的因素有多种，延迟退休政策对青年就业的影响应基于具体情况来分析，不能直接得出延迟退休政策一定会影响青年就业的结论。

（三）延迟退休政策对青年学生就业产生积极影响

不同背景的数据会对结论产生不同的影响，随着我国社会经济不断发展，其开放性、多元性不断发展，正逐渐走向世界，其结构规模的灵活性也相应扩大，老龄劳动力在岗时间延长使经济发展空间更大的同时，青年劳动力的不断涌入，正适应了经济规模扩大经济结构调整的潮流，因此延迟退休会对青年就业产生积极影响。

（四）性别差异对老年与青年就业关系有影响

阳义南通过实证分析的结果得出的结论：推迟男职工的退休年龄会影响青年就业率，而推迟女职工退休年龄则会促进青年就业。刘妮娜等认为老年男性对青年女性、老年女性对青年男性具有更强的就业影响。女性在其心理、生理方面与男性有着巨大差异，因此择业方面也有不同的选择，表现出行业分布差异，从而影响就业率。

（五）文献研究小结

通过归纳学术界对渐进延迟退休政策影响的不同观点，从不同的视角出发，归纳演绎不同观点的导致因素，形成机制及作用群体，为进一步的定性和定量研究提供全面客观的理论支持。

文献研究大体共有因行业不同而对青年就业有不同影响、延迟退休对青年有积极影响、对青年有消极影响、延迟退休对青年就业有性别差异四种观点，其中研究方法不同、研究群体不同导致产生不同乃至相反的结果，本课题通过将定量研究和定性研究相结合来分析济南市延迟退休政策与青年学生就业的关系并对青年就业提出相应的建议。

三、调查研究

（一）定性研究：实地访谈

1. 调研地点

山东省济南市天桥区人力资源和社会保障局、山东省济南市无影山办事处城市管理服务中心。

2. 调研问题

（1）请问济南市每年青年学生（18至28岁左右）就业状况及行业分布如何？

（2）济南市平均退休年龄分布状况如何？

（3）济南市对所谓"内退"现象有什么措施应对？

（4）济南市50岁以上劳动人口行业的分布状况如何？

（5）您对渐进延迟退休政策的出台有什么看法？

（6）您觉得渐进延迟退休政策的出台对青年学生有影响吗？影响状况如何？

（7）您认为对促进青年人口就业应采取什么措施？

（8）济南市老龄人口再就业状况如何？对青年学生有影响吗？

（9）您认为渐进延迟退休政策到现在未正式出台的原因是什么？阻力主要是什么？

（10）您认为延迟退休政策出台后对哪些行业影响最大？对哪些有积极影响，对哪些有消极影响？

（11）您认为性别差异对延迟退休政策的影响如何？具体是怎样影响的？

（12）经济结构与经济发展对延迟退休和青年就业的影响状况如何？

（13）什么因素对延迟退休影响最大？如何影响的？有何解决办法？

（14）延迟退休对增加养老保险金积累及应对老龄化的作用如何？

（15）在政策即将出台的这段时间中，济南市将采取什么应对措施？

3. 调研过程

2018年9月21日上午，课题小组来到济南市天桥区人力资源与社会保障局和劳动就业办公室，就渐进延迟退休政策进行实地调研。开始小组成员访谈了一位从事劳动与就业保障工作的科长，在问及"您是否了解渐进延迟退休政策"这一问题时，该工作人员称"不好意思，我们并不知道渐进式延迟退休政策"，并以调研者是大学生，该部门不接受高校调研为理由，拒绝了调研。在2015年国家推出渐进式退休政策时，社会产生了巨大的波动，社会公众对该政策的态度褒贬不一，无论持赞成态度还是反对态度，我们需要的是当局者一个明确的政策指导。并非当前闭口不谈甚至否认的态度，这只会让社会公众对此产生不必要的"猜疑"，会对政府的公信力产生较大程度的影响。

劳动与社会保障局的某位科长在拒绝此次访谈之后，为我们推荐了一个名为"济南市高校就业办公室"的调研地点，导航定位实际上却为"无影山办事处城市管理服务中心"，该机构的工作人员说此处并未有"高校就业办公室"，推荐我们去无影山街道办事处，这让人很是疑惑，在互联网上这个工作机构确实存在，但在实际导航过程中并未发现该工作单位，或是该"高校就业办公室"已迁往他址。在走访的过程中，我们深感高校大学生在调研过程中的不易，学院开具的介绍信其实在很多机关事业单位是不予承认的，某些部门直接不接待。

虽然本次的调研并未取得理想结果，但我们通过这次调研也看到了一项政策的推行与当局者的态度成正相关，渐进延迟退休政策到目前为止仍没有出台，其中必然是多方利益的博弈，分析其未出台的原因也是我们研究的重要点所在，同时我们要强调的是渐进式延迟退休政策对青少年就业的影响。青少年就业一直是社会关注的热点问题，当前社会高校毕业生人数呈增长趋势，青年的就业一直处于高压状态，现加之渐进式延迟退休政策，虽未出台，但仍给青年就业造成了较大的影响，其正、负面影响仍需要我们进一步讨论。

（二）定量研究：问卷调查

本研究通过向山东省各大院校的青年学生发放《渐进延迟退休政策对青年就业影响调查问卷》，了解青年就业者对此政策的态度及受其影响的程度，对渐进延迟退休政策对青年就业的影响进行定量研究，进一步探讨此政策的影响路径和机制，从而进行对策研究。

1. 调查方法

（1）问卷法。针对渐进延迟退休政策对青年就业影响密切相关的问题设计调查问卷，采用网络问卷的形式，较为全面地掌握青年就业者对渐进延迟退休政策的态度，运用问卷星进行数据分析，最终得出调查结果。

（2）访谈法。在学校的调研过程中，通过采取随机采访及有组织地邀请部分同学参与采访等方式从多方面收集信息，了解他们对渐进延迟退休政策的认识以及对就业产生的影响。

2. 调查时间

2018年6月至9月

3. 调查内容

本次调查共发放了394份《渐进延迟退休政策对青年就业影响调查问卷》，有效问卷380份，有效回收率为96.45%，其中青年学生各类群体分布如下表8-1、表8-2、图8-3、图8-4所示。

表 8-1 专业类别

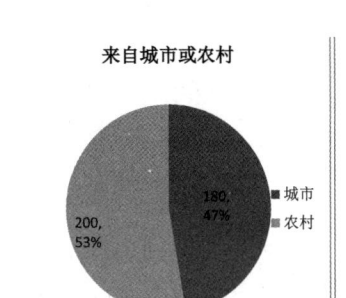

专业类别				
	人文	社科	理工	艺体
人数（人）	98	100	105	77
占总数（%）	25.8	26.32	27.63	20.26

图 8-3　出生地

图 8-4　性别

表 8-2　学历情况

学　历			
	大专生	本科生	研究生
人数（人）	120	180	80
占总人数（%）	31.58	47.37	21.05

（1）青年学生对就业的选择

①理想的就业单位

调查结果显示，想要在政府部门工作的青年学生最多，占 37.37%；想要在私企工作的青年学生最少，占 12.89%；事业单位、国企分别占 20.00%、17.37%；还有部分同学选择其他单位，占 12.37%。如图 8-5 所示。

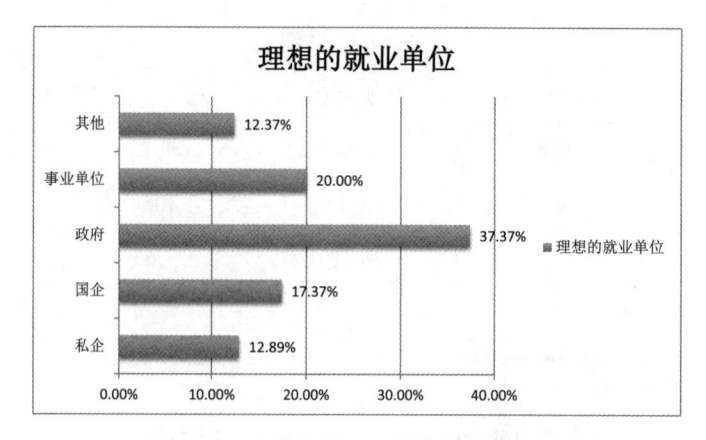

"项目主导 专创融合"的教育实践与探索

图 8-5 青年学生理想的就业单位

② 就业选择时考虑的因素

根据调查结果显示，27.39%（83 人）的同学在就业时优先考虑工作环境、工资等物质条件；考虑社会地位的青年学生占 26.07%（79 人）；就业选择时考虑晋升空间和公共政策的分别占 14.85%（45 人）、15.51%（47 人）。如图 8-6 所示。

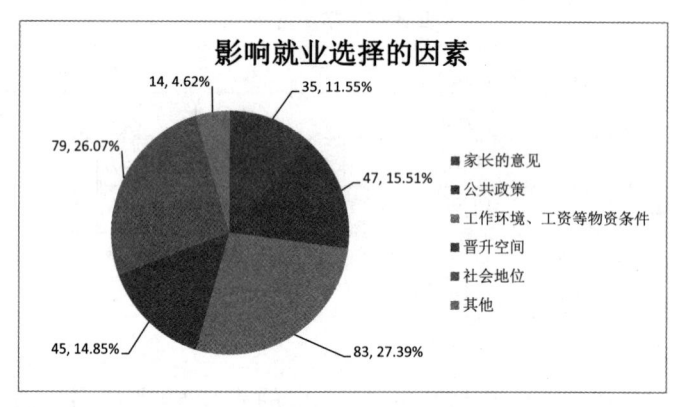

图 8-6 影响青年学生就业选择的因素

（2）青年学生对退休现状的态度

① 理想退休年龄

根据调查结果显示，有 32.11%（122 人）的青年学生理想退休年龄是 56~60 岁；50 岁以下及 56~60 岁分别占 29.74%、28.42%；仅有少部分人接受 65 岁及以上退休，占 3.18%（12 人）。如图 8-7 所示。

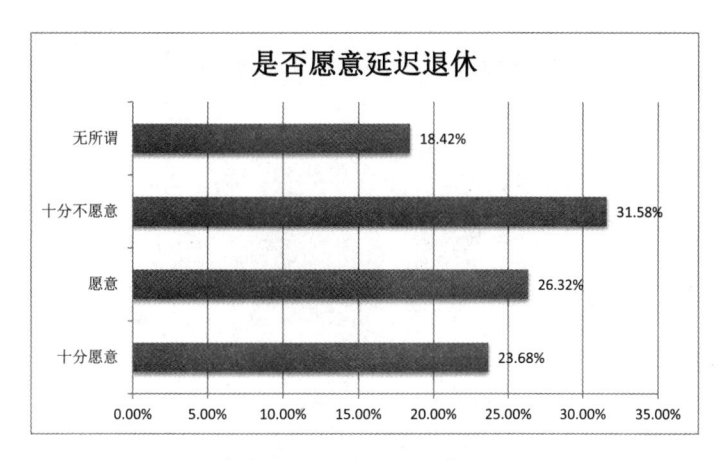

图 8-7　是否愿意延迟退休

② 是否赞同男女同龄退休

青年学生赞同男女同龄退休的占 51.05%（194 人）；不赞同的占 39.21%（149 人）；认为无所谓的占 9.74%（37 人），在这一问题上，青年学生观点存在争议，双方基本持平。如图 8-8 所示。

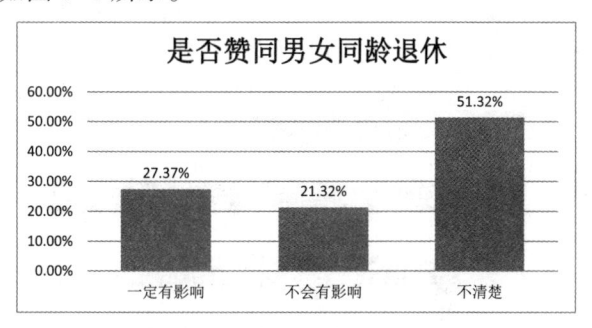

图 8-8　是否赞同男女同龄退休

（3）青年学生对渐进延迟退休政策的态度

① 青年学生对渐进延迟退休政策的了解程度

根据调查结果显示，所有青年学生都对渐进延迟退休政策有一定了解，一般知道者有 108 人，占 28.42%；了解者 82 人，占 21.58%；十分了解者有 190 人，占 50.00%。大多数青年学生对渐进延迟退休政策的了解程度不高。如图 8-9 所示。

图 8-9　青年学生对渐进延迟退休政策的了解程度

②是否愿意延迟退休

有部分青年学生（120人）十分不愿意延迟退休，占31.58%；愿意的青年学生占26.32%（100人）；十分愿意的青年学生占23.68（90人）；还有一部分青年学生（70人）觉得无所谓，持观望态度，占18.42%。如图8-10所示。

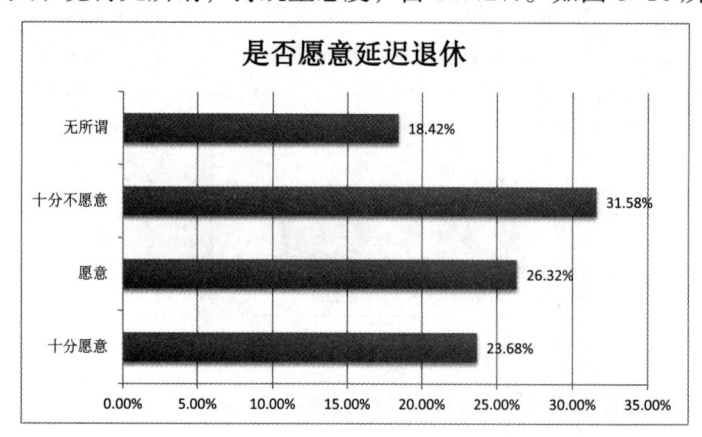

图 8-10　是否愿意延迟退休

③延迟退休政策对即将工作的影响程度

超过一半的青年学生不清楚延迟退休政策对自己工作的影响；认为一定有影响者占27.37%（104人），认为不会有影响者占21.32%（81人）。如图8-11所示。

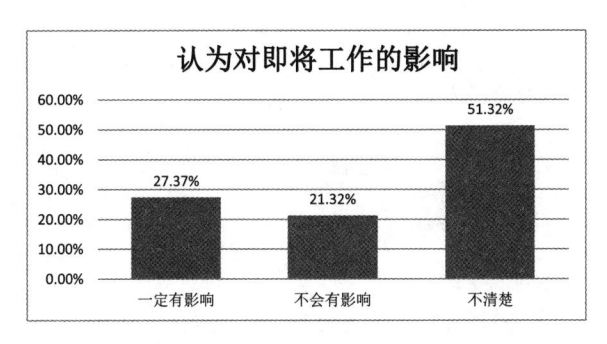

图 8-11 延迟退休对即将工作的影响

④更倾向何种制度

青年学生选择渐进延迟退休制度、现行退休制度、弹性退休制度的比例基本一致，分别占28%、25%、20%，较少的青年学生倾向工龄退休制度，仅占17%。如图8-12所示。

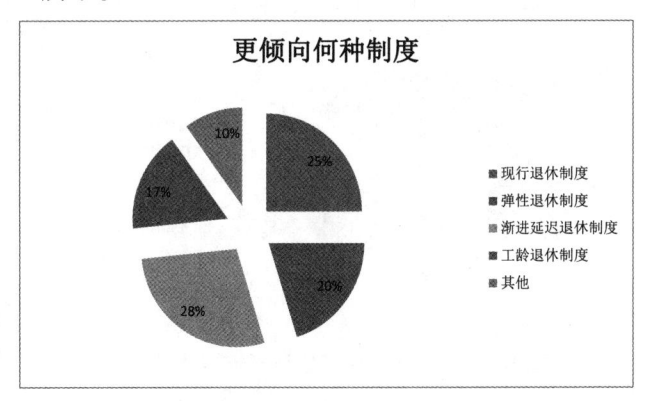

图 8-12 青年学生更倾向何种制度

⑤影响青年学生对渐进延迟退休政策态度的因素

1）愿意延迟退休的青年学生，他们的原因大多集中在减轻子女的养老负担和工作收入高于养老金上，分别占27.37%、26.07%；为缓解老龄化压力者占比最少，仅有7.92%；其他因素，占比差距不大。其中，为人均寿命延长者占14.85%；为更好地实现自我价值者占12.21%；为丰富精神生活者占11.55%。如图8-13所示。

图 8-13　青年学生愿意延迟退休的原因

2）想要留出更多自由支配的时间，是青年学生不愿意延迟退休的主要原因，占27.41%（159人）；其次选择早点领取养老金、身体条件不允许、安享晚年者分别占16.90%（98人）、16.21%（94人）、21.90%（127人）；选择没有养老负担者占比最少，仅为3.28%（19人）。如图8-14所示。

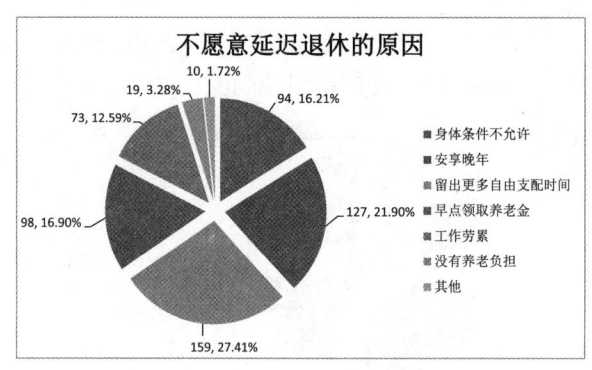

图 8-14　青年学生不愿意延迟退休的原因

四、调查结果分析

（一）青年学生对延迟退休政策的了解程度令人担忧

青年学生对渐进延迟退休政策的认识较少，对这项政策的认知仅停留在浅层和表面程度。这说明，延迟退休政策还没有很好地得到宣传而深入人心，大学生对国家政策的关注度不够。同时，通过上述调查研究发现，青年就业者对渐进延迟退休政策持有怀疑和观望态度，这会对就业造成冲击。

（二）男性和女性对我国渐进延迟退休政策的态度存在差异

与男学生相比，女学生更满意现行的退休政策，拒绝和排斥渐进延迟退休政策。原因是女性更倾向于照顾家庭，且身体机能有限，想要更早地脱离繁重的工作，以便有更多的时间和精力来经营家庭生活并扮演好家庭角色。

（三）不同学历的学生对延迟退休的态度不同

大专生、本科生、研究生对理想退休年龄所持的看法大体上比较相近。但区别比较大的是，大专生和本科生认为理想退休年龄为66岁以上的比例都为0%，而认为理想退休年龄应该在66岁以上的研究生占了12.37%。另一方面，选择理想退休年龄为50岁以下的大专生和本科生平均比例为10.05%，而选择此项的研究生比例只有5.91%。这说明，受教育年限越高，开始工作的时间越后延，越渴望有长一点的时间来发挥自身的长处和价值，而不希望过早退休。

（四）大学生的出身不同，对延迟退休的态度也不一样

关于来自城市或者农村的大学生对延迟退休政策所持的态度，持"非常赞成""赞成""非常不赞成"这三个选项的比例几乎是差不多的，但是在持"赞成"的比例中，来自农村的大学生比来自城市的比例高将近11%，而持"无所谓"态度的来自城市的大学生却比来自农村的大学生比例高将近13%。这说明，城市的优越性明显高于农村，而人们的环境背景不一样造成的思想观念的差异也是较大的。

（五）不同专业的大学生对延迟退休影响程度的不同看法

大部分大学生都认为延迟退休对他们有一定的影响，占了60.76%的比例。人文专业、社科专业和理工专业的大学生认为延迟退休对他们有很大影响，分别占到了21.21%、30%和10.64%；艺体专业、人文专业和社科专业的大学生认为"不清楚"的都占0%，而理工专业的大学生觉得"不清楚"的比例占8.51%；然而艺体专业的大学生觉得"不清楚"所占比例高达20%。认为延迟退休政策对大学生"不会有影响"的，三者所选比例都差不多在10%左右。这说明，延迟退休政策对不同专业的大学生来说，影响也是不同的。

（六）在青年人就业方面，影响其职业选择的因素较多

青年人选择职业时首先考虑的因素主要包括自我发展空间大、福利待遇好、工作稳定有保障、经济收入高等，一般倾向于选择支付性要素少、获得性要素多、评价性要素高的职业，但我国高层次行业岗位增长有限，青年人在这些行业的岗位需求得不到满足，老年人延迟退休可能会激化这一矛盾。

调查小结：随着调查的深入，我们在《社会研究方法》课程的指导下，对《渐进延迟退休政策对青年学生就业影响调查问卷》辗转修改多次，最终得出以上调查结果。现将问卷在设计、发放、回收、统计分析等过程中出现过的一些问题，总结如下：

（1）在问卷设计时多个问题采用多项选择式，导致结果不易分析，应尽量避免。

（2）部分题目的答案设计存在问题，没有达到互斥性和穷尽性。

（3）相倚问题未涉及明确的标识，使调查者在选择时存在混淆。

（4）调查样本不具有多样性和普遍性，导致调查结果缺乏信度和效度。

（5）问卷语言过于学术化，导致调查者理解存在困难，影响选择。

五、对策研究

当今社会，全球多已呈现老龄化趋势，而中国作为一个人口大国，老龄化问题更加严重。渐进式延迟退休政策的出台有利于解决由老龄化带来的养老保险金不足问题，但由此带来的青少年的就业问题也十分严峻。因此，如何平衡老年人延迟退休和青年人就业的矛盾尤为重要。

（一）对不同地区、行业和群体的差异设计方案

1. 对不同地区的差异设计方案

从地区人才流入来看，在2017年上半年全国主要城市人才净流入率排名中，杭州人才净流入率（地区人才净流入率 = 该地区人才净流入人数 / 该地区人才流动总人数 ×100%）最高为11.21%，明显高出其他城市。位居第二、第三、第四的是深圳、成都、上海，人才净流入率分别为5.65%、5.53%、5.23%，差距微小，几乎不相上下。北京人才净流入率为4.38%，排名第五；广州人才净流入率为1.42%，排名倒数第二；排名倒数第一的是天津，人才净流入率为 -2.31%。

实施渐进退休政策的根本目的是解决人口老龄化造成的岗位空缺和养老保险金不足问题，但不同的地区人才流入率不同，实施渐进退休政策不能对所有地区一概而论。此外，还应该考虑地区的人才需求率和供给率之间的关系，通过比较二者的关系来判断渐进退休政策的实施力度。

根据以上分析可以将地区划分为以下几类：

第一类（人口流入大省或直辖市）：北京、上海、广东、浙江。

第二类（人口流入较缓慢区域）：山东、福建、江苏、内蒙古、天津。

第三类（人口流出较缓慢区域）：广西、辽宁、四川、贵州、山西、重庆、河南、甘肃。

第四类（人口流出大省或直辖市）：河北、安徽、陕西、吉林、黑龙江、湖北、湖南、江西。

这四类还可以根据当地的文化、风俗、信仰等进行交叉分类。在一个大类中

框定一个整体的框架和制度，在地方上政府再根据当地的情况对政策进行具体细微的调整以适应当地的情况。调整退休政策必须协调国家、社会和个人的利益，这就使如何保持个人利益与集体利益的统一性成了一个重要的课题。因此，政策的制定只有符合当地的特色才能深入人心。

2. 对不同行业的差异设计方案

从就业分布上来看，在 2017 年第二季度，全行业人才需求和人才供给占比排名中，位居前六的行业均为互联网、金融、房地产、机械制造、电子通信和消费品。

根据互联网大数据显示：最受 90 后青睐的十大职业分别是软件开发员、研究人员、金融分析师、数据分析师、业务分析师、咖啡师、行政助理、机械工程师、市场部专员和自主创业人员。

而专业技术人员集中于 25～44 岁年龄组，所占比重为 65%；商业服务业人员的年龄分布较为分散，但多集中于 20～44 岁年龄组，所占比重约为 73%；而农林牧渔水利业生产人员集中于 35～59 岁年龄组，所占比重 50%；生产运输设备操作人员集中于 20～44 岁之间，此年龄段人员所占比重 73%。

由此看来，青年人更偏向稳定性高、待遇好的工作，如金融行业、科学技术行业等高端新兴产业。而在这些高端新兴产业中，由于大量青年人涌入就业市场，会产生优胜劣汰的替代效应，且有些行业（如计算机等）不适合中老年人。由此看来，渐进退休政策对这些行业反而会造成负担，不利于行业的进步和经济的发展。

因此，在行业劳动力供给和需求分析的基础上，提出延迟退休年龄政策的建议如下：

应遵循年龄特点调整退休政策，区别于不同行业的劳动者。首先，不宜延迟制造业以及电力、燃气和水产行业的退休年龄，因为这个行业的劳动者从事的体力劳动过于繁重，延迟退休会对劳动者的健康以及劳动的效率和质量加以影响。所以，对此行业的人特殊照顾也符合我国的人文精神。其次，对于租赁、商贸服务业等适合老年人工作的行业，可以通过制定退休政策来逐步提高这些行业的退休年龄。再次，对于一些吸收老年人能力不强的行业，建议不要制定过快的延迟退休年龄政策，应该在研究行业发展深入调查的基础上制定相应的政策。

3. 对不同群体的差异设计方案

所谓群体差异，在心理学上被分为性别、年龄、种族三种。

首先，对性别差异进行分析。众所周知，男女劳动者的身体机能和构造各有不同，对工作强度、压力的承受能力也不甚统一。因此，我们应对不同性别的劳动者区别对待，对女性体力劳动者应给予一定的照顾，并积极鼓励女性劳动者的就业，提高和保障她们的工作热情。

其次，对工作的年龄进行界定，每个国家的年龄退休政策都不是一蹴而就的，都有一个准备阶段。由于行业特征、地区、性别、工种的不同，退休延迟的设定也需不同对待。另外，在一些老龄化程度不高的行业或者危险系数过高的行业，也不宜盲目采取行动。总体来说，女性的退休年龄偏低，可以先行改革，并且脑力劳动者的改革要先于体力劳动者，晚退休可以提高他们的工作年限，从而达到降低养老保险压力的目的。

最后，我国地大物博。施行渐进退休政策应与当地人民的风俗习惯和宗教信仰相适应。我们要考虑社会各界的看法和意见，综合平衡，使方案尽可能被接受。

（二）平衡老年人的延迟退休问题

通过对退休年龄政策的分析，我们可得知目前的政策的确难以满足部分拥有较强工作能力的老年人实现个人价值，也没有充分利用国家的劳动力资源。此外，在该政策出现之后，社会上的反对声音较大，这无疑会加大政策实施的难度，给政策实施带来阻碍。如何解决政策实施过程中遇到的阻力因素，将给出以下建议：

1. 实施力度由轻至重、由浅至深，采用先自愿、后强制的手段

一项政策在出台之前必定要先经历政策的试点工作，以推测政策的可实施程度和未来的走向。渐进式延迟退休政策也不例外，也应该分区域进行试点工作。或者按照实施强度由小及大的原则，由一部分先进老年人自愿进行政策试点，并由他们带动周边人观念的转变。再慢慢由自愿转变成强制的形式，这样不仅消除了政策执行的阻力，而且会形成群众遵从政策的自主性。

2. 建立延迟退休政策的激励制度

延迟退休政策出台后之所以出现反对的声音，其主要还是由于经济方面的因素。现如今我国提早退休的现象十分严重，劳动者愿意提前退休然后另找一份工作，从而获得退休金和工资的双份收入。对于解决这个问题，我们可以采用正负激励相结合的原则。使用正激励的手段，建立多元化富有弹性的延迟退休效益增加政策，来获得群众的支持和缓解政策实施的压力。另外，还要结合负激励原则，建立相应的惩罚措施，从而有效避免一些人钻政策漏洞的行为，以降低违反政策现象产生的频率。

3.建立二胎照顾和隔代抚育政策

延迟退休决策受到众多因素的影响，家庭因素中对子女、孙子女的抚育照顾责任是影响他们退休意愿的重要因素。政策制定者在制定政策的过程中应当将这些因素考虑进去，协调工作时间和代际抚育时间，给予充分的抚育机会。目前我国的早教机构鱼龙混杂、经营模式并不科学、从业人员良莠不齐。所以政府要完善幼托体制、建立相关的法律法规和优惠政策、大力发展幼儿教育、扩大对幼托机构的建设，从而增加劳动者对幼儿教育质量的信心。对于困难职工家庭，政府还要给予一定的幼儿补助。只有通过这种方法和途径，才可以缓解双职工家庭无法照料育儿的困境，从而减轻政策实施的阻力。

4.完善老年工作者的健康保障体系

我国医疗保障机构还尚未健全使得人们不得不考虑延长退休年龄时自己身体健康的问题。因此，政策设计者应当考虑延迟退休会给老年人带来的身体健康问题。可采取的配套措施有三点。第一，提高医疗报销比例，设置阶梯式报销模式。第二，提供经常性的免费体检，提供老年劳动者的健康福利措施。第三，营造老年人就业的政策环境。老年人由于身体机能等原因在工作强度和能力上会处于劣势，为避免企业对老年人在工作上的歧视，国家应该出台相关政策保护老年人的合法权益。

（三）解决青年就业问题

随着国家人口老龄化问题的凸显，关于延迟退休的政策呼之欲出。在延迟退休政策的影响下，高龄劳动力就业时间延长，岗位难有空缺。延迟退休政策一出台，很多岗位出现"越老越吃香"的现象，尤其是许多国有企业。老年人占据高层位置，进入企业的青年人就会出现难晋升的现象。这不利于社会的进步和发展，也会影响青少年的就业。

1.高校加强教育培训

在大力完善学校教育的同时，还要加速发展校外教育（如家庭、社区教育）和企业培训，对青少年的整体素质进行着重提高。高校也应该针对所在的专业对学生进行职业培训，合理规划好学生在学习过程中的实践能力，提前做好校园招聘的工作。此外还要重视校外求职培训，政府要加强对职业技术培训机构的重视，规范相应的机构管理，积极培养技术型人才，使高端技术人才可以得到充分的应用和发展。

2.政府加大对中小型企业的扶持

中小型企业是我国国民经济的重要组成部分，也是经济发展的源泉，它能够解决部分青年的就业问题。政府也应该出台相关政策对中小型企业进行扶持，使其发展壮大，增强其竞争力以带来更多的岗位。

3. 改善地域性就业结构

针对区域性结构矛盾，国家可以通过颁布优惠政策，对西部和中小型城市进行就业优惠鼓励，吸引发达地区的人才向西部和中小型城市流动。这样不仅可以缓解青少年的就业压力，还可以带动国家经济的全面协调性发展，形成一个有机统一的良性循环。

4. 积极鼓励青年人创业

首先要转变青年人对就业的观念，政府要引导他们从偏好稳定向鼓励创新转变；其次要完善出台相关创业的优惠政策、降低对创业贷款的门槛限制、继续深化和完善"帮助青少年创业计划"等政策，发挥青少年作为创业领头人的作用，不断探索更多岗位。

5. 渐进延迟、弹性延迟与激励机制相结合，反对一刀切

社会民众反对延迟退休政策的原因是延迟退休牺牲了即将退休老龄人的利益，缩短了他们领取养老金的时间，为国家养老金的巨大缺口买单。实行渐进延迟退休政策，即提前告知社会，让社会民众有一个心理准备，从而实现平稳过渡。不同劳动力因其所在地区经济发展、产业结构、历史文化、风俗人情不同而对退休年龄有不同的要求，同样的劳动力也因其世界观、人生观、价值观不同而对延迟退休有不同的看法，所以，应根据各地区实际情况来确定退休年龄、退休方式、养老金待遇，对不同的行业制定不同的退休年龄，是对不同行业劳动者的尊重，使他们拥有退休权和选择权，与此同时设立退休年龄与养老金待遇挂钩机制，退休越晚养老金待遇越高，使得身体健康的老龄劳动力能够继续在劳动岗位上实现自己的价值，使得身体条件不允许的老龄劳动力能够提前退休。

6. 政府积极干预，制定法律法规，维护劳动者权益

政府作为推动延迟退休政策的主体，在配套方面也应完善相应的服务措施，部分老年人在退休后有返聘的需求，但是在我国劳动法中并未对退休返聘的劳动力进行明确保护，也未有相应法律出台，所以健全此类法律法规至关重要。青年劳动力进入劳动力市场，其自身经验不足容易造成劳动损害，政府应完善青年劳动法律法规，保护青年学生就业，减少其就业风险。同时应进一步对女性劳动者权益进行保护，解决女大学生就业难问题。

7. 健全养老保险激励机制和失业保险完善机制

深化养老保险制度改革，破除养老保险"双轨制"障碍，对养老保险进行改

革调整，保障社会公平。做实养老保险个人账户，通过调整国家财政支出结构，划转国有资金等形式将养老保险账户做实。完善失业保险机制，鼓励再就业，将失业保险基金用于再就业培训上，加大劳动力技术投资，建立健全失业保险金发放制度，维护青年学生就业权利。

问题解决方法反思：根据调查数据分析，利用《社会保险》课程内关于养老保险失业保险的基本知识，将养老保险与失业保险和延迟退休结合，通过改变养老保险的发放规则来实现渐进延迟退休的激励机制，达到顺利推行延迟退休政策的目的。

六、课题总结

在《社会研究方法》课程的学习中，我们通过"华莱士科学环"（图8-15）认识到科学是理论与研究相互作用的结果。理论与研究是一个永恒循环中的两个相对独立的部分。

科学环的左边一半意味着从观察和对观察的理解中进行归纳和理论建构；而科学环的右边一半则意味着从理论出发，通过演绎，将理论应用于观察中，进行理论检验。

科学环的上面一半代表着运用归纳和演绎等逻辑方面的理论化过程；而科学环的下面一半则代表着运用研究方法所从事的经验研究过程，换句话说，图中的水平虚线将抽象的理论世界与经验的研究世界区分开来。

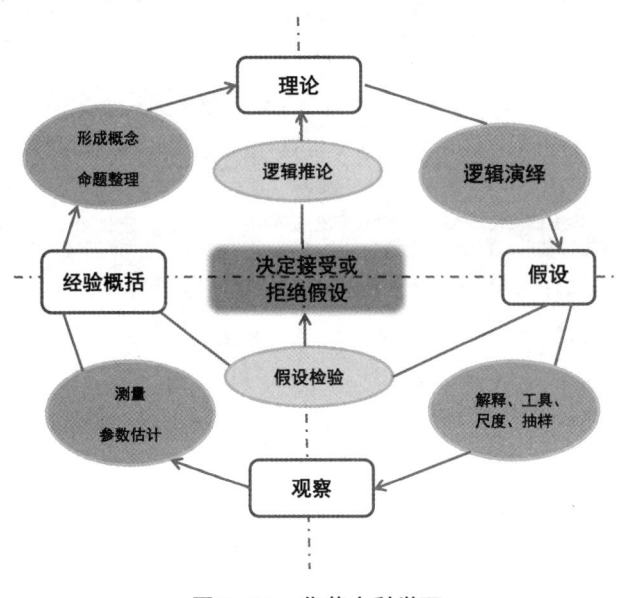

图8-15 华莱士科学环

"项目主导 专创融合"的教育实践与探索

本次研究，遵循科学环的规律，采用右边一半的研究路径，按图 8-16 所示箭头方向进行。

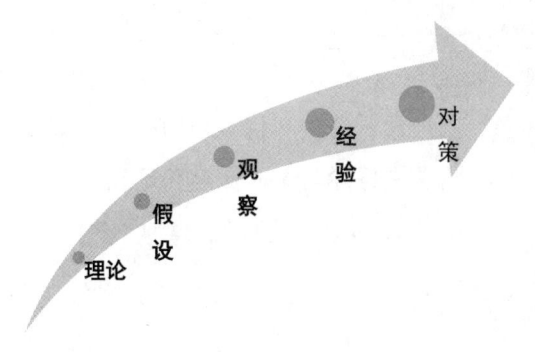

图 8-16 研究路径

按照研究路径，具体进行了以下几步研究（图 8-17）。

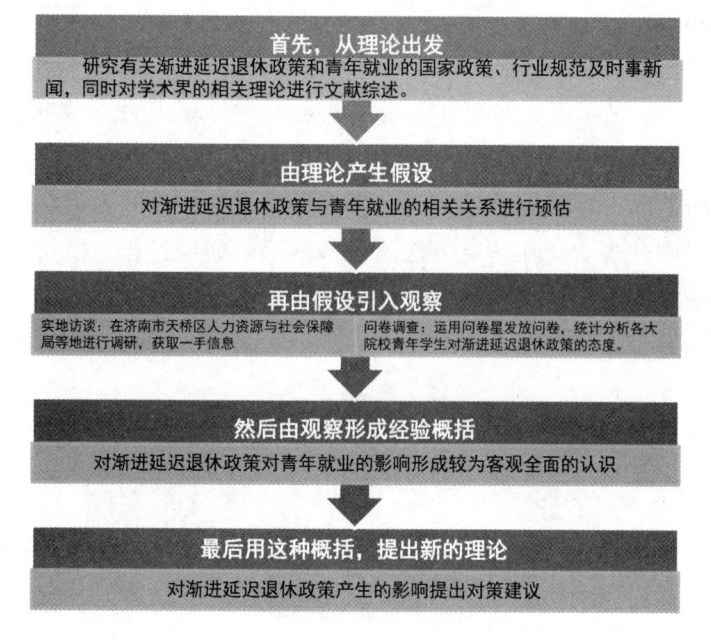

首先，从理论出发
研究有关渐进延迟退休政策和青年就业的国家政策、行业规范及时事新闻，同时对学术界的相关理论进行文献综述。

由理论产生假设
对渐进延迟退休政策与青年就业的相关关系进行预估

再由假设引入观察
实地访谈：在济南市天桥区人力资源与社会保障局等地进行调研，获取一手信息
问卷调查：运用问卷星发放问卷，统计分析各大院校青年学生对渐进延迟退休政策的态度。

然后由观察形成经验概括
对渐进延迟退休政策对青年就业的影响形成较为客观全面的认识

最后用这种概括，提出新的理论
对渐进延迟退休政策产生的影响提出对策建议

图 8-17 研究步骤

项目八　创业实践：济南聚力优学教育科技有限公司创业实例

自 2016 年开始，如中央音乐学院周海宏教授所说，感性素质和审美能力愈渐成为未来人才竞争的关键，越来越多家长开始重视让孩子学习音乐。但是，作为该领域的细分的音乐教育模式存在着设备差、师资弱、价格贵等诸多弊端。随着传统和移动智能设备的越发成熟，在线教育逐渐成为一种趋势。但音乐教育多半存在行业门槛，不是一般企业能玩得转的。这也是目前为什么在线音乐教育市场一直没有企业深挖的主要原因。匠心团队眼光独到，挖掘商机，团队成员既具有扎实的专业知识和管理能力，又具有丰富的音乐教学实践经验，引领智能音乐教育，点燃全民音乐热潮。

一、执行总结

（一）公司概述

济南聚力优学教育科技有限公司是山东省唯一一家致力于音乐教育软件技术开发与推广、线上线下专业乐器培训的机构，公司依托自主研发国内首创的核心技术"悦动"音乐信息采集系统和"电子音乐教练"专利打造建设"聚力优学音乐学习交互平台"，为用户提供更加专业的音乐学习体验。

（二）核心服务

1. "悦动"音乐信息采集系统

专业录制、同步传播：左中上等多个方位同步采集演奏视频信息，从手法和脚法上对学员进行全方位指导。

在线评分、分解指导：学员可在家中录制练习视频再上传，由电子教练和在线指导老师同时打分。

2. "乐弹悦"随身乐队 App

与山东师范大学信息工程学院技术开发团队签约，开发了"乐弹悦"随身乐队 App，包括 10 000 段预录的样本旋律和 50 种合成乐器样本，可以实现乐队成员在家中同步排练，并能用连接电脑的 MIDI 键盘或屏幕键盘演奏。

3. 周边音乐服务

精彩的教学视频、微信公众平台、学员群、微博、众筹音乐节、众筹音乐公开课等。利用了当下最火热的网红经济，引入网红吉他教师，捧红网红学员，在社交媒体上聚集人气，依托庞大的粉丝群体进行定向营销，从而将粉丝转化为购买力。为学员提供从学琴、卖琴、维修、上台演出、录制 MV、定制乐器、参加音乐交流活动、音乐人才上升通道等多位一体的全方位服务。

（三）师资支撑

依托山东师范大学音乐学院、山东艺术学院等优秀艺术人才资源建立完善的师资体系，共有专业教师 55 人，其中包括著名音乐人 8 人、高校音乐教师 7 人、高校音乐硕士 17 人、高校音乐学士 23 人，并吸纳众多优秀学生组成 150 人的助教团队。

（四）团队支撑

公司核心团队既具有扎实的专业知识和管理能力，又具有丰富的音乐教学实践经验；公司法人徐鹏飞，济南"诡辩乐队"鼓手，师从山东架子鼓第一人；聚力优学总经理郑懿，自幼学习钢琴，山东省"星语"自闭症儿童音乐关爱基金的发起人；天悦艺术培训中心负责人杨洁，山东大学管理学硕士，国家二级人力资源管理师；聚力优学项目现任主要负责人之一聂志洁，精通吉他弹奏，国家二级人力资源管理师；聚力优学项目另一负责人郭晓雨，国家二级人力资源管理师；财务经理牟子悦，山东师范大学公共管理专业，现任山东省中小企业服务机构促进会天使投资专委会《开创梦想》常务秘书长，在教学研发、公司管理以及财务运营方面充分发挥自身优势。

（五）盈利模式

主要盈利来自：在"悦动"音乐信息采集系统和"电子音乐教练"的基础上建立"聚力优学"音乐学习交互平台，名师在线指导和线下专业培训相结合。为学员提供在线教学，实现线上营利，主要包括付费众筹学习、付费直播、付费下载课程资源等。

（六）市场分析

以我国幼儿音乐培训市场为例，2015 年市场容量达到 70 万人，其中每人每年有约 15 000 元是用于乐器培训的，这样下来一年就有 100 亿的市场空间。以济南市为例，现在济南共有琴行 72 家，艺术培训中心 31 家。聚力优学下设五个运营点，至今已累计培训万余人次，占据了济南市 40% 的市场份额。

（七）发展战略

（1）技术迭代，扩大设备生产，逐步实现乐器培训的轻资产目标；聘请全国各省份知名乐手，增强聚力优学的影响力和粉丝效应。

（2）品牌建设，在山东省内外的其他城市寻找实力雄厚的艺术培训中心建立合作办学联盟，将线上的学员引流到各地的线下实体，从中抽取分成。

（3）财务增进，预计2017年总收入突破3 000万元，5年后利润突破5 000万。

（八）融资与财务

公司前期运营状况良好，2016年前三个季度，总收入达到1 436.02万元，净利润335万元，预计2017年营业额将突破3 000万元。2015年，获得了济南博林教育集团的天使投资80万元，2016年10月份，又成功吸引了山东省同晟资本的300万元投资意向。2017年底我们计划再次融资1 000万元。（该项目案例的创业计划书于2016年10月完成，计划书中所列数据截止到2016年10月份。）

（九）风险分析

中期和后期由于运转的良性循环，可保持一定时期的加速发展，虽存在一定风险，但总体而言风险较小，适合实施。我们已经制定了较为合理的风险退出机制且采用一边完善一边发展的战略。竞争是残酷的，机遇中不乏挑战。我们相信聚力优学一定会走出属于自己的成功之路。

二、核心产品与服务

"聚力优学"音乐学习交互平台的结构如图9-1所示。

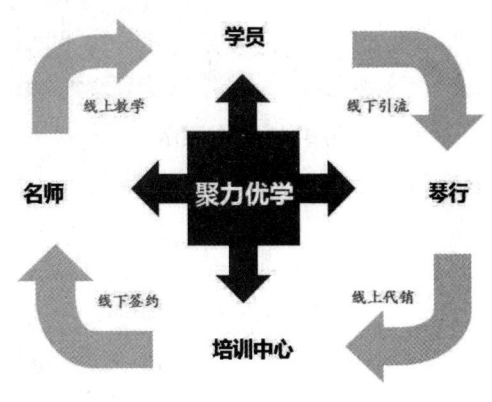

图9-1　"聚力优学"音乐学习交互平台

（一）"悦动"音乐信息采集系统

1. 音频采集配置

（1）吊顶话筒（距离地面两到三米处）：宽心形话筒一支、立体声话筒一支。

（2）铜钹话筒：大振膜的电容话筒、心形电容话筒都能够胜任。

（3）脚踏钹话筒（距离脚踏钹边缘 10 cm 到 15 cm）：尽可能远离军鼓。因话筒垂直于铜钹的平面，所以不会受到脚踏钹闭合时的空气波影响。

（4）军鼓话筒：小型的铅笔状话筒可以很好地挤到军鼓上方位置，比如电容话筒，AKG C451，或动圈话筒，Shure SM57。

（5）底鼓话筒：动圈话筒。（Beyerdynamic 的 Opus 65 或 Sennheiser 的 E602）

（6）专业录音外置声卡。

2. 视频采集配置

左中上等多个方位同步采集演奏视频信息，从手法和脚法上对学员进行全方位指导。

20 倍光学变焦、360 度无死角拍摄，可轻松实现 1080P 高清直播（图 9-2）。

图 9-2　功能展示

支持用户在 App/H5/WEB 上观看直播，还支持微信、微博、QQ 分享，支持三方平台嵌入（图 9-3）。

图9-3 第三平台嵌入

"悦动"音乐信息采集系统在国内首创实现了远程在线实时音乐教学传播全过程，打破音乐学习与教学的时间和空间限制，让各地用户在家就能与名师与琴行实现远程在线实时链接，为用户节省大量路程时间和路费，创造了全新的音乐学习体验（图9-4）。

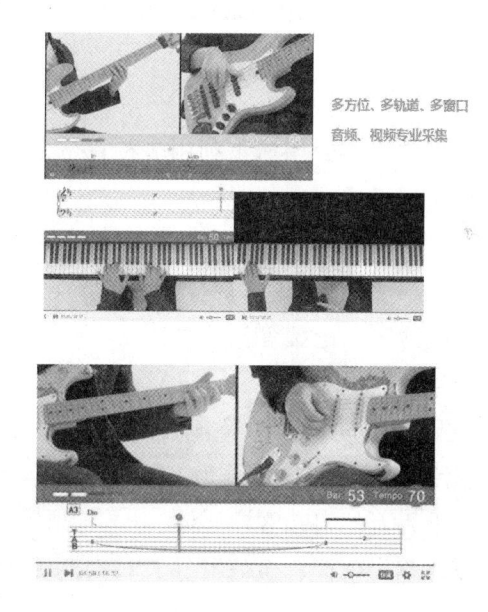

图9-4 远程在线实时音乐教学

利用"悦动"音乐信息采集系统为每一种乐器教学拍摄比线下更为细致的教学视频，分解拍摄乐器弹奏的基础步骤，更加有利于学员理解，按照独特教学体系拍成课程化的系列视频。

上传不同老师各具特色的教学视频，名气较低的老师录制的教学视频作为免费学习资料向用户开放，名师视频付费订阅。将高质量或专业化课程设计成具有差别服务、提供用户等级的进阶模式，通过免费课程赠送刺激用户消费需求，然后按课程种类时间收取线上订购费用。

全程支持网上银行、支付宝财付通等线上转账功能，方便快捷，省时省力。

（二）电子音乐教练

学员可在家中录制练习视频并上传，由电子教练和在线指导老师同时打分。电子音乐教练专利技术可以通过标出颜色的音符、进度条来反馈节奏和音符弹得是否准确。这就将音乐培训互联网化、算法化，从而达到精准在线培训效果。

（三）乐弹悦 App

与山东师范大学信息工程学院技术开发团队签约，开发了"乐弹悦"随身乐队 App，目前下载使用人数已破万。

它包括了 1 000 段预录的样本旋律和 50 种合成乐器样本，可以实现乐队成员在家中同步排练，并能用连接电脑的 MIDI 键盘或屏幕键盘演奏。

三、粉丝经济

从天悦琴行到聚力优学，本公司注重利用多种宣传营销方式增强学员和粉丝的粘性。

（1）在各大视频网站上发布聚力优学在线免费课程以及宣传视频，提高知名度。

（2）建立聚力优学的博客、论坛等。

（3）建立微信公众号。

（4）充分利用朋友圈、空间、微博等各大社交软件。把以往传统的发传单、LED 广告等大幅度转化为互联网宣传，因为在"人人都是自媒体"的时代，小小的微信朋友圈里就有千千万万的潜在客户群体。

（5）建立聚力优学顾客 QQ 群、微信群等，时刻勘测用户的建议，达到不断完善的目的。

（6）通过赞助网络节目来进行宣传。

四、师资力量

师资是教育培育行业的核心，也是教育培训行业的良心，培训的质量直接取决于教师的水平。因此，公司致力于打造强大的师资队伍，充分挖掘利用师范类院校优秀专业教师资源，并利用音乐学习交互平台将资源进行整合，满足客户的不同需求，打破名师难寻、地域限制、时间限制等传统培训壁垒。

（一）教师聘任

公司积极与山东省音乐家协会、山东师范大学音乐学院、山东艺术学院等知名音乐人取得联系，聘请他们作为"梦想导师"，得到他们的大力认可与支持，与公司达成合作意向，定期录制线上课程视频，借助音乐学习交互平台对学生进行指导。

（二）专职教师团队

依托山东师范大学音乐学院、山东艺术学院等优秀艺术人才资源建立完善的师资体系。

邀请中国音乐学院、上海音乐学院、山东艺术学院、省歌舞剧院等院校团体著名教授、考级主考考官、骨干教师亲自执教，并拥有各专业的专职老师。从大学城多所高校艺术系毕业生中选拔招聘培训专职教师，并配备助教辅助专业教师进行教学工作。共有专业教师 55 人，其中包括著名音乐人 8 人、高校音乐教师 7 人、高校音乐硕士 17 人、高校音乐学士 23 人，并吸纳众多优秀学生组成 150 人的助教团队。

五、公司介绍

1. 公司概述

聚力优学培训中心位于济南市历下区，天悦艺术培训中心位于长清区大学科技园数娱广场 B 座（约 300 平方米），天悦琴行位于长清区常春藤社区内（约 120 平方米），另有位于山东中医药大学教工社区的社区乐器体验中心一处（约 15 平方米）和长清区龙泉街 2227 号西邻的乐队排练室一处（约 30 平方米），总营业面积约 700 平方米。2016 年 9 月份，我们又在山东省泰安市建立了聚力优学艺术培训中心泰安店。

我们追求依托雄厚的师资力量、成熟的课程研发团队、特色的个性化辅导，运用互联网+音乐教学，推动传统培训模式向互联网在线教育模式靠拢。在传统课余时间内充分利用互联网培训服务平台，使教学双方能够充分利用碎片化时间，随时随地、精准高效地进行对接和沟通。同时创新运用"个人档案式"评价法和"课程进阶化"教学法提供私人定制培训服务，计划建立学习社区、互联网基地、SNS 圈子、艺术体验中心等具有创新精神的新模块，引入众筹、网络直播、分期付款、阶梯定价、合约租赁等概念，致力于提供给消费者最独特、最新鲜、最灵活、最实用的在线艺术培训体验。

2. 徽标（LOGO）

聚力优学 LOGO 以"树叶"和"众人"为主体，结合"十年育树，百年育人"的理念，旨在突出聚力优学凝聚各方优质力量，打造一流品质教育（图9-5）。

图 9-5　聚力优学 LOGO

六、市场分析

（一）客户定位

客户主要为山东省乃至全国 4～12 岁的幼儿、各高校学生和众多音乐发烧友。

（1）有艺术培训需求的幼儿、学生及音乐爱好者。

（2）散落各地的琴行和艺术培训机构。

（3）各大乐队、厂牌、独立音乐人、音乐发烧友。

（4）各大品牌乐器设备经销商和艺术用具品牌代理商。

（二）市场环境分析（pest分析）

国家全面放开二胎政策后，带来未来儿童数量的大幅增加，加之父母对孩子教育的关注特别是对孩子艺术特长的关注甚高，这意味着需求的释放，艺术培训市场的需求容量再次扩大。

（三）艺术培训消费市场广阔

1. 艺术培训市场总体规模

截至 2013 年底，我国艺术培训行业的产值已达 330 亿元的规模，并且正以每年 30% 以上的速度迅速增长。未来五至十年，艺术教育市场将发展到上千亿元的规模。

2. 初期实地市场调研

2014 年 10 月～11 月，组织了关于消费者对乐器购买和艺术培训的认知程度及需求的问卷调查。调查活动分为网上及济南长清区尤其是大学城两部分进行，均采用问卷形式，共收回合格的调查问卷 300 份，网上回复者 133 人，街头答卷者167人。其主体涉及幼儿、小学生、初中生、大学生、家长等。(调查问卷见附件)调查从认知程度、消费需求、相关知识的要求等几个方面来进行调查,以求了解消费者对这一服务的认识。调查对象以学生和家长为主。在300名被调查者中年龄小于10岁者占16.0%,大于30岁者占11.0%,在10~30岁之间者占73.0%。此外长清大学城在校大学生(大一、大二)学习过乐器的占15%,了解乐器的占10%,希望学习乐器的占60%,其余暂以观望态度。后又针对目前在校大学生,在课余时间对校园内以及周边各高校、服务区乐器类培训机构的招生情况,以及资费做了前期的简单调查。

调查发现大学城商业街已经有琴缘琴行、天韵琴行两家起步较早的琴行,他们提供类似艺术培训服务,但多以高价出售乐器作为主要的利润来源,教学质量低,口碑差。

3.消费者特征分析

(1)艺术培训项目偏好调查。调查显示,在众多艺术培训项目中,家长最希望孩子接受的是乐器、舞蹈、美术类培训,分别占62.6%、38.3%、24.8%,在全部培训项目中占到近八成。

(2)艺术培训机构偏好调查。在众多繁杂的社会艺术类培训机构中,少年宫或行业协会开办的培训机构是家长们最希望把孩子们送往的培训机构,占33.23%;选择离家近的培训中心占24.84%;个人家教式的培训占21.74%;著名艺术家开办或具有知名品牌的培训机构占13.35%;其他一般培训中心占6.83%。

(3)艺术培训花费调查。从调查统计的数据中可以看出,每年花费在一个孩子艺术培训上的费用2000元以下的占19.20%,2 000~3 000元的占30.43%,3 000~5 000元的占29.71%,5 000~8 000元的占11.59%,8000元以上的占9.06%。

(4)艺术培训目标调查。从消费者选择早教和艺术教育培训机构的考虑因素来看,调查结果显示,分别有七成半的比例提到"开发孩子智力,增长知识与技能""培养孩子的能力,塑造孩子的良好性格"。除了以上方面,增加孩子与同龄孩子接触、促进亲子互动等也是影响因素。

(四)社会(society)

1.父母重视孩子特长培养

随着人民群众物质文化生活的逐步提高,现代的父母越来越注重孩子特长的培养,都希望能培养孩子的特长,人们对孩子的艺术培训越来越重视。望子成龙,望女成凤,无数家长对孩子怀着殷殷之情,切切之心。

2.艺考持续升温

近几年来艺术培训市场得到了空前发展,并发展成为具有吸引力的行业,拥有较大的需求和消费市场。同时学校也越来越看重孩子的特长能力素养。

3.当前艺术培训市场存在众多问题

(1)设备差。目前的艺术培训机构多而杂、不规范。比较单一,规模普遍较小,经营者素质普遍偏低,培训设施比较简陋,培训场地一般设在改造过的出租房中,没有消防通道、安全护栏等。

(2)师资弱。培训机构老师的资质没有相关部门的资格审查认定致教师素质不一,培训老师流动性强,无法给予学员系统的培训,多为大学生兼职,教学质量难以保证。经过一段时间的混沌学习后,效果好的能够学到一点皮毛,效果不好的话几乎等同于将学费打了水漂。

(3)价格贵。培训机构往往以牺牲培训质量来保证盈利,学员被忽悠着交了学费,往往是一个教师面对着十几个、几十个不同基础、不同性格、不同天赋的学员,进行着"一刀切"式的粗暴教育,且安排大量的课时进行基础练习。

(五)技术(technology)

1.信息技术的迅猛发展

随着网络时代的到来,人们的生活方式发生了天翻地覆的变化。由于网络时代的不断发展和如今手机4G和无线WiFi的普及,使得用手机在线观看视频成为家常便饭,也为"聚力优学"音乐学习交互平台的迅速崛起提供有力支持和保障,在线学习授课具有很大的市场前景和市场适用性。

2.网络"云"发展迅速

云的快速发展提供了一个成本低的新技术,可以让使用者在任何地点轻松获取数据,只要将教育内容储存在云端上,使用者都可随时随地进行学习,形成了一个移动的课堂。

(六)SWOT分析

SWOT分析表

内部因素＼外部因素	内部优势（S）	内部劣势（W）
	地理位置优越、线上线下相结合、师资队伍优秀、综合性艺术中心、学习时间自由、内部管理完善	公司初建，名气小，缺乏资金、经验
外部良机（O）	SO 战略	WO 战略
政府鼓励创业 移动互联网时代 国家经济环境相对稳定 生育政策提供巨大潜力	充分运用各方面的优势，充分利用现有的市场和发展政策，提升公司的名气	利用现有机会，克服公司规模小的缺点，抓住政府对大学生创业的支持的机会及通过众筹等方式来筹集资金
外部威胁（T）	ST 战略	WT 战略
竞争激烈	利用聚力优学线上线下结合的特点和完备的师资队伍及其他优势，克服竞争者的阻挠，开拓市场	创业初期，如果发现风险太大，马上对公司的发展做出调整，一边完善一边发展

七、团队组织

公司组织机构采用直线性职能机构。这样既保证了统一指挥的优点，又吸收了职能式专业分工的长处，可使公司更好的发展。

公司处于不同阶段，公司所设置的部门将有所调整，随着公司的发展，公司组织结构将更为合理、更为专业。创业初期，考虑到协调管理便利、节约管理费用、命令传达通畅等因素，公司整体机构设置不宜庞大。

公司创建初期组织结构如图 9-6 所示：

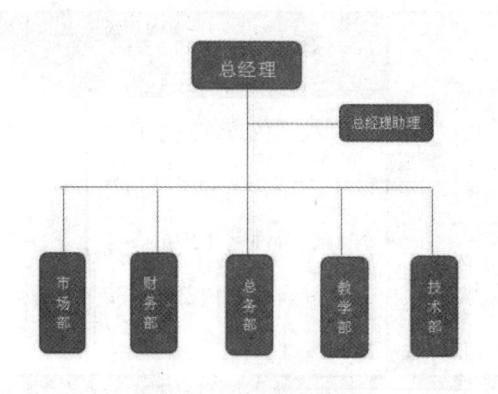

图 9-6 公司组织结构图

八、融资与财务

聚力优学自成立两年以来，从一家以卖琴卖设备为主的琴行，发展成为一家综合性的高端艺术培训中心。在聚力优学业务范围不断扩大的过程中，也获得了可观的盈利，以下是聚力优学 2015 年和 2016 年的收入明细（图 9-7）。

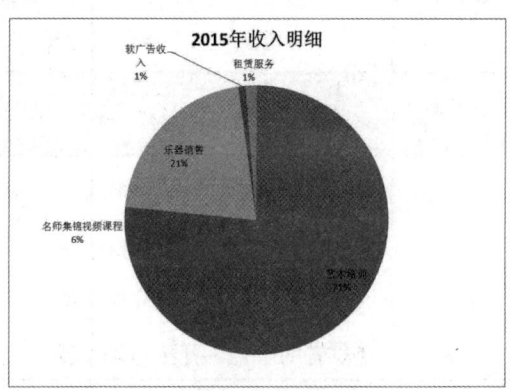

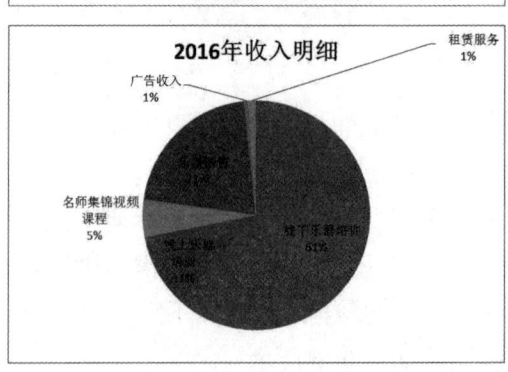

图 9-7　2015 年、2016 年收入明细图

九、发展战略

（一）动态演进策略

聚力优学的发展规划采用梯度推进的动态演进策略，在创业前期、创业中期和发展成熟期三个阶段牢牢把握技术、师资和服务三大核心竞争优势，将聚力优学的业务优势和地理区域进行复制性拓展，形成"多区域、多优势"的企业发展格局。同时在发展过程中推广自主研发国内首创的"悦动"音乐信息采集系统和"电子音乐教练"专利技术，不断完善已开发的"乐弹悦"音乐工具类移动互联网 App 并推广，打造聚力优学品牌文化。

1. 前期战略规划（2016年—2017年）

区域定位：山东省。

群体定位：各高校的学生群体、青少年、幼儿以及爱好文艺、有艺术培训需求的各年龄段人群。

核心优势业务：吉他、钢琴、架子鼓、贝斯等。

培养潜在客户群。在保证质量的基础上，采取竞争定价策略。推广自主研发国内首创的"悦动"音乐信息采集系统，完善已开发的"乐弹悦"音乐工具类移动互联网 App 并推广。将"悦动"音乐信息采集系统和"乐弹悦"移动互联网 App 逐步全面融合到线下艺术培训过程中，并创造利润，实现线上向线下的引流。

（1）争取政府的政策支持，在相关方面给予一定优惠，减轻公司的创业风险。

（2）打开整个山东省和部分其他区域市场，目标人群定位于区域内幼儿和爱好艺术的大学生群体，经常与他们进行交流，赠送试听课程等以推销培训服务。

（3）进行严格的产品与服务质量监控，保证产品与服务质量，树立口碑。

（4）推广"乐弹悦"移动互联网 App，继续完善"悦动"音乐信息采集系统，以适应后期公司大规模推广互联网应用，实现线上盈利的需要。

（5）升级公司产品与服务性能，降低服务成本。业务熟练的助教可以适当提高工资，减少助教数量。

（6）通过赞助其他区域的音乐演出、文艺晚会等宣传渠道扩大公司的知名度，吸引更多的消费者，将公司业务拓展到市中区、槐荫区等周边行政区。

（7）加强公司教学人员的培训，保证个性化、档案化教学的严格执行，保证教学质量。

（8）主打吉他、钢琴、架子鼓乐器培训，并不断升华已经形成的培训优势。

2.中期战略（2018年—2020年）

区域拓展：全国各省会城市。

群体拓展：全国各省会城市各高校和社区的学生群体、青少年、幼儿以及爱好文艺、有艺术培训需求的各年龄段人群。

核心优势业务拓展：吉他、钢琴、架子鼓扩大至吉他、钢琴、架子鼓、古筝、二胡及其他乐器培训。

形成一家线上线下相结合的专业高端艺术培训中心，建立完善的聚力优学互联网学习社区，打造艺术培训领域的高端品牌。建立异地办学联盟，吸引实力雄厚的琴行和艺术培训中心加盟。

注意不断完善财务分析系统，控制产品与服务成本，尽可能地使投入产出比例趋向合理和科学化，同时注重公司的文化建设和管理团队建设，制定员工培训机制，指导员工的职业生涯规划，使其得到自我实现的机会，从而保证产品与服务质量。

（1）发展方向向山东省为核心的整个北方地区扩展，稳步提高产品与服务的市场份额。

（2）加大吸收技术人才力度，加快新互联网产品的研发。

（3）塑造独特的企业文化，建立全市艺术教育市场的口碑，建立畅通的市场营销渠道和高效率的分配模式。

（4）在继续完善吉他、钢琴、架子鼓优势的基础上，打造其他乐器培训的优势。

3.长期战略（2021年后）

区域拓展：全国。

群体拓展：全国各高校和社区的学生群体、青少年、幼儿以及爱好文艺、有艺术培训需求的各年龄段人群。

核心优势业务拓展：乐器培训拓展至乐器培训、美术培训。

依托全国各地大学城及大学生资源，不断完善并把握好技术和师资两大优势，通过连锁加盟的方式将我公司的服务复制性地在整个山东省乃至全国推广，分别在北京、上海等地选址投资建立综合性艺术培训基地。

（1）不断开发运用新的互联网产品，将经营重心转移到线上，进行线上向线下的引流。

（2）总结并完善发展过程中遇到的问题，在完善中发展。

（3）把握市场发展方向，借鉴竞争对手的长处，防范潜在竞争者的出现。

（4）不断塑造企业优势，实现优势由乐器培训向乐器培训、美术培训等各种艺术培训的分布。

（5）把握和依托大学生群体资源优势，打造音乐教育软件技术开发推广、线上线下高端专业乐器培训机构。

（二）全面发展策略

（1）技术迭代，扩大设备生产，逐步实现乐器培训的轻资产目标。

（2）聘请全国各省份知名乐手，增强聚力优学的影响力和粉丝效应。

（3）品牌建设，在山东省内外的其他城市寻找实力雄厚的艺术培训中心建立合作办学联盟。将线上的学员引流到各地的线下实体，从中抽取分成。

（4）财务增进，预计2017年总收入将突破3 000万元，5年后净利润突破5 000万。

（三）关键风险与应对策略

1. 市场风险

（1）成本风险。公司成本主要来自人员费用和乐器设备费用，教师及助教的薪资短时间不会有太大波动，但供应商提供的乐器或设备价格随着市场变化可能会发生相应变化，会对产品与服务的成本控制造成一定的影响。

（2）政策风险。公司的成长依赖于艺术培训市场的消费需求，国家一直大力支持教育培训行业的发展，政策风险基本没有。

2. 技术风险

（1）研发风险。公司线上运营很大程度上依赖于移动互联网App的研发和悦动音乐信息采集系统的维护，如果研发遇到挫折，将影响公司的长远发展。

（2）专利风险。若公司不能形成有效保护自己的专利，创建自己的品牌，公司产品被人模仿或窃取技术，难免有损公司利益。

3. 运营风险

（1）销售风险。若公司产品价格定位和技术调整与改进不能很好地适应市场大多数消费者的要求，可能会使得产品与服务的出售数量减少，从而导致销售额下降等。

（2）管理风险。公司的管理层在公司发展过程中决策的风险，对于营销、技术研发等公司赖以生存的部门的管理影响。团队管理的风险也是客观存在的。

4. 应对策略

（1）保护知识产权。内部研发在继承和创新之间相辅相成、均衡发展。依靠法律武器，保护公司自主知识产权，与员工签订公司保密合同。

（2）保证产品与服务质量。公司将严把质量关，坚持自主创新科技为重，加大科研人才的引进和移动互联网 App 的研发力度，公司加强全面质量管理的同时，将强化品牌意识，坚持为用户提供优质的产品、合理的方案、一流的服务。

（3）定期做财务预测。公司将定期及时做财务预测，特别是本行业行情发生变化时，控制实际情况与财务预测的偏差，保证公司在有限的资金下寻求稳定、持续、高速发展。

（4）设立公关部门。公司发展初期将公关放入发展工作中，有专人负责协调与政府部门以及其他相关企业的关系，公司发展到一定阶段时成立公关部，为企业营造良好的外部环境，让企业可以排除外部因素，更长久平稳地发展。

十、评价

从天悦琴行到聚力优学，一路走来，匠心团队凭借着强大的技术支撑和优质的教学设施配备，配合专业的师资力量以及团队成员对于市场精准的把控，抓住时机，制定了一系列切实可行的发展战略，形成了"多区域、多优势"的企业发展格局，在形成巨大的经济效益的同时，也推广研发了国内首创的"悦动"音乐信息采集系统和"电子音乐教练"专利技术，不断完善已开发的"乐弹悦"音乐工具类移动互联网 App 并推广，打造出聚力优学品牌文化。

然而，音乐教育是聚力优学的一大特色，却也成为了其后期发展的桎梏。随着社会的发展，在音乐教育领域，同质竞争加剧。音乐教育固然是块大蛋糕，但也不能喂饱每家企业。仅仅局限于音乐教育领域，聚力优学难以在同类企业中脱颖而出。

近年来，考公考研逐渐成为大学生未来规划的主流方向，聚力优学匠心团队如果能够在教育机构中增添考研、考公等方向，必然会迎合市场潮流，使企业焕发新的生机。

参考文献

[1] 黎勇.融合推进创新创业教育与专业教育[EB/OL].9(2017-09-21):http://opinion.people.com.cn/n1/2017/0921/c1003-29548370.html

[2] 韩振,王雁,段存广.高校创新创业教育的理论与实践[J].同济大学,2013(3):207-209.

[3] 唐亚阳.公益创业学概论[M].长沙:湖南大学出版社,2009.

[4] 孙晓燕.政府购买公共服务现实困境与路径选择研究[J].统计与管理,2017(9):123-124.

[5] 胡晓.政府购买居家养老服务的问题研究[D].成都:西南交通大学,2017.

[6] 王雅宁.政府购买居家养老服务的现状、问题与对策研究[J].产业与科技论坛,2017,16(15):10-11.

[7] 储亚萍,何云飞.政府购买居家养老服务满意度的影响因素研究——基于国内四市的调查[J].东北大学学报(社会科学版),2017,19(4):385-391,398.

[8] 林源聪.政府购买社区居家养老服务:现状、问题和对策[J].湖北科技学院学报,2017,37(3):1-4.

[9] 孙蔚.政府购买养老服务的现状、困境以及对策研究[D].郑州:郑州大学,2017.

[10] 王燕平.政府向社会组织购买居家养老服务现状及对策——以宁波市海曙区为例[J].当代经济,2016(36):54-55.

[11] 姜晓萍,陈朝兵.近五年国内政府购买公共服务:一个文献述评[J].经济问题探索,2016(3):24-29.

[12] 韩丽荣,盛金,高瑜彬.日本政府购买公共服务制度评析[J].现代日本经济,2013(2):15-21.

[13] 张旭升,牟来娣.政府购买居家养老服务的研究综述[J].中共杭州市委党校学报,2013(1):91-96.

[14] 章晓懿.政府购买养老服务模式研究:基于与民间组织合作的视角[J].中国行政

管理,2012(12):48-51.

[15] 郑苏晋.政府购买公共服务：以公益性非营利组织为重要合作伙伴[J].中国行政管理,2009(6):65-69.

[16] 吉鹏,李放.政府购买养老服务绩效内涵界定与评价模型构建[J].广西社会科学,2017(11):130-135.

[17] 李凤琴,陈泉辛.城市社区居家养老服务模式探索——以南京市鼓楼区政府向"心贴心老年服务中心"购买服务为例[J].西北人口,2012,33(1):46-50.

[18] 官玉琴.居家养老政策法规研究[J].福建教育学院学报,2009,10(2):15-19.

[19] 杨青,张国平,周艳.政府购买居家养老服务机制研究综述[J].常熟理工学院学报,2017,31(5):42-47.

[20] 句华,杨腾原.养老服务领域公私伙伴关系研究综述——兼及事业单位改革与政府购买公共服务的衔接机制[J].甘肃行政学院学报,2015(3):4-17.

[21] 吉鹏,李放.政府购买养老服务研究综述[J].社会福利,2014(8):53-54.

[22] 吉鹏.政府购买养老服务研究综述[J].四川行政学院学报,2014(3):35-39.

[23] 李小梅.国内外居家养老服务研究综述[J].重庆电子工程职业学院学报,2013,22(4):72-75.

[24] 高磊,许琳.居家养老服务研究综述[J].法制与社会,2011(33):191-194.

[25] 谷薇."互联网+"时代居家养老发展的困境及前景展望[J].现代营销（经营版）,2018(10):51.

[26] 张耀华."互联网+社区居家养老模式"研究[J].南方论刊,2018(7):17-18.

[27] 赵艳芳."互联网+居家养老"服务需求及影响因素分析[D].陕西师范大学,2018.

[28] 颜文明."互联网+"语境下养老护理产品设计研究[J].中国包装,2018,38(6):29-34.

[29] 牛思涵.互联网+居家养老：养老体系的革新与构建[J].西部财会,2018(6):65-66.

[30] 李善朋."互联网+居家养老"模式的政府职能研究[D].长春工业大学,2018.

[31] 陈远."互联网+"助力社区居家养老服务[N].中国人口报,2018-05-25(003).

[32] 华迎放."互联网+"综合性养老服务产业发展研究[J].中国劳动,2018(5):42-53.

[33] 闫志俊."互联网+"背景下智慧养老服务模式[J].中国老年学杂志,2018,38(17):4321-4325.

[34] 信亚楠."互联网+居家养老"服务模式：机遇、困境与对策[J].劳动保障世界,2018(6):20-21.

[35] 白雪.国内外社区居家养老的对比研究[J].劳动保障世界,2017(36):18-19.

[36] 温海红, 王怡欢. "互联网+居家养老"服务平台构建及其实现路径[J]. 河北大学学报（哲学社会科学版）,2017,42(6):138-146.

[37] 齐爱琴. 国内智慧养老文献综述[J]. 科技视界,2017(7):272-273.

[38] 同春芬, 汪连杰. "互联网+"时代居家养老服务的转型难点及优化路径[J]. 广西社会科学,2016(2):160-166.

[39] 张波. 我国居家养老模式研究综述与展望[J]. 四川理工学院学报（社会科学版）,2013,28(4):10-14.

[40] 王岚, 何琳, 戴开保, 等. "互联网+"环境下天津市城乡老年人信息化社区居家养老需求及对策[J]. 中国老年学杂志,2018,38(11):2778-2780.

[41] 张泉, 李雷鸣. 我国互联网+居家养老服务优化路径研究——基于"产业—福利"协同发展视角[J]. 广西社会科学,2018(2):153-157.

[42] 肖阳. "互联网+"打造居家养老新模式[J]. 人民论坛,2018(6):72-73.

[43] 肖阳. 构建"互联网+居家养老"服务新体系[J]. 人民论坛,2018(3):92-93.

[44] 睢党臣, 彭庆超. "互联网+"背景下我国城市社区智慧居家养老服务模式的构建[J]. 新疆师范大学学报（哲学社会科学版）,2018,39(3):119-128.

[45] 王振波. "互联网+"驱动下的城市社区居家养老服务优化研究[J]. 新疆大学学报(哲学·人文社会科学版),2017,45(6):38-45.

[46] 陈小进, 申俊龙. "互联网+"让居家养老更舒心[J]. 人民论坛,2017(30):84-85.

[47] 田钰燕, 包学雄. "互联网+"时代居家养老服务供给:从技术嵌入到协作生产——基于对W市"云家庭服务中心"的考察[J]. 社会保障研究,2017(2):38-46.

[48] 睢党臣, 彭庆超. 我国城市"互联网+社区居家养老"服务模式的构建基础分析[J]. 社会保障研究,2017(3):18-26.

[49] 马利霞. 智慧城市视角下社区居家养老综合服务平台的构建——以青岛西海岸新区为例[J]. 经济研究参考,2017(32):34-39.

[50] 李长远. "互联网+"在社区居家养老服务中应用的问题及对策[J]. 北京邮电大学学报（社会科学版）,2016,18(5):67-73.

[51] 石刚. "互联网+"背景下养老服务构建研究[J]. 电子政务,2016(10):33-39.

[52] 温雪华, 张宁. "互联网+养老"研究综述[J]. 中共青岛市委党校青岛行政学院学报,2016(5):91-94,111.

[53] 同春芬, 汪连杰. "互联网+"时代居家养老服务的转型难点及优化路径[J]. 广西社会科学,2016(2):160-166.

[54] 童星. 发展社区居家养老服务以应对老龄化 [J]. 探索与争鸣, 2015(8):69-72.

[55] 中国医养结合政策发展历程 [J]. 社会福利, 2016(1)：23-24.

[56] 杜鹏, 王雪辉. "医养结合"与健康养老服务体系建设 [J]. 兰州学刊, 2016(11)：170-176.

[57] 王浦劬, 雷雨若, 吕普生. 超越多重博弈的医养结合机制建构论析——我国医养结合型养老模式的困境与出路 [J]. 国家行政学院学报, 2018(2)：40-51.

[58] 代英杰, 于榕. 沈阳市社区老年服务"医养护"一体化模式分析 [J]. 辽宁经济, 2017(11)：46-47.

[59] 郭聪. 医养结合中外比较研究 [D]. 东北财经大学, 2016.

[60] 岳经纶, 谢菲. 政府向社会组织购买社会服务研究 [J]. 广东社会科学, 2013(06):182-189.

[61] 金燕颖, 刘英侠. 中国社区养老服务发展建议 [J]. 中国市场. 2013(23):85-88.

[62] 麦磊. 同业支持型社会组织发展的动力机制——以 N 市 G 区社区养老社会组织为例 [J]. 中南大学学报（社会科学版）. 2013(5):158-163.

[63] 朱冬梅. 养老服务需求多元化视角下的社会组织建设 [J]. 山东社会科学. 2013(4):48-51.

[64] 张恺悌, 孙陆军, 牟新渝. 全国城乡失能老年人状况研究 [J]. 残疾人研究, 2011, 2(2):11-16.

[65] 社会嵌入理论视角下城市社区居家养老问题研究 [J]. 李翔. 广西社会科学, 2014(4):131-134.

[66] 罗遐, 陈武. 我国社区居家养老发展存在的问题及对策 [J]. 长春大学学报（社会科学版）, 2013, 23(2):279-284.

[67] 杨语佳. 北京市"养老券"政策的效果评估——基于利益相关者理论的分析 [J]. 陕西理工学院学报（社会科学版）, 2015,33(3)82-88.

[68] 杜鑫, 刘立, 孙延. 高校体育与社区体育的资源共享途径研究 [J]. 黑龙江科学, 2018,9(17):56-57.

[69] 游茂林, 樊荣. 美国城市社区体育供给模式及其启示——以盖恩斯维尔市为例 [J]. 体育学刊, 2017,24(5):48-51.

[70] 马德浩, 季浏. 英国、美国、俄罗斯公共体育服务的发展方式 [J]. 体育学刊, 2016,23(3):66-72.

[71] 王智博. 群众体育发展的困境与出路分析 [J]. 考试周刊, 2017(90):126.

[72] 段爱明,杨洁.学校、家庭、社区体育一体化下大学生的角色定位与培养[J].体育学刊,2015,22(2):72-76.

[73] 江育恒.走向公民社会:非政府组织参与体育公共服务的路径分析[J].研究生法学,2014,29(2):131-141.

[74] 陈炳辉,王菁."社区再造"的原则与战略——新公共管理下的城市社区治理模式[J].行政论坛,2010,17(3):8-13.

[75] 刘明生.公共服务背景下城市社会体育组织发展模式研究[D].上海体育学院,2010.

[76] 从群,吕伟.构建学校与社区体育俱乐部新模式——学校与社区共建体育俱乐部的研究之五[J].体育文化导刊,2007(8):73-75.

[77] 张庆东.公共行政与公共管理:概念辨析与学科界定[J].中国人民大学学报,2001(5):86-92.

[78] 祝良.我国城市社区体育治理体系构建和治理能力现代化推进研究[J].沈阳体育学院学报,2018,37(5):75-80.

[79] 章辉美,黎纯.我国社区体育的兴起及其意义[J].山西师大体育学院学报,2009,24(3):14-17.

[80] 任海,王凯珍,王渡,等.我国城市社区体育的产生原因、现状及问题——对我国城市社区体育的探讨之二[J].体育与科学,1998(3):18-24.

[81] 彭定光.论大学生社会责任感的培养[J].现代大学教育,2003(3):41-44.

[82] 王菁.社区治理模式改革探索——基于新公共管理理论[J].南京审计学院学报,2011,8(4):22-26.

[83] 陈炳辉,王菁."社区再造"的原则与战略——新公共管理下的城市社区治理模式[J].行政论坛,2010,17(3):8-13.

[84] 彭定光.论大学生社会责任感的培养[J].现代大学教育,2003(3):41-44.

[85] 金家厚,吴新叶.社区治理:对"社区失灵"的理论与实践的思考[J].广东社会科学,2002(5):133-138.

[86] 宋涛,李斐.基于网络教学平台的混合学习模式探索与研究[J].辽宁经济职业技术学院学报,2015(3):118-120.

[87] 曹丽洁.网络的名师点拨系统的开发与实现[D].成都:电子科技大学,2014.

[88] 王东.我国网络教育发展的市场潜力及瓶颈因素分析[J].消费导刊,2008(4):56-57.

[89] 刘鹏. 试论人工智能在教学中的应用 [J]. 新西部, 2017（31）:162–163,107.

[90] 樊晨霄. 基于 Kinect 行为识别技术的体感辅助形体交互模式研究与实现 [D]. 哈尔滨工业大学, 2017.

[91] 杨波. 浅析企业核心员工管理 [J]. 经贸实践, 2016(5):90.

[92] 祝智庭, 王陆. 网络教育应用 [M]. 北京：北京师范大学出版社, 2012.

[93] 张园, 吴秋懿, 郝俊. 学生职业能力评价体系构建 [J]. 中国高校科技, 2011(3):27–28.

[94] 王黎强. 新形势下大学生就业难的对策研究 [D]. 辽宁师范大学, 2015.

[95] 汪峰. 应用型人才培养 [J]. 中国高教研究, 2015(4):35–37.

[96] 田雨. 浅谈员工激励在中小型企业中的应用 [J]. 劳动保障世界, 2019(11):8–9.

[97] 蔡蓉. 试论风险视域下的企业成本管理 [J]. 市场研究, 2014(12):52–53.

[98] 严俊乾. "大数据"助力精准扶贫 [J]. 现代经济信息, 2016(1):35–36.

[99] 杨颖, 殷明, 席晓. "互联网+"时代, 大数据助力精准扶贫快速落地 [J]. 通信世界, 2016(4):31–32.

[100] 莫光辉, 张玉雪. 大数据背景下的精准扶贫模式创新路径——精准扶贫绩效提升机制系列研究之十 [J]. 理论与改革, 2017(1):119–124.

[101] 杜志雄, 詹琳. 实施精准扶贫新战略的难题和破解之道 [J]. 中国发展观察, 2015(8): 23–26.

[102] 汪三贵. 中国特色反贫困之路与政策取向. 毛泽东邓小平理论研究, 2010, (4): 17–21.

[103] 肖成年, 杨爱芬. "数据"引领"精准"扶贫［N］. 人民邮电, 2016-01-08(1).

[104] 陆康强. 贫困指数：构造与再造 [J]. 社会学研究, 2007(4):1–22,243.

[105] 任志锋, 陶立业. 论大数据背景下的政府"循数"治理 [J]. 理论探索, 2014(6):82–86.

[106] 汪婷. 大数据时代农村精准扶贫的思考 [J]. 农村经济与科技, 2017,28(21):135–137.

[107] 莫光辉. 大数据在精准扶贫过程中的应用及实践创新 [J]. 求实, 2016(10):87–96.

[108] 王国勇, 邢溦. 我国精准扶贫工作机制问题探析 [J]. 农村经济, 2015(9):46–50.

[109] 汪三贵, 刘未. "六个精准"是精准扶贫的本质要求——习近平精准扶贫系列论述探析 [J]. 毛泽东邓小平理论研究, 2016(1):40–43,93.

[110] 王茜. 关于运用大数据助推精准扶贫的提案 [J]. 中国科技产业, 2016(4):23.

[111] COPESTAKE J,DAWSON P,FANNING J P,et al. Monitoring the Diversity of the Poverty Outreach and Impact of Microfinance: A Comparison of Methods Using Data from Peru[J]. Development Policy Review,2005,23(6):703-723.

[112] 邢成举，李小云.精英俘获与财政扶贫项目目标偏离的研究[J].中国行政管理,2013(9):109-113.

[113] 冷志明，茹楠，丁建军.中国精准扶贫治理体系研究[J].吉首大学学报（社会科学版）,2017,38(2):72-77.

[114] 章昌平，林涛."生境"仿真：以贫困人口为中心的大数据关联整合与精准扶贫[J].公共管理学报,2017,14(3):124-134,153,159.

[115] 黄开腾，张丽芬.从贫困类型划分看精准扶贫分类扶持的政策调整[J].山东社会科学,2018(3):74-80.

[116] 盖宇希.大数据视角下的精准扶贫[J].现代经济信息,2016(11):92-93.

[117] 杨龙，汪三贵，李萌.建档立卡贫困户收入特征及反贫困对策研究[J].农业部管理干部学院学报,2014(2):51-55.

[118] 陈全功，程蹊.空间贫困理论视野下的民族地区扶贫问题[J].中南民族大学学报（人文社会科学版）,2011,31(1):58-63.

[119] 任亚杰，陈树文，曹阳阳，等.大数据时代精准扶贫实践探析[J].大连民族大学学报,2016,18(6):573-576.

[120] 季飞，杨康.大数据驱动下的反贫困治理模式创新研究[J].中国行政管理,2017(5):53-59.

[121] 黄承伟，覃志敏.论精准扶贫与国家扶贫治理体系建构[J].中国延安干部学院学报,2015,8(1):131-136.

[122] 张笑芸，唐燕.创新扶贫方式,实现精准扶贫[J].资源开发与市场,2014,30(9):1118-1119.1081.

[123] 维克·迈尔·舍恩伯格.大数据时代[M].浙江人民出版社,2013.

[124] 王聪.延迟退休政策对青年就业影响效应研究[J].中国青年研究,2016(9):100-104

[125] 卢建平.延迟退休年龄改革对青年就业影响的研究[D].广州：暨南大学,2015.

[126] 岳立，刘苑秋.性别平等视域下中国延迟退休对青年人就业影响分析[J].石家庄经济学院学报,2016,39(2):60-66.

[127] 刘妮娜，刘诚.延迟退休对青年人就业的影响分析——基于我国29个省份、18

个行业的数据分析 [J]. 南方人口, 2014, 29(2): 27–35.

[128] 于淼. 延迟退休对青年人就业会产生挤出效应吗？[J]. 中国社会保障, 2015(6): 15.

[129] 阳义南, 谢予昭. 推迟退休年龄对青年失业率的影响——来自 OECD 国家的经验证据 [J]. 中国人口科学, 2014(4): 46–57.

[130] 韩艳翠. 我国推进延迟退休政策的动因及可行性分析 [J]. 北方经贸, 2017(6):24–26.

[131] 路春艳, 冯睿, 王晓丽. 渐进式延迟退休年龄政策对黑龙江省青年就业影响的统计研究 [J]. 统计与咨询, 2018(1):45–47.

[132] 张文婷. 延迟退休年龄对我国劳动适龄人口就业影响的研究 [D]. 大连：东北财经大学, 2016.

[133] 邵岑, 赵昕东, 王嘉顺. 中国人力资本转型特征与渐进式延迟退休政策：必要性、问题与对策 [J]. 社会发展研究, 2018,5(3):86–102,244.

[134] 张励. 延迟退休对我国就业的影响研究 [D]. 山东大学, 2018.

[135] 骆涵雅. 人口老龄化背景下中国最优退休年龄的研究 [D]. 云南财经大学, 2018.

[136] 陈绍祥, 蔡小东, 张贵军, 等. 公众对延迟退休的选择及相关因素 [J]. 中外企业家, 2018(12):200–202.

[137] 卞文志. 延迟退休改革不能操之过急 [J]. 上海企业, 2018(4):49–51.

[138] 肖祖芬. 关于我国延迟退休的几点探讨 [J]. 当代经济, 2016(14):52–53.

[139] 李爽. 延迟退休年龄对我国就业率的影响 [D]. 长沙：湖南师范大学, 2016.

[140] 牟茉莉. 延迟退休视域下我国高校就业指导工作对策研究 [D]. 重庆：重庆医科大学, 2016.

[141] 冯艺腾. 延迟退休对我国经济增长的影响研究 [D]. 西安：西北大学, 2016.

[142] 刘会丽. "项目主导、专创融合"人才培养模式下的《网络营销与策划》课程教学设计与实施 [J]. 延安职业技术学院学报, 2020,34(05):69–71.

[143] 田玲芳. 基于 PBL 的数字化教学模式的研究 [D]. 云南大学, 2019.

[144] 俞壮. 基于成果导向教育理论的高校课程项目式学习活动设计研究 [D]. 江南大学, 2020.

[145] 孙经纬. 培养师范生数据素养的项目式学习活动的设计与实施 [D]. 浙江师范大学, 2020.

[146] 刘静. 项目学习的教学意义及其实现研究 [D]. 山西大学, 2020.

[147] 阮显政. 参加大学生创新创业训练计划项目对本科学生的影响研究——基于华南理工大学广州学院的实证分析 [J]. 太原城市职业技术学院学报, 2018(11):175-177.

[148] 朱燕华. 大学生"创新创业"学习能力培养的行动研究 [D]. 上海师范大学, 2016.

[149] 李志芬. 大学生创新创业项目管理中存在的问题及对策——以延安大学为例 [J]. 延安大学学报(社会科学版), 2017,39(05):121-125.

[150] 刘宁, 贺超凯, 张瑞可. 基于创新能力提升的江苏省高校"大创"项目管理运行新模式研究 [J]. 教育评论, 2019(08):66-72.

[151] 樊晓盼, 施煜, 刘一鸣, 韩芸. 基于项目管理视角的"大创项目"管理模式探讨——以天津农学院工程技术学院为例 [J]. 教育教学论坛, 2020(29):20-22.

[152] 梁梦勋, 王成应. 努力打造农业综合开发项目管理"精品市" [N]. 河北经济日报, 2015-05-20(005).

[153] 费敏. 项目管理理论在大学生科创项目中的应用研究 [D]. 华北电力大学（北京）, 2010.

[154] 李馨璐. 创新创业教育融入学科专业课程的教学模式研究 [D]. 天津职业技术师范大学, 2019.

[155] 陈宏利. 地方院校创新创业教育与专业教育有机融合的实践研究 [D]. 东北师范大学, 2018.

[156] 王希. 高校创新创业教育与专业教育融合路径研究 [D]. 河北大学, 2019.

[157] 黄珍. 高校创业教育与专业教育的融合路径探析 [D]. 山东财经大学, 2018.

[158] 罗明. 高职院校"嵌入式"创新创业教育课程体系研究 [D]. 江西科技师范大学, 2018.

[159] 尚涛. 基于学科—专业—产业链的高校创业教育模式研究 [D]. 宁波大学, 2013.

[160] 张艳. 民族地区高职创业教育与专业教育融合研究 [D]. 西南大学, 2016.

[161] 孔文鑫. 师范生创新创业教育现存问题与对策研究 [D]. 哈尔滨师范大学, 2018.

[162] 贾建锋, 罗明新. 推动创新创业教育与专业教育深度融合 [N]. 辽宁日报, 2020-12-22(010).

[163] 邵雨. 我国高校融合式创业教育课程体系建设研究 [D]. 大连理工大学, 2017.

[164] 申潞娟. 与专业课程融合的创业课程研究 [D]. 南京大学, 2016.

[165] 盛晓娟, 李立威. "专创、产教"双融合视角下的实践创新人才培养模式研究与实践 [J]. 实验技术与管理, 2019,36(09):206-210.

[166] 陈强 . "专创融合"人才培养模式构建及推进策略——以新商科专业群为视角 [J]. 中国高校科技 ,2019(11):73–76.

[167] 冯贵霞 . 城市管理专业"专创融合"型人才培养模式探析 [J]. 高教论坛 ,2020(09):37–41.

[168] 段辉琴 , 沈晓平 . 地方应用型大学跨界融合的创新创业人才培养模式探索 [J]. 北京联合大学学报 ,2019,33(01):13–17.

[169] 陈加利 , 牛宏伟 . 聚焦初创的科创型双创体系设计与实践探索——以北京大学深圳研究生院为例 [J]. 创新与创业教育 ,2018,9(06):99–102.

[170] 李术蕊 . 专创融合将创新创业教育融入人才培养全过程——访浙江经贸职业技术学院副院长蒋丽君 [J]. 中国职业技术教育 ,2017(07):11–17.

[171] 卢卓 , 吴春尚 . 专创融合改革的理论逻辑、现实困境及突围路径 [J]. 教育与职业 ,2020(19):74–78.

[172] 宣翠仙 , 陈海荣 , 王成福 , 张雁平 . 专创融合视角下高职院校"学研创用"人才培养模式探索 [J]. 黑龙江高教研究 ,2019(06):80–83.

[173] 杨婧 , 安从瑶 . 专创融合视角下应用型本科院校"学研创用"型人才培养模式分析 [J]. 产业与科技论坛 ,2020,19(18):145–146.

[174] 张晓蕊 , 马晓娣 , 丁光彬 ."五位一体"的创新创业生态教育体系构建研究 [J]. 河北工程大学学报 (社会科学版),2019,36(04):115–119.

[175] 杨峰 , 杨新娟 , 王艳花 . 专创融合的教育理念与实践 : 基于综合型人才培养的视角 [J]. 高教学刊 ,2017(16):41–43+46.

[176] 张渭武 . 高职院校"双创"实践教学模式建设研究——基于专创融合视角 [J]. 现代商贸工业 ,2018,39(15):175–177.

[177] 孙洪凤 . 高职院校专创融合改革探究 : 背景、诉求与路径 [J]. 淮南职业技术学院学报 ,2019,19(01):86–88.

[178] 岳龙 , 吴婷 . 专业教育与创业教育融合的电子商务课程体系构建与实践 [J]. 电子商务 ,2019(02):73–74.

[179] 陶蕊 , 农秋娟 , 杨宇 , 林轶 . 专创融合的市场营销专业师资队伍建设优化 [J]. 科技创业月刊 ,2018,31(09):99–102.

[180] 贾艳梅 , 罗西敏 , 曹文霞 ."互联网 +"培养高职人才创新创业能力研究 [J]. 科技风 ,2018(30):227.

[181] 罗合春 ."双创时代"高职教育新视野及对策 [J]. 重庆工贸职业技术学院学

报 ,2015,11(03):41-44.

[182] 李万锦 . 高职创新教育生态环境建构路径初探 [J]. 天津职业院校联合学报 ,2017,19(12):8-12+26.

[183] 韩小娟 , 王飞娟 . 浅析民办院校大学生创新创业教育现状 [J]. 科技视界 ,2017(18):43+56.

[184] 杨晋 . 引企入教 专创融合 三位一体的高职物流管理专业人才培养模式创新与实践 [J]. 物流工程与管理 ,2018,40(10):164-165+160.

[185] 杨帅 , 薛岚 , 王超 , 成建生 . 专创辩证统一视阈下专业教育与创新创业教育融合效应的分析 [J]. 教育现代化 ,2018,5(20):37-39.

[186] 原白云 ."专创融合"驱动的工商管理专业课程教学改革探讨 [J]. 中国培训 ,2020(10):57-58.

[187] 张洋 . 内融外联 : 应用型本科高校创业教育"浙江经验"[J]. 创新与创业教育 ,2020,11(05):10-17.

[188] 王红胜 , 黄应娥 , 吴慧 . 设计专业与创新创业相融合的人才培养路径探索 [J]. 高教学刊 ,2020(35):164-167.

[189] 段辉琴 , 沈晓平 . 应用型大学专创融合的模式、路径和方法探索——以北京联合大学生物化学工程学院为例 [J]. 北京联合大学学报 ,2020,34(04):7-13.

[190] 李俊琦 ."双高"视域下高职专创融合教学改革研究 [J]. 北京财贸职业学院学报 ,2020,36(05):60-66.

[191] 徐素鹏 , 苏小莉 ."专创融合"背景下高职应用化工技术专业教师素质与能力分析研究——以济源职业技术学院为例 [J]. 云南化工 ,2020,47(10):192-195.

[192] 赵绚丽 .CIPP 视域下高校提升创新创业教育质量研究 [J]. 经济师 ,2020(11):155-157.

[193] 济南工程职业技术学院 : 深化产教融合 , 打造"全域"创新创业教育新生态 [J]. 中国大学生就业 ,2020(20):25-28.

[194] 吴轩辕 , 彭子茂 . 专创融合趋势中创业大赛指导教师素质能力研究 [J]. 经济师 ,2020(11):159-161.

[195] 国务院办公厅关于深化高等学校创新创业教育改革的实施意见 [EB/OL].http://www.gov.cn/zhengce/content/2015-05/13/content_9740.htm.

[196] 李克强对首届中国"互联网 +"大学生创新创业大赛作出重要批示强调把创新创业教育融入人才培养 厚植大众创业、万众创新土壤 [EB/OL].http://www.moe.

gov.cn/jyb_xwfb/s6052/moe_838/201510/t20151021_214550.html.

[197] 国务院关于印发统筹推进世界一流大学和一流学科建设总体方案的通知[EB/OL].http://www.gov.cn/zhengce/content/2015-11/05/content_10269.htm.

[198] 习近平出席全国教育大会并发表重要讲话[EB/OL].http://www.gov.cn/xinwen/2018-09/10/content_5320835.htm.

[199] 国务院关于推动创新创业高质量发展打造"双创"升级版的意见[EB/OL].http://www.gov.cn/zhengce/content/2018-09/26/content_5325472.htm.

[200] 教育部关于加快建设高水平本科教育全面提高人才培养能力的意见[EB/OL].http://www.moe.gov.cn/srcsite/A08/s7056/201810/t20181017_351887.html.

[201] 中共中央、国务院印发《中国教育现代化2035》[EB/OL].http://www.gov.cn/xinwen/2019-02/23/content_5367987.htm.

[202] 中共中央办公厅、国务院办公厅印发《加快推进教育现代化实施方案（2018—2022年）》[EB/OL]. http://www.gov.cn/xinwen/2019-02/23/content_5367988.htm.

[203] 教育部关于深化本科教育教学改革 全面提高人才培养质量的意见[EB/OL].http://www.moe.gov.cn/srcsite/A08/s7056/201910/t20191011_402759.html.

[204] 中共中央 国务院印发《深化新时代教育评价改革总体方案》[EB/OL].http://www.gov.cn/zhengce/2020-10/13/content_5551032.htm.